組織の機能と戦略

現代のマネジメント

細川 進 [著]
HOSOKAWA Susumu

学文社

はしがき

　本書は，組織の管理者の機能のうち，組織化に関わる機能に焦点を絞って検討したものである。

　現代は組織の時代と言われるようになってすでに久しい。組織はもともとは人間が自己の目的を達成するための手段として生み出したものであるが，組織は制度化し，それ自体の行動原理を持って機能するようになったからである。しかし，そこでは組織と人間の両立が求められている。具体的な活動は人間が担うからである。組織論もこれに応えなければならない。

　組織の機能は管理者が担っている。本書は，組織における管理者の機能を分析しているので，『経営管理論』あるいは『管理機能論』と呼ぶべきかも知れない。しかし，管理者の機能のうち，組織に関わる機能に焦点を当て，そのため，計画や統制などについては概略に止まっている。その意味では，『経営組織論』である。しかし，現代の組織論は多くの分野に拡散して研究が進められているが，本書では，管理機能との関わりの強いものを取り上げているにすぎない。したがって，『組織論』としてみた場合には，現代的な課題の多くをカバーしているわけではない。

　このように，本書は管理論的視点から組織ないし組織の機能（第一部を参照してください。）に焦点をあてた『組織論』である。そこで，『組織の機能と戦略』と題することにした。副題を，「現代のマネジメント」としたのは，現代のマネジメント機能ないし管理者の機能のうち，「組織の機能」を中心に取り上げた，という意味である。

　本書については，次のような意図を持って執筆したが，意を尽くしていない

面も多く残っている。

　山城経営学（序章をご参照ください。）における「KAEの原則」すなわち「K = Knowlege = 原理・知識」と「E = Experience = 実際・経験」の統合により「A = Ability = 実践能力」が啓発されるという「実践経営学」に立脚して，「経営の原理」（本書の領域では，「組織の原理」ないし「管理の原理」）を究明している。組織に関する諸理論を検討するとともに，経営実践へのインプリケーションの提示を意図している。

　その結果，本書では，管理者の行動原理を提示するために，規範論的，技術論的な性格を帯びている。実証的研究についても検討したが，それは組織の原理の中に取り込まれている。

　原理の分析のために，古典理論から現代理論までを展望している。古典理論は，時代的な制約もあり，現在では多くの問題点や限界が指摘されているが，組織の原理の基本はそこに見いだされるからである。現代理論については，管理の原理に結びつくものを取り上げた。また，組織論では戦略論は一般には取り上げられないことも多いけれども，戦略策定を組織の機能の一環として把握し，組織論と戦略論の橋渡しを意識している。

　さらに，研究書とテキストの両立を目指している。第一部はバーナード研究の色彩が強いが，「組織の機能」ないし「管理者の機能」に関して経営実践に多くのインプリケーションを与えると思われる。第二部はミクロ・パースペクティブとして，組織内に目を向け，古典理論をベースに，新古典理論や現代理論を活用している。第三部は，マクロ・パースペクティブとして，組織から環境に目を向け，戦略論や進化論モデルを活用して，組織の存続を分析している。これは産業の分析（手袋産業を例示した）にも適用できる。

　本書がこのような形で出版できるのは，多くの先生方のご指導のおかげです。元一橋大学商学部教授・故山城　章先生には，大学院において基礎からご指導いただきました。山城学説の一部には違和感を持った時期もあり，今でも十分に理解しているとはいえないけれども，山城経営学の「組織論」版に少し

でも近づけたらという思いで研究を続けてきましたが，本書を振り返ってみても努力不足で未だ遠しという感じです。元一橋大学商学部教授・故藻利重隆先生には，特別に演習への参加を許され，ご指導をいただきました。先生からは学問の厳しさを教わりました。両先生をはじめ，両ゼミナールの先輩・諸兄，さらに，各学会の諸先生方のご指導に深く感謝申し上げます。元香川大学経済学部助教授・河野重栄先生には，小生を学問の道へと導いてくださり，また，常にご指導をいただいていることに深く感謝致します。

　最後になりましたが，出版情勢の厳しい折に，本書の刊行をお引き受けいただいた株式会社学文社の田中千津子社長に御礼申し上げます。また，編集部の椎名寛子氏には，不完全な原稿の修正を気長にご容認いただきご苦労をおかけしましたことに感謝申し上げます。

　2010年2月3日

高松大学の研究室にて

細川　進

目　次

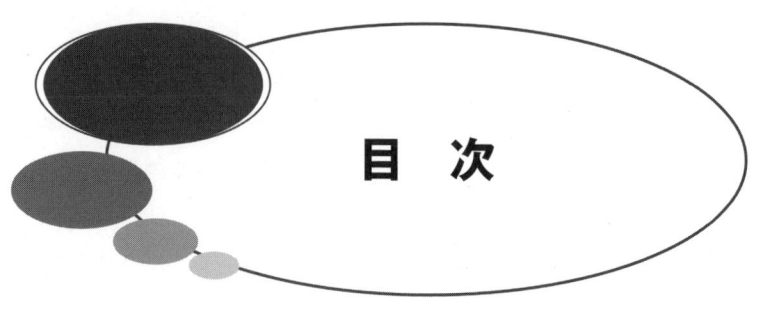

序　章　経営体と経営・管理〜実践経営学の課題〜 ……………………… 1

1. 本書の課題　1
2. 基礎理論としての山城経営学　1
3. 本書の特徴　8

第1部　組織機能の理論〜バーナード組織論研究〜

第1章　個人・組織・協働システム ……………………………………… 12

1. 序：バーナード研究の視点　12
2. 協働システムおよび組織の定義の展開　14
3. 協働システムへの参加と個人の「自覚」　19
4. 協働システムにおける個人の「自覚」　21
5. 協働システムにおける「組織の機能」　24
6. 結：バーナードの意図と真の「管理者」　30

第2章　組織均衡の維持と技術的リーダーシップ ……………………… 36

1. 序　36
2. 協働システムの制度化と管理者の役割　36
3. 誘因の経済とモチベーション行動　38
4. 権限受容とリーダーシップ行動　42

⑤ 結：技術的リーダーシップの課題　47

第3章　管理者責任と道徳 …………………………………………… 52

① 序　52
② 個人の道徳的特性　53
③ 組織における個人の道徳問題　54
④ 管理者による道徳規範対立の解決　56
⑤ 管理者責任の達成　58
⑥ 結　61

第2部　管理機能の理論〜ミクロ・パースペクティブ〜

第4章　管理過程 ……………………………………………………… 66

① 序：経営体の管理　66
② 管理過程（マネジメント・プロセス）　66
③ 計画の策定　69
④ 管理組織の設計と指導　76
⑤ 統　制　77
⑥ 管理過程の特徴と精緻化　81
⑦ 結：管理原則，行動要因，環境要因の統合性　86

第5章　合理的組織の設計 …………………………………………… 87

① 序：組織の時代　87
② 管理組織の設計　87
③ 組織のデザイン（狭義の組織設計）　88
④ 組織構造　93
⑤ 官僚制合理性モデル　97
⑥ 合理性の阻害要因　98

- ⑦ 理想の組織　103
- ⑧ コンティンジェンシー要因　107
- ⑨ 結　110

第6章　組織維持機能 …………………………………………………… 112

- ① 序　112
- ② 力動的均衡の維持　113
- ③ 攪乱処理者　119
- ④ 結　122

第7章　組織行動の管理 …………………………………………………… 125

- ① 序　125
- ② 人間性仮説　126
- ③ モチベーション　129
- ④ リーダーシップ　138
- ⑤ 結　143

第3部　組織と環境の理論〜マクロ・パースペクティブ〜

第8章　組織と環境 ………………………………………………………… 146

- ① 序　146
- ② オープンシステムとしての組織　147
- ③ 環境と組織設計　149
- ④ タスク環境の多様性　152
- ⑤ 環境スキャニング　169
- ⑥ 結　171

第9章 組織の戦略 …………………………………………………… 173

1. 序　173
2. 環境の分析　174
3. 外部環境の分析　176
4. 経営資源の分析　179
5. 戦略の策定と実行　190
6. 戦略策定のジレンマ　200
7. 結　207

第10章 組織の進化 …………………………………………………… 210

1. 序　210
2. 資源依存モデルのフレームワーク　211
3. 組織の進化の過程　218
4. 資源依存モデルの性格　230
5. 事例分析　手袋産地のパラダイム転換　233

引用文献・参考文献　241
索　引　257

序章　経営体と経営・管理
～実践経営学の課題～

1. 本書の課題

　本書は，企業に代表される組織体の経営・管理の原理を明らかにする。そのさい，経営組織論を中心に分析するが，経営管理論，経営戦略論の分野を含んでいる。経営組織論は，古典的組織論，新古典的組織論，現代組織論，ポスト現代組織論へと展開しているが，本書では，これらを総合的に取り上げる。

　本書では，経営組織論のうち，
- ① 経営体の経営活動・管理活動を分析する。経営者・管理者という主体を意識している。
- ② そのさい，組織を中核にすえ，組織の機能として管理を分析する。
- ③ 組織独自の視点からの分析，例えば組織の進化についても検討する。
- ④ したがって，統合的なアプローチとなっている。

2. 基礎理論としての山城経営学

　本書では，「山城経営学」と「バーナード組織論」に基盤をおいている。両理論とも，実践理論としての特徴を持っているからである。ここでは山城学説の特徴を概観しよう[1]。

1-1. 経営自主体

　山城は，組織体としての「経営自主体」（経営体と略称される）を分析対象にしている。経営自主体とは，「自主的なる生産の組織的活動体」である（山城，1954, 48 ページ）。経営自主体は，経営体一般（企業，行政機関，労働組合，大学など）の「あり方」，あるべき姿，よりどころ，原理である。資本と経営が分離した「現代企業」は，「伝統的な『企業』と原理たる『経営体』とを結びつける移行の場としての意味を持って」おり，経営自主体に近い存在である（山城，1961, 110 ページ）。

　経営自主体は次のような特徴を持っている。1) 経営体は制度的組織体であり，それ自体生きて発展する生活持続体である。2) その目的は，経営体の生活持続，安定と発展であり，当面の目標は生産性の向上である。3) そのための活動の仕組みは機能的・責任的・主体的組織である。その担当者は経営者（最高経営者）－管理者（中間管理者）－作業者であり，包摂的階層関係を形成している。4) 対外的には，経営体は対境関係におかれ，公益性を持って公共的活動を営んでいる（山城，1970, 56-61 ページ，など）。

図表1　山城経営学とバーナード組織機能論

	山城経営学	バーナード組織機能論
組織体	経営自主体（経営体と略称）	協働システム・組織
組織体の特質	自主化	組織の主体化
内部機能	経営機能・管理機能 →本書では，「管理」で両機能を包括させている。	組織機能（管理機能）
対外機能	対境関係	組織均衡
実践主体	経営者＝最高経営者 管理者＝中間管理者 （階層が区別される） →本書では，「管理者」を用いる。	executive（管理者）， ときには organizer（組織者） （階層は意識されていない）

出所）筆者作成

バーナードにおいては,「協働システム」および「組織」が分析の対象となっている。協働システムは,具体的な企業,行政機関,大学,教会などの組織体であり,「組織」は協働システムの中核をなすもので,組織機能として現れる。組織機能を担っているのが「管理者」(an executive) であり,したがって,組織はときには管理者と同義である。

本書では,これらの諸概念を基本的には受容している。なお,バーナードについては,第1章〜第3章において批判的考察を行っている。

1-2. 包摂的階層関係

経営体の仕事は,経営−管理−作業の3階層から形成されている。「経営機能は経営全体にまたがるものであり,最高階層にあるだけでなく,全体を包摂している。また,管理は経営機能の精神にもとづきつつ,作業活動を包摂して,管理する。経営体の全活動が密接に関係している状況を,包摂的階層関係という」(山城,1966,123-124ページ)。

ただし,本書では,組織の階層による差異については,経営戦略などの一部を除き特に考察していないので,山城の「経営」・「経営者」と「管理」・「管理者」とは特に区別せず,本書では「管理」・「管理者」としている[2]。

図表2　包摂的階層関係

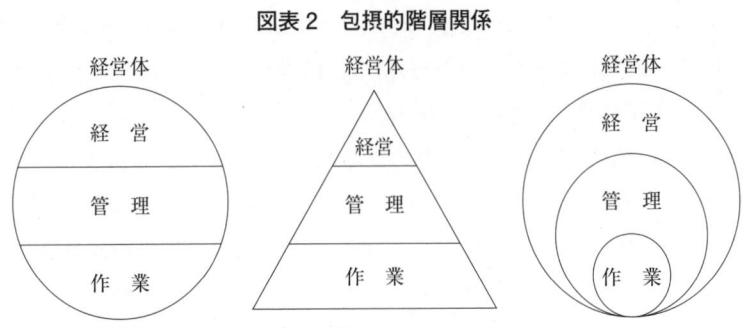

出所) 山城 (1966), 123ページ, 第13図。

1-3. 対境関係

「経営は最高かつ全体を包摂するだけでなく，対外関係に触れるのである。これが対境関係である」（山城，1966，124ページ）。対境関係は，経営自主体としての企業が持つ株主，金融機関，消費者，取引先，労働組合，地域社会，行政機関などの各種の利害者集団との関係である。「対境は経営体のあげた成果に対する，配分への主張としての利害的関係と考えてよい」（山城，1960，136ページ）。

この点について，河野（2009，36ページ，一部を省略）は次のようにまとめている。利害者集団と経営体との個別交渉は「相手対境と支配・統制の相互の力関係であるが，このあり方としてみれば，両者がたがいに『善意と理解』をもって…円滑な話し合いを期待することが望ましい。」「経営体から不当に多くをうばった対境は，一時的には有利であっても，経営体そのものを弱くし，配分の根源を枯らす」から，長期的には決して有利とはいえない[3]。また「逆に経営体が強力で…配分をわずかに止め，相手対境を不利に陥れるときは，相手対境から提供される給付が不十分」となり，長期的には経営体自らが不利となる。「すべて（の対境関係）が調和と均衡を持つとき，あり方としての公共的な関係が生成する。…対等に利害を主張する対境主体のすべて，『みな』が利益に満足することが公共の立場から望まれる」（山城，1961，420-427ページ）。

経営体は「原理」としての対境関係に立脚して行動しなければならない（図表3）。これが経営体の「公共性」（山城，1961，407，420-478ページなど）である。しかし，経営自主体も一つの利害者集団である。経営自主体の利害は自己の主体的な成長発展と生活持続である。

同様に，各対境主体は経営自主体の立場に立ちうる。例えば図表4のように「労働組合を主体とした対境関係を描けば，組合の自主性に立つ組合の対境関係が描きうるのである」（山城，1961，412ページ）。自主と対境は対概念である。

この対境関係論[4]は，システム概念やステークホルダー論の原型をなして

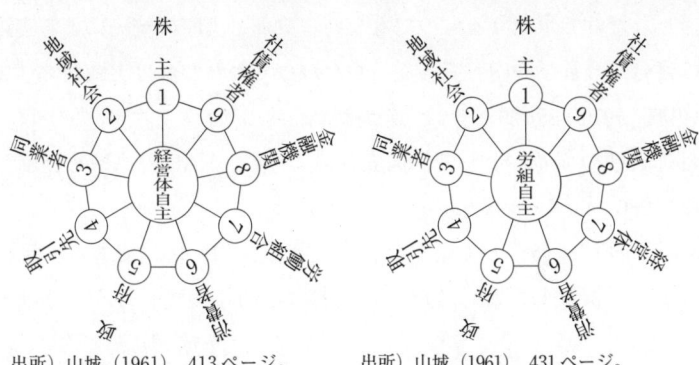

図表3 原理としての対境関係　　図表4 労働組合からみた対境関係

出所）山城（1961），413ページ。　　出所）山城（1961），431ページ。
第27図を修正。　　　　　　　　　　第28図を修正。

いると解される。われわれの経営環境論や経営戦略論は「原理としての」対境関係論を前提にしている。

1-4. KAE の原則

「われわれは原理を学ばなければならない。原理は単なる知的な理論でなく，実践のよりどころであり，行動原理という意味である。しかし，この原理だけでは，経営体の具体的統一的活動は出来ない。経営の実際をよく知り，実際に即して原理を活用し，生かしていくことが経営実践である。実践は原理と実際を経営体において統一し，一体化したものであり，その内容は実際に合うように原理を活用し，また，実際に原理に拠りながら，それを行動のガイドとしながら，実践にまで高めてゆくことである。経営学は，単に原理（principles）だ

図表5　KAE の原則

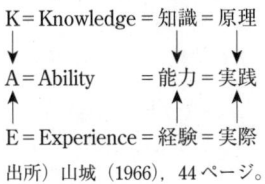

出所）山城（1966），44ページ。

けを研究するものではない。さればといって実情分析にのみに堕し，現実の矛盾を指摘しただけで事足りるものでもない。原理と実際の統一による実践とその能力の啓発が経営学の内容である。したがってわれわれは実践経営学を主張する」(山城，1970，28-29 ページ，傍点は筆者)。

山城は，実践のガイドとして，図表5のように，KAE の原則を提示している(山城，1966，43 ページなど)。

E (Experience) は経営の実際すなわち現状・経験・体験である。現状を知っただけでは，経験しただけでは，管理者は適切な実践を行うことは出来ない。

K (Knowledge) は経営の原理であり，知識である。知識だけでは適切な実践を行うことは出来ない。

A (Ability) は管理者の能力である。彼は能力に応じて実践で活動することが出来る。したがって，能力を高めることが必須である。そのためには，経営の実際(実情)をよく知り，原理を研究して，経営実践にあたる必要がある。

KAE の関連について，増田 (1999) は，「K と E とが，たがいに他を前提としながら円環的プロセス(^K_E)において，両者とも新しいものへと発展的に」展

図表6　KAE とそれの主体

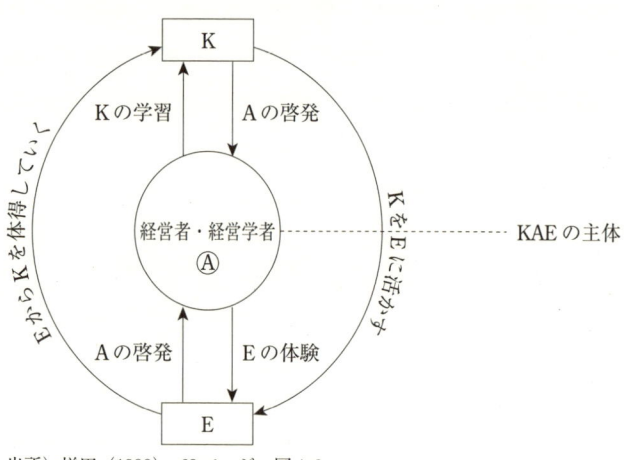

出所) 増田 (1999)，63 ページ，図 4-2。

図表7　KAEの動的展開

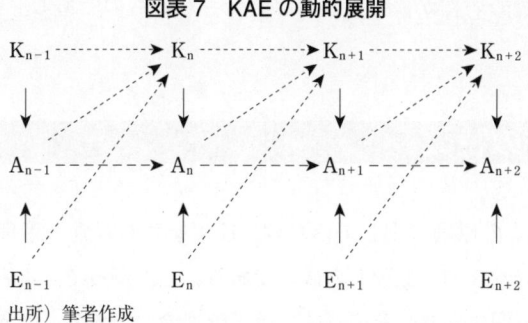

出所）筆者作成

開される。そして，そのプロセスの中で，経営者[5]は自己のAを啓発・育成していくのである，と主張し，図表6を提示している（増田，1999，62-63ページ）。

われわれはこの主張を図表5のように整理できる[6]。

1) この原理（K_n）は，はじめからア・プリオリにあるのではなく，過去に経営の実際を体験（E_{n-1}）し，実践する（A_{n-1}）することの中から，単なる事実・実際としてではなく，「発展方向」・「在り方」・「よりどころ」として獲得されている。

2) この過去に獲得された現在の原理（K_n）は，現在の新しい経営体験（E_n）のなかで，新しい拠りどころとして生かされて，すなわち，KがAを啓発し，また，EのなかでAも啓発されて，現在の実践能力（A_n）が育成され高められる。

3) この新しい実践のなかで，KAEが一体となって，将来のための原理（K_{n+1}）を生み出す。そして1) へと円環する。

実践経営学[7]としての経営学は，実践者の能力を啓発するという意味で，「経営教育」としての性格を持っている[8]。「経営実践の研究は，（原理と実際の）統一活動の能力を高める研究」である。この研究の目的が「『能力』を養成し，向上し，啓発することであるとすれば，これは，別の表現をもってすれば，『教育』であるといいかえてもよい。」「実践経営学と経営教育は同じものの表現の相違にすぎない」（山城，1961, 23ページ）のである。実践能力は「あ

たかも草木が育ちいくがごとく，自己啓発されるものである」(山城，1966, 46ページ)。

3. 本書の特徴

　本書は，KAE の原則に則してみれば，K すなわち経営・管理の原理の解明にある。実践経営学の「原理」の研究である。したがって，本書の課題は，管理者の機能の解明にある。その意味では「管理論」である。しかし，管理機能のすべてを検討していない。焦点は「組織」ないし「組織の機能」(バーナード) に向けられている。その意味では「組織論」である。

　本書の特徴は，第一に，「あり方」としての経営・管理の「原理」を明らかにするので，規範論的性格を帯びている。原理は，現実そのものではなく，行動の規範を示している。「経営学において原理を学ぶのは，経営とは本来かくのごときものであるという経営のあり方である。」「健全な経営のあり方とはどんな状態なのかという経営の原理」，「一種の理想の状態」である (山城，1970, 27 ページ)。とはいえ，それが空理空論であっては実践性を持ち得ない。現実に根ざす必要がある。われわれは実証科学的研究の成果を取り込んでいる。

　第二に，われわれは統合的アプローチを取っている。それは，管理論や組織論の各学派にとらわれずに，各学派の研究成果を吸収している。例えば，古典的理論の原理（組織原則や階層的組織構造など）は基本をなすものとして受け入れている。それは問題点や矛盾を内包しており (March and Simon, 1958)，観察的に否定されたり (Sayles, 1964; Myntzberg, 1973)，実証的に否定される (Likert, 1961) こともあるが，経営体のおかれた「実際」の変化を考慮して，システム概念や経営環境論を包含する全体の一部分として，包摂される。したがって，本書では，多様な学説を検討している。

　本書の第一部は，バーナードの管理機能ないし組織機能（第 1～3 章）を検討し，バーナード理論の実践論的性格を明らかにした。第二部は，ミクロパースペクティブ（ミクロ組織論）に基づいて，組織要因（第 5・6 章）を中核にし

て，管理要因（第4章），行動要因（第7章）を検討した。第三部は，マクロパースペクティブ（マクロ組織論）に基づいて，環境要因（第8章），戦略要因（第9章）および進化要因（第10章）を検討した。さらに，第9章と第10章では，それぞれの理論に基づいて手袋産業の分析を試みた。本書は，統合モデルとしての「組織機能論」の一つの試みである。

・・・・・・・・・・・・・・・・・・・・・・・・・・　注　・・・・・・・・・・・・・・・・・・・・・・・・・・

1) 河野（2009）は，山城学説の生成・展開を踏まえて，その特徴を企業体制論（企業体制の発展による経営体の自主化と対境関係）と経営機能論（経営－管理－作業の包摂的階層関係，経営リーダーシップ機能）との統合的体系として把握している。
2) 経営者の機能については，河野・細川（1992，181-203ページ），対木（1978），Holden, Fish and Smith（1941）などを参照のこと。
3) 2009年の日本航空の経営破綻はこの典型的な事例である。
4) バーナードの「組織均衡」も「対境関係」と類似の発想であるが，それぞれの主体者を強調しているが，「公共性」の視点は見られない。究極的には組織維持の視点から，組織（山城の経営体に相当する）の立場が重視されている（本書第2章参照）。
5) 山城経営学における実践主体について，増田（1999）は，山城の「主体性の論理」ないし「主・客同一」の論理から，経営者と経営学者の同一性を論考している。
6) なお，森本（1999）の図1-2を参考にした。
7) 実践経営学およびKAEについては，次を参照のこと。小椋（2009），冨田（2009），増田（2009），森本（1996，1999），日本経営教育学会ホームページなど。
8) 「山城章の『実・学一体の実践経営学』という理念に基づき，有能な経営者・管理者を育成するための経営教育を研究・実践する学会」として「日本経営教育学会」が1979年に設立され，「実践経営学」と「経営教育」を学会のアイデンティティとして活動している（日本経営教育学会ホームページより）。また，経営専門家の養成機関として「山城経営研究所」が1972年から活動している。

第1部
組織機能の理論
〜バーナード組織論研究〜

第1章 個人・組織・協働システム

1. 序：バーナード研究の視点

　『管理者の機能』(*The Function of the Executive*, 1938)（邦訳『新訳 経営者の役割』）を主著とするバーナード（Barnard）の理論は，管理論としてよりもむしろ組織論として理解されることが多いようである[1]。それは，伝統的組織論から近代的組織論への転換の契機をなし，その後の経営組織論の展開に大きな影響を与えてきた。たしかに，彼の理論はオープン・システム的思考が基盤となっているのであって，その後の組織理論の方向を決定したといえる（Haynes and Massie, 1961, p.9）。特に我が国においては，彼の公式組織の概念は，組織理論の基本概念として受容されてきたように思われる（占部，1974）。しかるに，近年，バーナード研究が意欲的に展開されるにつれて，例えば，組織の概念における"consciously"の意味[2]，組織と協働システムの概念[3]，協働システムの境界[4]，道徳の意味[5]，管理機能を超える課題への展開（自己組織化，他の理論との関係など）[6] などの諸問題をめぐって，多様な見解が論じられている。

　たしかに，バーナードの理論は「曖昧・多義的解釈をゆるす」（川端，1980，97ページ）要素を内包しているといえよう。しかし，バーナードは「私の意図したのは，管理者は何をせねばならないか，いかに，なにゆえに行動するのか，を叙述することであった。しかしまもなく，そのためには，彼らの活動の本質的用具である公式組織の本質を述べねばならぬことがわかった。」（Barnard, 1938, 邦訳，「日本語版への序文」13-14ページ）と述べているように，彼にとっ

ては組織論は管理論の基礎ないし前提として展開されたのである。その上，組織の研究を進めようとすれば，どうしても「個人とは何か」という問題に直面せざるを得ない (p.8)[7] ために，つまり，組織論の前提として個人の問題を論じているのである。すなわち，焦点には「管理」の問題が置かれ，それを支えるものとして「組織」さらに「個人」の問題が設定されている[8] のであって，バーナードの本来の関心は管理論の展開ないし管理者機能の解明にあった（雲嶋，1971, 21 ページ）といえよう。それゆえ，われわれはバーナード理論を管理の視点から考察することが重要であると考えている。

　バーナードは，「組織」(an organization) すなわち「公式組織」(a formal organization) を「a system of consciously coordinated activities or forces of two or more persons」(p.73),「a system of consciously coordinated personal activities or forces」(p.72) と定義しているが，論者によって訳語に若干の差はあるにしても，「2 人以上の人々の意識的に調整された活動や諸力の体系」(Barnard, 邦訳, 76 ページ),「意識的に調整された人間の活動や諸力の体系」(Barnard, 邦訳, 75 ページ) と理解されてきたように思われる。人間の諸活動が存在しても，それが意識的にすなわち「意図的」(細川, 1987, 42 ページ) に調整されていなければ，組織ではない。人々の諸活動が意図的に調整されている場合に，組織は「二人以上の人々の協働的活動のシステム」(a system of cooperative activities of two or more persons) (p.75) として存在するのである。

　しかも，二人以上の人間の諸活動が「意図的に調整される」ためには，「意図的に調整する」活動が存在しなければならないことは明らかである。つまり，組織には，二人以上の人間の諸活動を「意図的に調整する」活動，すなわち調整活動 (coordination) が含まれているのである。調整とはまさに「組織しようとする意図的な努力 (conscious efforts to organize)」(p.139) にほかならない。そして，かかる「組織しようとする意図的努力」を組織に貢献するのが「組織者」(an organizer) としての「管理者」(the executive) である。

　ところが，このような一般的な理解に対して，大きな疑問が提起されている（加藤，1974，1978)。それは，公式組織の定義における "consciously" を，「特

定の協働システムに貢献する個々の意思決定主体にかかわるもの」と理解し，定義を「二人以上の人々の自覚的に統括された諸活動や諸力のシステム」と解釈するのである。このように理解すれば，「バーナードの想定する組織は，単なる管理の延長された腕としての組織ではなく，それ自体が著しい可変性を持つ一つの自律的存在として把握される」ことになり，「提供される活動の帰属主体である個々人」も組織に埋没することなく，主体的な意思決定主体として把握されることになる（加藤，1978，89ページ，傍点は筆者）。

このように見てくると，管理者および組織成員が協働システムにおいてどのように機能しているかを明らかにすることが，バーナードの組織の定義を明確にする鍵になると思われる。それゆえ，本章では，バーナードの組織概念を管理の視点から検討し，個人と組織との関係を明らかにしたい。

2. 協働システムおよび組織の定義の展開

バーナードの組織概念は協働システム概念を前提にしているので，まずそれを明らかにしよう。彼によれば，協働システム（a cooperative system）は，「少なくとも一つの明確な目的のために，二人以上の人々が協働することによって特定のシステム的な関係にある物的，生物的，個人的，社会的構成要素の複合システム」(p.65) である。この協働システムの概念は具体性のレベルで設定された概念である。すなわち，協働システムは，具体的には，企業をはじめ，教会，政党，友愛団体，行政府，軍隊，労働組合，学校，家庭などである[9]。したがって，このようなそれぞれの協働システムが置かれている具体的な協働状況はきわめて異なっており，その差異はきわめて大きい。バーナードによれば，それらの差異は，物的環境，社会的環境，個人およびその他の変数に関わるものである (p.66)。これらの環境は，協働システムに直接関わりを持ち，先にあげた定義では，協働システムの下位システムとしての物的システム，生物的システム，個人的システムおよび社会的システムと結びついている。

しかし，これらの差異に目を奪われていては，バーナードの関心の主題であ

る組織や管理機能の本質を見誤ることになる。そこでバーナードは，これらの差異の大きい各種の協働システムに共通にみられる特性に注目し，「(協働システムの定義において)『二人以上の人々の協働』という言葉によって暗示されている，協働システムの一つの（下位）システムを『組織』と定義する」(p.65)。組織とは，各種の多様な協働システムから，その差異を生み出している物的，生物的，個人的，社会的構成要素を捨象してもなお存在する，共通の構成要素である。

すなわち，バーナードによれば，「組織は，意図的に調整された人間の活動や諸力のシステム」と定義される。「この定義によれば，具体的な協働システムにみられる物的環境や社会的環境に基づく差異，人間に基づく差異，および人間が協働システムに貢献しようとする根拠の差異は，(組織にとって) 外的な事実や要因の地位に追放され，したがって，そこに抽出された組織はあらゆる協働システムに共通する協働システムの一側面であることが，明白となる」(pp.72-73. 括弧と傍点は筆者)。かくして，バーナードにおいては，「抽象的システムとしての組織」(p.74) が考察の表面に浮かび上がることになる。

ところで，バーナードによって組織から捨象されたもののなかに，「人間」が含まれていることに注意しなければならない。バーナードも，組織の定義から物的要素や社会的要素を除外することは，通常の慣行や常識に一致するだけでなく，科学的に有効な組織概念への接近方法としても大きな異議もなく受け入れられているけれども，人間を組織概念から捨象することには，疑問や異議の出ることを認めている (p.68)。

バーナードによれば，一般に最も有効な組織概念として認められているのは「人間の集団」(a group of persons) という概念である。しかし，この概念には，あまりに多くの変数が含まれているため，一般化 (generalization) を意図する概念としては有効ではない。すなわち，「集団」概念による協働の分析では，漠然とした結果しか得られず，混乱と矛盾が残るだけとなっている。なぜなら，集団の概念には，「人間の数」と「なんらかの相互作用」とが含まれているが，人間は「きわめて可変的なもの」(a highly variable thing) であるため，

集団の意味を一義的に定め得ないからである。

　けだし，人間は，一方では多くの点で異なっているのみならず，他方では集団への参加の程度と性格とが非常に異なっているために，集団概念は曖昧にならざるを得ない。例えば，企業（an industrial organization）においては，集団は一般には「管理者」と「従業員」とからなるものと考えられているが，しかし，ある観点からすれば，集団への参加の性格がまったく異なっている「株主」も含められることがある。また，観点を変えてグッドウィルを考慮すれば，「債権者」，「供給者」，「顧客」も含められる[10]。

　このように，企業という特定の種類の協働システムに限ってみても，「組織成員」（membership）という側面から集団を理解しようとすれば，集団の意味するものはきわめて多様となる。しかも，このような成員という側面からみた集団概念は，軍隊，政府，学校，教会，労働組合などの他の種類の協働システムを考慮に入れると，その複雑さと差異は飛躍的に拡大する。したがって，成員を含んだ集団概念は，社会的概念（a social concept）としては有効性を持ち得ないことになる。もし集団概念が通用するとすれば，それは相互作用の側面である。「相互作用のシステム（the system of interactions）こそが『集団』概念の基礎のように思われる」（p.70）。

　かくして，バーナードにおいては，組織成員と相互作用より成る集団概念を組織概念として有効にするために，組織成員の側面が捨象されることになる。ここに相互作用に焦点をおいた組織概念が成立する。組織とは「意図的に調整された人間の諸活動や諸力のシステム」である。

　このように見てくると，バーナードの組織概念には人間そのものが含まれていないことは明白である。「自覚的に」活動する個人は，定義上，組織から除かれている。「おのおのの協働的集団において，人間の協働的行為（the cooperative acts）は調整されている。集団の成員とよばれる人間の協働的行為でも，他の人間の協働的行為と調整されていなければ，行為のシステム（the system of action）の一部分ではない」（p.70）のである。したがって，「特定の協働システムへの個々人の貢献は，個々人それぞれの多様な価値観のもとでの

図表 1-1　個人人格と組織人格

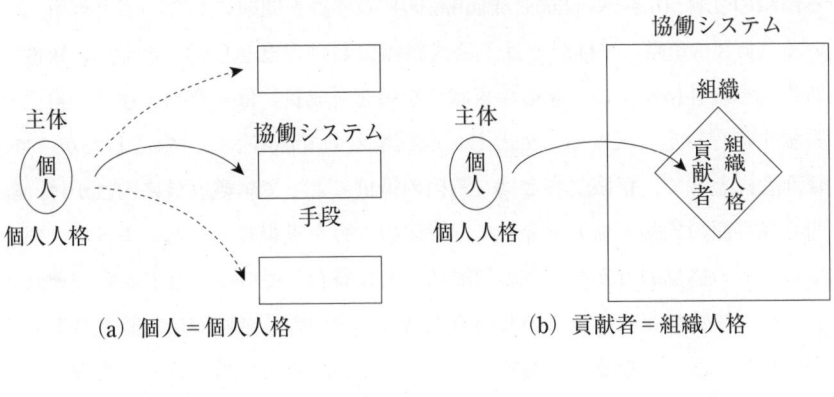

主体
個人
個人人格
協働システム
手段
(a) 個人＝個人人格
協働システム
組織
主体
個人
貢献者
組織人格
個人人格
(b) 貢献者＝組織人格
協働システム
物的
生物的
組織
主体
個人
貢献者
組織人格
個人人格
メンバー
集団
社会的
メンバー
＝貢献の提供者
＝個人人格Ⅱ
(c) 個人→メンバー→貢献者
協働システム
主体
管理者
貢献者Ⅱ
組織人格Ⅱ
個人
個人人格
メンバー
貢献者Ⅰ
組織人格Ⅰ
部下
(d) 協働システムの制度化

出所）筆者作成

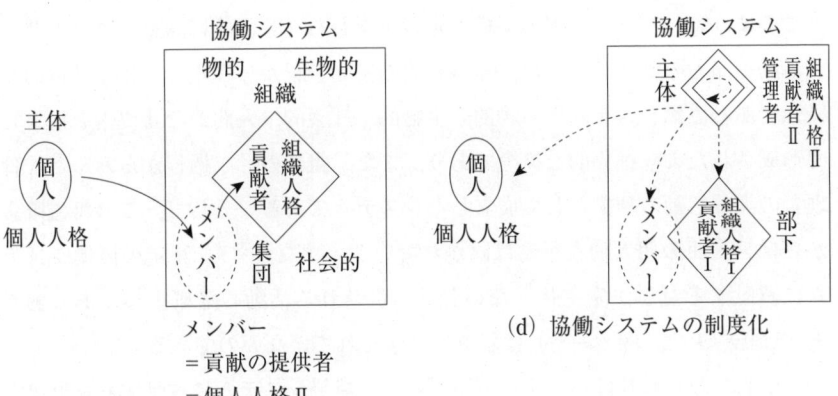

複雑な意思決定メカニズムをとおして具現されるものである」(加藤, 1978, 89ページ) としても，個人の貢献が組織として意味を持つのは調整されたその時である。

　ところで，協働的行為の調整に関して，われわれはバーナードが管理者による権限の受容 (the acceptance of authority) の獲得を問題にしていると理解している (第2章参照)。「権限とは，公式組織における意思伝達 (命令) の属性である。その性格ゆえに，組織の貢献者ないし『成員』は，意思伝達を，自己の貢献する行為を支配するものとして受容するのである」(p.163)。したがって，管理者にとって，権限受容とは，誘因の提供によって組織成員に働きかけ，無関心受容圏の獲得・拡大を介して，権限の受容を獲得し，それによって，個々ばらばらの協働的行為を一つの組織的努力に統合していくことである。それによって，複数の組織成員ないし組織人格は，一つの「意図的に調整された諸活動のシステム」となるのである。バーナードの権限受容の本質は，管理者による「権限受容の獲得」に求められる[11]。

　このように，バーナードの組織の定義すなわち「意図的に調整された人間の諸活動や諸力のシステム」は，組織概念の展開過程からみると，より具体的な概念である協働システムから物的，生物的，社会的，人間的な諸要素を捨象して形成されたより抽象的な概念であり，また，組織の形成過程からみると，管理者の調整活動の結果として成立したシステムである。そして，この組織概念からは，人間の個人的な行為は除かれている。すなわち，「特定の協働システムに貢献する意思決定主体」ないし「提供される活動の帰属主体である個々人」(加藤, 1978, 89ページ) は組織には含まれていないのである。

　しかし，われわれはバーナードが「特定の協働システムに貢献する意思決定主体」ないし「提供される活動の帰属主体である個々人」を無視していると解するわけではない。むしろ，こうした個々人がバーナードの管理論において重要な意味を持つのは，組織のレベルではなくて，協働システムのレベルにおいてである。

3. 協働システムへの参加と個人の「自覚」

　個人は，バーナードにおいては，まさに「自覚的」な主体的存在として把握されている。バーナードは個人から出発して，組織，さらに管理の問題に立ち入るのであり，意思決定主体としての個人の把握は彼の理論の大前提となっている。

　バーナードによれば，個人は，肉体を持ち，環境の中で存在する物的存在であり，環境への適応力を持った生物的存在であり，さらに他の個人との相互作用を行う社会的存在である。すなわち，個人は過去および現在における物的，生物的，社会的諸要素である無数の諸力を具現している，独特の，独立している，孤立した，ただ一つの全体的存在である（pp.10-12）。こうした個人は一定の属性を持っている。個人は自由意思を持っている。そして，選択能力に限界（the limited power of choice）はあるが，それを行使して，自己の目的を達成しようとする活動ないし行動（activities or behaviors）を行う。これらの属性のうち，バーナードが特に強調するのは，選択能力に限界があることである（pp.13-15）。個人のこのような側面は「個人人格」（an individual personality）とよばれる（図表1-1(a)参照）。

　さて，個人は欲求すなわち動機を持っている。これは主として過去および現在の物的，生物的，社会的環境における諸力の合成物であり，個人の心理的要因をなしており，また，追求される目的によって明らかになるものである。個人の行動は，動機の充足としての個人的満足（personal satisfaction）およびそれを実現するための個人的目的（individual purposes）の達成をめざしている。バーナードは，個人の自分の行動の評価に関して，能率性（efficiency）と有効性（effectiveness）の二つの基準を提示している。行動を引き起こす原因となった動機が充足されれば，その行動は「能率的」である。行動が所期の目的を達成した場合には，その行動は「有効的」である（pp.15-21）。

　しかしながら，個人一人では物的および生物的制約のために，自己の動機や

目的を常に継続的に満足させることは困難である。それゆえ，個人は制約を克服して動機や目的を満足させるための手段として，協働システムに参加することになる（図表1-1(a)参照）。「個人では実行できないことを協働すれば可能となる場合にのみ，協働は成立しうる。すなわち，協働は，個人の行動を制約する諸条件を克服する手段として，存在理由を持つ」(p.23) ことになる。ここで，個人が生物的欲求を満たすという目的でのみ行動する場合を考えてみると，個人にとっての制約条件は個人の生物的能力および環境の物的要因という二種の要因の合成されたものであるといえよう。それゆえ個人は，自己の目的を達成するためには，具体的状況においていずれかの要因を協働によって克服することが必要になる。

　例えば，一人では動かすことのできない大きな石を動かさなければならない場合を考えてみよう (pp.22-23)。「石の大きさがその人の能力に比べてあまりにも大きすぎる」と考えられる場合には，石そのものすなわち物的環境が制約要因となっているので，個人はテコを使い，あるいは石を小さく砕くなどして，物的環境に働きかけて制約要因を克服しようとするであろう。これに対して「その人の能力が石の大きさに比べてあまりに小さすぎる」と考えられる場合には，その人の生物的能力が制約要因であり，したがって，エネルギーを集中的にあるいは継続的に行使して制約要因を克服しようとするであろう。いずれの場合にも，他人の助力を得て制約要因を解決しようとすれば，個人は協働システムに参加せざるを得ないので，協働システムが成立することになる。協働システムへの参加を決定する個人的意思決定は，まさに自覚的である。

　なお，この場合，制約要因は克服されるべき唯一の要因ではなく，それを含む全体状況との関連において意味を持つものであり，全体状況の関数としての性格を持つことに注意する必要があろう（雲嶋，1971，11-12ページ）。

　さて，個人は，協働システムへの参加にさいして，自由意思により自分の選択力を行使する個人人格である。この場合，どの協働システムへ参加するかはその個人の持つ私的行動規範（a private code of conduct）ないし私的道徳規範（a private moral code）によって左右される。個人は主体的に行動する「道徳的

存在」(a moral being) だからである (p.262)。ここに「道徳」(moral) とは，個人に内在する一般的・安定的な性向であって，かかる性向とは一致しない直接的，特殊的な欲望，衝動あるいは関心はこれを禁止し，統制し，あるいは修正し，それと一致するものはこれを強化する傾向を持つ個人人格的諸力 (personal forces) である (p.261)。個人は道徳規範の数，その質と相対的な重要性，それに対する責任感にかなりの個人差のある道徳的存在であり，まさに一つの個性化した個別的人間である。このような個人人格としての個人は，選択力が限られているとしても，自由意思によって自己の道徳規範間の対立を解決し，自己の動機の満足を求めて行動する自覚的な主体的な人間である（道徳については第3章を参照）。

4. 協働システムにおける個人の「自覚」

さて，バーナードによれば，個人は協働システムに参加すると，その性格をいちじるしく異にするという。個人が提供する努力は，協働行為の一部分となっている。すなわち，特定の協働システムの参加者（participants）として人間をとらえようとすれば，それは協働の一部分として純粋に機能的な側面 (their purely functional aspects) とみなされる。この場合の人間の努力は非個人人格化 (de-personalized) され，社会化 (socialized) されている。個人は彼の提供する「貢献」(contribution) 活動そのものとして意味を持ち，「貢献者」ないし「組織人格」(an organization personality) とみなされる (pp.16, 88, 174)。そして，これらの貢献のシステムないし「組織人格の統合体」（細川，1985，104 ページ）としての相互作用のシステムが，先に考察した（公式）組織である。

このように見てくると，バーナードの視点は個人から協働システムに移っている。特定の協働システムに参加している個人は，二重人格 (a dual personality) を持っていることは明らかである。彼は協働システムと二面的な関係を持っている。その第一は，協働システムと「個人的ないし外的関係」にある個人人格としての個人である。その第二は，協働システムとは多少とも断

続的な「機能的ないし内的関係」にある組織人格としての個人である。協働システムに外的な個人人格は，前節でみたように，自由意思をもった個人そのものである。これに対して，「特定の協働システムの参加者としての人間は，協働の一部分として，純粋に機能的側面とみなされる」(p.16) という場合，人間のこの組織人格の側面はまさに「組織」である（図表 1-1(b) 参照）。

ここに，われわれはバーナードによる人間の二面的理解のうち，第一の個人人格は「協働システムの外」に対応し，第二の組織人格は「組織」に対応していると解することが出来る。とすれば，人間の二面的理解においては，「協働システム」に対応するものが空白になっていることになる。われわれはこれをどのように理解すればよいのであろうか。

バーナードが協働システム概念から「人間」的要素ないし「人間の集団」を捨象して，組織概念を生み出したことは，すでに第 2 節において検討した。組織を「意図的に調整された人間の諸活動や諸力のシステム」と定義することによって，「具体的な協働システムにみられる物的環境や社会環境に基づく差異，人間に基づく差異，および人間が協働システムに貢献しようとする根拠の差異は，（組織にとって）外的な事実や要因の地位に追放される」(p.73. 括弧は筆者) が，「それは組織にとっては外的であるが，その協働システムにとっては外的ではない」(p.73fn. 傍点は筆者) のである。協働システムにはなんらかの人間的要因が含まれているのである。

ここでわれわれは，バーナードが協働システム内の人的要素について「成員」すなわち「メンバー」(a member) と，「貢献者」(a contributor) とを峻別していることに注意しよう（図表 1-1(c) 参照）。「貢献」は意図的に調整された諸力のシステムを構成する諸力ないし活動を意味し，「貢献者」はその人的表現であると考えられる (p.75)。これに対して，「メンバー」は集団概念に関わるものとして，組織概念から排除された (p.70) が，なお協働システムの人的要素をなすものと考えられている (p.73fn.)。この意味での「メンバー」は，「企業においては，集団は一般に『管理者』と『従業員』とからなるものと考えられている」(p.69) という場合のそれである。すなわち，バーナードが組

織概念から排除した，常識的な意味での「メンバー」は協働システムの内部にいるのである。

それでは，この貢献者とは区別される「メンバー」はどのような性格を持つのであろうか。われわれは，「メンバー」を「貢献の提供者」[12]として理解することが出来る。「メンバー」は，協働システム内にいて，ある時には組織に貢献を提供して貢献者になっているが，他方では「実際に働いていると考えている間でも，そのつもりにもかかわらず，魚釣りのことを夢想し，家庭のことを思案し，前夜のブリッジを頭のなかでやりなおしている」(p.72) ような人間である。また，ある時には，提供される誘因に不満足なため，貢献を続けるか否かの決定をしようとしているかも知れない。

すなわち，この「メンバー」は，ある時は協働的行為すなわち貢献を行っているので，組織人格のようにみえる。しかし，それは断続的であり，別の時には，組織という貢献の統合体に結びつけられていないこともあり，いつも組織人格であるとは限らず，その時は個人人格の側面を持っている。すなわち「メンバー」は「貢献の提供者」として「個人人格的組織人格」ないし「組織人格的個人人格」という性格を帯びている，と解される。

協働システムにおいて，主体的，自覚的に行動する組織人格的個人人格の行う意思決定は，「個人的選択 (personal choice) の問題として，努力を貢献するかどうかに関する個人の意思決定である。それは，個人が組織への貢献者となるかどうか，あるいはそれを続けるかどうかを決定する，反復的な個人的意思決定 (repeated personal decisions) である」(p.187)。協働システムにおける個人は，この個人的意思決定の側面においては，まさに主体的，自覚的存在であり，彼が貢献を提供するか否かが，組織の死命を制することになる (p.139)。このように見てくると，「メンバー」の本質はまさに個人人格である。彼は貢献をすべきか否かについて，常に主体的，自覚的に行動している。

なお，この場合，「特定の協働システムへの個々人の貢献は，個々人それぞれの多様な価値観のもとでの複雑な意思決定メカニズムをとおして具現されるものである」から，組織の定義の「"consciously"」とは，特定の協働システム

に貢献する個々の意思決定主体にかかわるもの」と考えられ（加藤，1978，89ページ），したがって，「活動提供者各自の自覚によっておのずから活動が調整される」（川端，1979，38ページ）側面も見出されよう。

しかし，われわれは，他方では，バーナードによって，「誘因の経済」（the economy of incentives）と「権限」（authority）の問題が個人的意思決定に大きな関わりを持つことが指摘されていることに注意する必要がある（pp.187, 230-231）。個人的意思決定を行う個人に対しては，組織ないし管理者による強い働きかけがあるからである。「協働システムは個人に対して意図的で意識的な関係（a conscious and deliberate relationship）を持つであろう。この関係には二つの側面がある。第一は，個人を協働システムの内部へ引き入れるための特定の行為を行うという側面である。第二は，協働システム内にいる個人の行為を統制するという側面である。第一の側面は，個人の意思（the will of the individual）に直接訴えるものであり，誘因（inducement）あるいは強制（coereion）の問題である。第二の側面は，行為のシステム（a system of actions）の中にあり，かつ，その一機能（a function）としての個人の行為にもっぱら関連している」（p.42）。第一の側面については，本節でその特徴を明らかにした。したがって，われわれは次に個人に対するこのような作用としての「組織の機能」（the functions of organizations）（p.213）を検討しよう。

5. 協働システムにおける「組織の機能」

個人は動機を持ち，その充足をめざして行動する。また，それを実現するための個人的目的の達成をめざして行動する。そのさい，個人一人では物的および生物的制約のために，個人の能率性と有効性を常に達成することは困難であるから，その制約を克服する手段として協働システムに参加する。しかし，いったん協働システムが成立すると，その協働システムはそれに参加している個人の個人的目的とは異なる独自の目的すなわち協働目的を持った存在となる。したがって，協働システム自体にとっての能率性と有効性の達成が課題とな

る。

　協働システムの有効性は、「特定の努力の協働成果に対する影響に関わりを持っているから、協働目的の達成に対する努力の意味について協働の見地から評価され」(p.43. 傍点は筆者)、協働目的の達成ないしその度合いが意味される。

　他方、協働システムの能率性については、バーナードにおいて二つの概念が混在しているように思われるが、われわれはそれを次のように整理できる。「協働は個人の動機を満足させるためにのみ結成されるから、協働の能率性はそれに参加する複数の個人の能率性の合成物 (the resultant of individual efficiencies) である。……動機は個人的なものであるから、協働システムの能率性の唯一の決定因子は個人である」(p.44. 傍点は筆者)。すなわち、協働システムの第一の意味での能率性は「個人の満足の集積」であり、個人の能率性に還元されている。この場合、協働システムは個人の満足の手段の地位に留まっている。これは、協働システムの能率性Ⅰといえる。

　しかし、この概念は協働システムの有効性の概念と矛盾するように思われる。けだし、協働システムの有効性は協働システムの観点から評価され、その場合、協働システムは個人の動機の満足のための手段を越えて主体者の地位を獲得しているからである。われわれは協働システムの能率性に関するバーナードのこの見解をただちに受け入れることは出来ないであろう。

　これに対して、第二の意味での「協働システムの能率性とは、協働システムが個人に満足を提供することによって自己を維持する能力である。これは協働システムの均衡能力 (its capacity of equilibrium)、すなわち、自己を存続させるために(個人の)負担と満足を均衡させる能力である」(p.57. 傍点は筆者) とされる。それはまさに「協働システムの自己維持能力」(its capacity to survive; its capacity to maintain itself) (pp.44, 57) として把握されており、この場合、協働システムは単なる手段的存在ではなく、逆に、個人の満足を手段化して自己維持を図る一個の主体的存在となっており、自己の能率性を自ら評価する。これは協働システムの能率性Ⅱといえる。

われわれは協働システムの能率性を第二の意味に理解せざるを得ない。そうすることによって，協働システムは自己の有効性と能率性とを主体的に達成しようとする存在として統一的に把握されるからである。しかも，こうした理解には，「固定的で継続的な組織」(p.230) ないし，「継続企業としての協働」(p.42) が前提とされており，協働システムの「制度化」が意味されていることに注意しなければならない。

ところで，制度化し主体化した協働システムにおいては，組織はその中核をなすものとみなされている。組織は「意図的に調整された二人以上の人々の諸活動や諸力のシステム」であるから，個人の提供する諸努力ないし貢献は「意図的に調整されている」のであるが，このことは「意図的に調整する」活動，すなわち，「協働システムに必須な諸努力の調整」(the coordination of efforts essential to a system of cooperation) (p.215) 活動ないし「組織全体の諸努力の調整」(the coordination of efforts to the entire organization) (p.216) 活動として「管理活動」が存在していることを意味している。

諸努力の調整とはまさに「組織しようとする意図的な努力」(consciously efforts to organize) (p.139) にほかならない。そして，このような「組織しようとする意図的な努力」を貢献するのが「組織者」(an organizer) としての「管理者」(the executive) である。ここに管理者は「メンバー」に働きかけて，彼の提供する貢献を意図的に調整する主体者，すなわち，「意図的調整者」として存在している。けだし，制度化した協働システムないし複合組織 (a complex organization) においては，組織目的を達成しあるいは組織均衡を維持することは，管理者の意図的な調整活動なくしては自動的に達成されうるものではないからである（図表1-1(d)参照）。

それゆえ，特定の組織目的を達成しようとする組織にとっては，管理者は戦略的要因ないし制約要因なのである (p.35)。管理者が意図的に行う諸努力の調整が適切でなければ，諸努力は十分には調整されず，組織は完全には機能しえないであろう。「集団の『メンバー』として登録されている人々の行為でも，他の人々の行為と調整されていないものは，行為のシステムの一部分ではな

い」(p.70)。管理者の調整が適切に行われる場合にのみ，組織は一つの完全な全体的なシステムとして機能することが出来る。したがって，管理者の調整とはどのような機能なのか，換言すれば，管理者の果たすべき管理機能（the executive functions）とは何か，が明らかにされなければならないであろう。

　バーナードは，「基本的な管理機能は，……組織（形成）の諸要素に対応する」(p.217。括弧は筆者) という。「相互に意思伝達することが出来る人々がいて，共通目的を達成するために，活動を貢献しようとする場合に，組織が生まれる」(p.82)。それゆえ，組織形成の諸要素は，組織目的（organization purpose）ないし共通目的（common purpose），貢献意欲ないし協働意欲（willingness to contribute, serve, or cooperate），および意思伝達ないし意思疎通（communication）の三要素である。

　組織はこれらの三要素のうち，なによりもまず，個人の貢献意欲に依存している。貢献意欲とは，個人的行為の自由を放棄し，組織の調整に従うという個人の意思であり，その結果は「個人的行為の非個人人格化（depersonalization）」を意味する（p.84）。貢献意欲がある場合に，人々の諸努力は凝集され，組織となり得るのである。

　ところが，個人は特定の協働システムと直接的な意味において，なんらの機能的協働関係を持つものではない（p.17）。それゆえ，組織がかかる個人と機能的協働関係を形成するためには，個人から貢献意欲を獲得する必要があるが，そのためには，組織が個人に何らかの利益を与えなければならない。これが「誘因の方法」（the method of incentives）である（p.142)[13]。組織は個人に適切な誘因を与えることによって，貢献意欲を，したがって，貢献努力ないし貢献活動を獲得することが出来る[14]。われわれは，組織形成要素としての貢献意欲に対応する管理機能を，「貢献獲得機能」として把握することが出来る。

　しかしながら，貢献意欲を持っている個人も，努力の目標が示されなければ，組織に貢献することが出来ない。組織目的は，組織が達成しなければならない，「メンバー」間に共通な目的であり，非個人的なものである。それは貢献努力を方向づけるものであり，また，管理者の調整の原理となるものであ

る。共通目的が明らかになってはじめて，貢献意欲は貢献活動として具体化される。それゆえ，個々の貢献者が直接達成すべき部分目的の設定も管理者の不可欠の機能である。これは組織形成要素としての組織目的に対応するものであり，われわれは「目的設定機能」とよぶことが出来る。

さらに，共通目的あるいは部分目的も，それを個人が知らなければ，意味を持ち得ない。意思伝達は貢献意欲と組織目的とを結びつけるものである。組織目的は，個人によって理解され受け入れられなければ，協働を鼓舞するものとはならないし，また，貢献意欲は相互に確認されなければ，全体としての意味を持ち得ない。したがって，組織目的および貢献意欲の相互伝達が伝達システム（the communication system）を通して行われれば，その結果，努力の凝集が可能となる。したがって，意思伝達という組織形成要素に対応して，管理者には「意思伝達機能」が必要である。

このように，バーナードの管理機能は，協働意欲，組織目的および意思伝達という組織形成の三要素に対応して，「組織に不可欠の努力の獲得を促進すること」，「組織目的を設定すること」，および「意思伝達システムを提供すること」（p.217）であり，われわれは（1）貢献獲得機能，（2）目的設定機能，および（3）意思伝達機能であると理解した。

さて，組織形成の三要素が相互依存的な均衡関係にある場合に，個人の諸努力は凝集され，組織は成立する。これらの三要素間の均衡は「組織の内的均衡」（internal equilibrium）とよばれる（pp.82-83）。この内的均衡は「組織の形成」を意味するが，それは管理者の調整によって可能であり，しかも管理者の調整は「組織しようとする意図的な努力」であるから，管理機能はまさに「組織形成機能」であると理解されるであろう。

しかも，形成された組織が共通目的を達成し，さらに，個人に満足を与えるためには，それは存続し続けなければならない。したがって，組織を維持することは，組織を形成することとともに，調整努力を貢献する管理機能であり，「組織維持機能」として理解される。それでは，組織はどのようにして維持されるのであろうか。

「組織の形成は，その時の外的諸条件に適切なように，これらの諸要素（貢献意欲，組織目的，意思伝達）を統合することに依存している。組織の存続は，（組織）システムの均衡の維持を確保するか否かによって左右される。この均衡は，本来，内的均衡すなわち諸要素間の均衡の問題である。しかしながら，それは究極的，根本的には（組織）システムとそれに外的な全体状況との間の均衡の問題である」（pp.82-83．括弧は筆者）。すなわち，組織の存続は，組織の内的均衡と外的均衡とによって可能となる。

このうち，組織の「内的均衡」は，組織形成の三要素，すなわち，貢献意欲，組織目的，意思伝達の間の調和を達成することであったが，これは組織の形成そのものである。したがって，組織の維持はなによりもまず，組織を常に絶えず形成し続けること，すなわち，組織の不断の再形成にほかならない。

これに対して，組織の存続に固有の問題は，組織の「外的均衡」（external equilibrium）の維持である。ここに，組織に外的な全体状況とは，バーナードによって「組織」概念から捨象された物的システム，社会的システムおよび個人である（pp.65-74）。したがって，組織の外的均衡とは，組織と物的システム，社会的システムおよび個人との間の均衡である。そして，このことは組織の外的均衡が二つの側面から構成されていることを意味している。すなわち，組織の外的均衡は，第一には，組織目的に対して物的システムおよび社会的システムが適切であるか否か，つまり，組織の有効性の問題であり，第二には，組織と個人との間の相互交換，つまり，組織の能率性の問題である。

組織の有効性（effectiveness）とは，組織目的を達成することによって，組織の維持をはかることである（pp.91-92, 236-239）。それゆえ，管理者は，組織に外的な物的システムに作用して，これを目的達成のための最も適切な手段として選択し，採用しなければならないし，あるいはまた，組織に外的なインフォーマル組織を機能化して意思伝達システムを補完するとともに，人間協働の基盤たる人間の調和を確保しなければならない。逆に，これらの外的諸要因に適切なように目的を再設定することも必要である。

組織の能率性（efficiency）とは，誘因を組織に外的な個人に提供して，組織

への貢献意欲，したがって，貢献努力を獲得することにより，組織を維持することである（pp.92-94, 240-257）。貢献意欲が常に維持され続ける場合に，組織は常に貢献努力を確保し，存続することが出来る。そのためには，管理者は常に適切な誘因の原資を獲得し，それを誘因として個人に配分しなければならない。個人は，誘因によって「純満足」を得た場合に，貢献を続けることが出来るからである。これは「誘因の経済」といわれる問題である（pp.139-160. なお第2章を参照）。

　管理者のこのような組織維持の努力は，意思伝達システムとしての組織における管理者の意図的な調整によって行われる。組織が有効性を獲得し，存続し続けるためには，貢献意欲や組織目的の相互伝達が必要であるから，管理者は意思伝達機能を常に絶えず遂行しなければならない。組織の有効性は組織目的を常に適切に設定し，それの達成に必要な手段を採用することを必要とするから，管理者の目的設定機能が常に絶えず行使されなければならない。組織の能率性は誘因を提供して個人から貢献（意欲）を獲得することであるから，管理者は常に絶えず貢献獲得機能を果たさなければならない。すなわち，組織を維持するためには，管理者は意思伝達機，目的設定機能および貢献獲得機能を常に絶えず遂行しなければならない。このような管理者の機能は，「組織維持機能」であるといえよう。

　要するに，バーナードによれば，管理機能は，組織を形成し，維持する機能であり，協働システムにおける個人の諸努力を共通目的の達成のために統合しようとする意図的な活動である。人々の諸努力は，こうした意図的な調整活動によって，組織に統合され，組織人格の統合体となる。

6. 結：バーナードの意図と真の「管理者」

　われわれは，バーナード理論のうち「組織」に関わる諸概念を検討してきた。協働システムは「少なくとも一つの明確な目的のために，二人以上の人々が協働することによって特定のシステム的な関係にある物的，生物的，個人

的，社会的構成要素の複合体」であり，具体的には，企業，行政府，労働組合，学校，教会などであるが，それらのシステム間には，物的，生物的，個人的および社会的なサブシステムに関して大きな差異がある。しかし，これらの差異に目を奪われていては，組織や管理機能の本質を見誤ることになる。そこでバーナードは，各種の協働システムの差異を生み出している物的，生物的，個人的，社会的構成要素を捨象してもなお存在する，共通の構成要素に着目し，そこに組織の本質を見出す。すなわち，組織は「あらゆる協働システムに共通する協働システムの一側面」としての「二人以上の人々の意図的に調整された諸活動や諸力のシステム」である。バーナードは組織をこのように非個人人格的なものと理解することによって，彼の本来の意図である管理機能の解明が容易になると言う。

　管理機能は「協働システムに必須な諸努力の調整活動」ないし「組織全体の諸努力の調整活動」であり，それはまさに「組織しようとする意図的な努力」にほかならない。そして，この諸努力を調整しようとする意図的な努力は，人間の身体における神経システムのように，管理組織によって，協働的努力のシステムを維持する活動として行われる。この管理者ないし管理組織は組織の一側面をなすものであり，非個人人格的である。すなわち，管理機能はまさに非個人人格的な「組織の機能」として作用するものである。

　組織の機能としての管理機能は，第一に，協働システムの外にいる潜在的貢献者に誘因を提供して協働システムの「メンバー」とすること，第二には，そのメンバーに働きかけて貢献活動を引き出し，「貢献者」とすること，さらに第三には，個々の貢献者の活動を一つの組織活動に統合して組織（組織人格の統合体）を形成し，その組織を維持し続けることである。

　そして，このような組織の機能としての管理機能の作用を受けるのは，個人である。個人は，第一には，特定の協働システムの外にあってそれに参加し貢献すべきか否かの個人的意思決定を行う個人人格である。第二には，個人は協働システムに参加して「メンバー」となっているが，常に貢献活動を行うか否かの反復的な個人的意思決定を行う個人人格的組織人格ないし組織人格的個人

人格である。これらの二側面においては，個人は，自覚的に組織との関わりを決定する存在であり，自覚的に参加するか否かを決定する能動的側面が強調されている。したがって，第二の側面の個人も，本質的には個人人格である。

　他方，個人は，第三には，純粋に組織人格として，彼の貢献そのものが問題とされる。複数の貢献活動が管理機能による調整を受けて，一つの統合体となるときに，組織は成立する。この場合，バーナードにおいては，組織成員ないし「一般従業員としての組織人格」については，権限を受容する，無関心受容圏を持つなどの受動的な側面が強調されているにすぎない。しかも，これに対比して，「管理者としての組織人格」については，貢献を獲得する（組織均衡の維持），権限を受容させる（組織人格の獲得と統合），組織道徳を創造する（道徳的リーダーシップの行使）などの積極的側面が強調されている。組織において意図的な主体者として存在するのは，バーナードにとっては，「管理者」にほかならない。組織成員の諸活動がたんに自覚的に調整されて組織が形成されるような状況は，自然発生的な組織の初期にみられるものにすぎず，この場合でも組織が維持されるためには，管理者の意図的な維持活動が必要になってくるのである[15]。

　以上のように見てくると，バーナードは，基本的には個人を個人人格と組織人格の二重の性格を持つものとして理解しているが，われわれはこれを三重の性格を持つものとして理解することが出来る。第一には，特定の協働システムに外的な個人は，純粋に個人人格としてその協働システムに参加するか否かを決定する自由意思を持った個人である。第二には，特定の協働システムの内部にいる「メンバー」としての個人は，「メンバー」としては組織人格の性質をおびているが，その協働システムに真の貢献を提供するか否か，あるいは，「メンバー」であり続けるか否かについては，個人的意思決定を行う個人人格である。この場合，「メンバー」としての組織人格の要請と個人的意思決定者としての個人人格の要請とが矛盾することもあり，組織人格的個人人格として存在する。

　この両者に共通する特徴は，個人それぞれの多様な価値観のもとで，私的道

徳規範に基づいて個人的意思決定が行われることであり，それはまさに「自覚的」である。協働システムへの参加あるいはそれからの離脱を考えている個人は，個人的意思決定者として，まさに自覚的な主体的存在である。ただ，この自覚は，バーナードの「組織」に外的であることに注意しなければならない。

これに対して，「貢献者」はその性格を著しく異にしている。貢献者は特定の協働システムの内部に存在し，しかも彼の貢献が組織そのものを形成する組織人格である。この貢献者を本章では，「管理者」と「従業員」に限定して考察した。従業員は，管理者によって権限受容を求められ，あるいは，組織規範を与えられるなど，受動的性格が強調されているのに対して，管理者は，誘因や組織規範を提供し，組織の形成・維持をはかる積極的性格が強調されている。「協働的努力のシステムは全体として自らを管理するものであって，その一部である管理組織によって管理されるものではない」(p.216) が，身体システムを維持するために，神経システムが環境により効果的に適応するのに必要な行為を指令しているように，管理組織は，組織を形成し維持するための機能をはたしている。それは組織の意図を代表するものと考えられる。すなわち，協働的努力の調整は，組織を形成し維持しようとする組織の意図に基づいて，管理者によって行われる。

要するに，バーナードの組織の定義における"consciously"は，「組織の機能」を表している。制度化した協働システムは自動的に存続しうるものではなく，そのためには組織ないし管理者による意図的な組織形成・維持活動が必須のものとして求められている。バーナードの組織概念は，こうした管理機能解明の前提をなすものとして重要な意味を持っている。

ここに組織は，二人以上の人々の「意図的に」調整された諸活動や諸力のシステムとして，抽象的レベルでとらえられている。他方，個人は，組織の定義からは捨象されるが，協働システムの基本的な構成要素とみなされている。彼は協働システムへ参加し，貢献を提供すべきか否かを「自覚的」に決定する主体者である。

組織の機能を意図的に遂行しようとする管理者と，組織の貢献者たるべきか

否かを自覚的に決定しようとする従業員（組織成員）との葛藤の解決は，バーナード理論の中心課題である。バーナードにとって，組織ないし組織人格は「意図的」であり，個人ないし個人人格は「自覚的」である。そして，バーナードの求める「真の管理者」は，自己の組織人格と個人人格の統合の上に，組織成員の組織人格と個人人格との統合を促進し，組織の形成・維持機能を意図的，自覚的に遂行するものである。

・・・・・・・・・・・・・・・・・・・・・・・・・・ 注 ・・・・・・・・・・・・・・・・・・・・・・・・・・

1) 例えば，高沢（1978）に収録された研究論文48稿の表題をみると，組織論的なもの38%（18），管理論的なもの19%（9），両者に関連するもの8%（4），その他43%（35）となっている。
2) 加藤（1978），飯野（1979），細川（1980），小泉（1982），川端（2008）など。
3) 川端（1971），庭本（1977），村田（1978），小笠原（1980），川端（1980），篠崎（1981），吉原（1983），原沢（1985），細川（1987）など。
4) 三戸（1972），川端（1972），河野（1980），庭本（2006）など。
5) 坂井（1975），鈴木（1973），吉原（1975），高沢（1979），細川（1981）など。
6) 三戸（1973），加藤・飯野（1987），真野（1987），鈴木（1994），庭本（1994），鈴木（1998），鈴木（1999），庭本（2006）など。
7) 本章において著者名を記載していない（p.8）などは，Barnard（1938）からの引用ページまたは参考ページである。
8) 山本（1972, 21ページ）は，バーナード理論の体系を協働理論，組織理論，管理理論の三層構造理論としている。
9) 山城（1954）は，企業，行政，労働組合などの組織体のあり方（あるべき姿）を「経営自主体」として，それらの各組織体に共通する機能すなわち経営自主体に必須の機能を「経営―管理―作業」の包摂的階層関係としてとらえている。バーナードの「協働システム―組織」と山城の「経営自主体―経営・管理」の展開には類似の発想がみられる。山城については，序章を参照のこと。
10) 本章では，組織成員として，「管理者」と「従業員（狭義の組織成員）」を検討の対象としているが，「顧客」等が組織成員であることをわれわれは受容している。このことは協働システムの「境界」の問題として，残された課題である。個人としての従業員については第2章を，顧客等については第9章を参照のこと。なお，山城（1954）の「対境関係論」においては，経営自主体と外部の利害者集団との均衡が重視されている。同一の関係を，バーナードは境界内の均衡に，山城は外部との均衡に求めている。対境関係については，序章および第8章を参照のこと。

11) 詳細は第2章および細川（1985）を参照のこと。
12) 藻利（1964, 50-51ページ）は，労働者を「人的生産力」と「人的生産力の所有者」との二重性格を持つものとして把握し，それぞれを生産管理と労務管理の対象をなすものとしている。「貢献の提供者」は後者に対応する。
13) 個別的な誘因として，① 物質的誘因，② 個人的な非物質的な機会，③ 望ましい物理的な作業条件，④ 理想的な福利を，一般的な誘因として，① 仲間の魅力，② 慣習的な作業方法，③ 参画の機会，④ 非公式組織における相互支援を，例示している（pp.142-149）。
14) バーナードにおいては，貢献意欲＝貢献活動とされ，両者が区別されていない，という問題が残る。動機づけのプロセスについては，第4章を参照のこと。
15) 「もし組織が自然発生的であれば，その組織のまず最初の仕事はおそらくリーダーの選出であろう」（p.217）。

第2章 組織均衡の維持と技術的リーダーシップ

1. 序

　バーナード (1938) の理論は，組織理論として理解されることが多いが，前章で明らかにしたように，彼の目的は管理者の機能の解明にあった。かれは，管理機能を目的設定機能，貢献獲得機能，意思伝達機能に区分した。本章では，個人と組織との関わりを規定する組織均衡を手がかりに，バーナードが管理機能の中核と考えている貢献獲得機能を検討し，管理の体系を明らかにしよう。まず，前章に従って，管理者の役割を概観する。

2. 協働システムの制度化と管理者の役割

　バーナードは協働システムや組織に関連した個人を「個人人格」(individual personality) と「組織人格」(organization personality) の二面において把握する[1]。個人人格としての個人の行動は，それが彼の動機を満足すれば「能率的」であり（個人の能率性 efficiency），またその動機を満たすための手段としての行為の目的を達成すれば「有効的」である（個人の有効性 effectiveness）(pp.19-20)。しかしながら，個人一人では物的および生物的制約のために，能率性と有効性を常に継続的に達成することは困難であるから，それを克服する手段として協働システムに加入し，組織人格となる。しかし，いったん協働が成立すると，協働は成員の個人的目的とは異なる独自の目的を持った存在とな

り，成員の満足は集団努力の結果にすぎなくなる (p.43)[2]。

協働システムの有効性は，「特定の努力の協働成果に対する影響に関わりを持っているから，協働目的の達成に対する努力の意味について協働の見地から評価され」(p.43)，協働目的の達成ないしその度合が意味される。

他方，協働システムの能率性については二つの概念が見い出される。「協働は個人の動機を満足させるためにのみ結成されるから，協働の能率性は個人の能率性の合成物である。……動機は個人的なものであるから，協働システムの能率性の唯一の決定因子は個人である」(p.44)。すなわち，協働システムの第一の意味での能率性は個人の満足の集積であり，個人の能率性に還元されている。この場合，協働システムは個人の満足の手段の地位に留っている。しかし，この概念は有効性概念と矛盾する。けだし，協働システムの有効性は協働システムの観点から評価され，その場合協働システムは個人の動機の満足のための手段を越えて主体者の地位を獲得しているからである。われわれは協働システムの能率性に関するバーナードのこの見解をとることは出来ないであろう。

これに対して，第二の意味での「協働システムの能率性とは，協働システムが個人に満足を提供することによって自己を維持する能力である。これは協働システムの均衡能力 (its capacity of equilibrium)，すなわち，自己を存続させるために（個人の）負担と満足を均衡させる能力である」(p.57)。それはまさに「協働システムの自己維持能力」(its capacity to survive, p.44; its capacity to maintain itself, p.57) として把握されており，この場合，協働システムは単なる手段的存在ではなく，逆に個人の満足を手段化して自己維持をはかる一個の主体的存在となっており，自己の能率性を自ら評価する。

われわれは協働システムの能率性を第二の意味に理解せざるを得ない。そうすることによって協働システムは自己の有効性と能率性とを主体的に達成しようとする存在として統一的に把握されるからである。しかも，こうした理解には協働システムの制度化が意味されていることに注意しなければならない。

ところで，制度化し主体化した協働システムにおいては，その中核をなす組

織は「意図的に調整された二人以上の人々の諸活動や諸力のシステム」(a system of consciously coodinated activities or forces of two or more persons) (p.73) であるから，個人の提供する諸努力ないし貢献は「意図的に調整されている」のであるが，このことは「意図的に調整する」活動，すなわち，調整活動 (coordination) ないし管理活動が存在することを意味している（山本，1974, 36-37ページ等）。ここに管理者は成員に働きかけて彼の提供する貢献を意図的に調整する主体者すなわち意図的調整者として登場してくる。けだし，制度化した持続的協働ないし複合組織においては，組織目的を達成しあるいは組織均衡を維持することは，管理者の意図的な調整活動なくしては自動的に達成されるものではないからである。

　バーナードによれば，管理者の機能は，組織目的（共通目的），貢献意欲（協働意欲）および意思伝達（意思疎通）という組織の三要素に対応して，目的を設定すること，組織に不可欠の努力の獲得を促進すること，および意思伝達システムを提供することである (p.217)。われわれはこの管理の三機能を目的設定機能，貢献獲得機能および意思伝達（意思疎通）機能と名づけることにしたい。このうち有効性および能率性つまり組織均衡に最も強い関わりを持つのは貢献獲得機能である。貢献獲得機能は，第一には組織ないし協働システムの外にいる個人を組織との協働関係に誘引することであり，第二には成員になったものから質量ともに努力を獲得すること，すなわち，具体的な貢献活動を引出し，真の「貢献者」として活動させることである。このような管理者の貢献獲得機能は，バーナードにおいては，具体的には誘因 (incentives) および権限 (authortiy) の問題として論じられていると解される[3]。

3. 誘因の経済とモチベーション行動

　管理者は個人を協働関係に誘引し，貢献活動を獲得し，それによって組織の能率性すなわち組織均衡の維持を達成しなければならない。バーナードによれば「組織のエネルギーを形成する個人的努力の貢献は誘因の故に個人から提供

される」(p.139) のである。したがって，組織ないし管理者にとっては誘因を提供することが必須のこととなり，その遂行が重要な管理機能となる。

　企業においては，まず客観的誘因を提供する「誘因の方法」(method of incentives) が試みられる (p.141)。適切な誘因が十分に存在すれば，組織ないし管理者はそれを提供して，個人の動機を満足させ，必要な貢献を獲得し，それによって組織均衡を維持し，組織を存続させることが出来る。しかしながら，注意しなければならないことは「組織は人々を協働的努力に誘引するに必要なすべての誘因を提供することはおそらく不可能であり，しかも，常に適切な誘因を提供することも不可能である」(p.149) という事実である。この場合には，組織は個人の動機を満足させることが出来ず，存続不可能となる。しかも，誘因が不足するあるいは不適切であるにもかかわらず，管理者にとっては，いかに個人に満足を与え組織を維持するかという問題が，逆に，個人にとっては，その組織からいかにして満足を獲得するかあるいは満足が得られない場合にはその組織から離脱するか，という問題が生じる。

　この問題の解決のために，バーナードにおいては，二つの対応が見い出される。その第一は代替的な解決方法としての「説得の方法」(method of persuasion) であり (p.149)，第二は誘因の創造および配分過程としての「全体の創造的経済」(creative economy of the whole) である (p.253)。

　ある個人に対して適切な客観的誘因を十分に提供することが困難な場合には，主観的誘因にうったえ，主観的態度すなわち個人の動機を変更させることによって満足を与えあるいは今まで不適切であった客観的誘因を適切な誘因にしようとする。管理者はこのような説得の方法によって組織均衡を維持し，組織を存続させることが可能となる。

　ところで，「誘因を提供するにせよ，説得を行うにせよ，いずれの場合にも組織は固有の困難を経験するがゆえに，誘因と説得の過程は全体として大きな重要性を持つ」(p.153) ことになる。管理者にとっては「客観的誘因の提供と説得の実施から生ずる効用の収支の純成果」(p.153) の達成すなわち「組織効用の剰余」(a surplus of organization utility) の創造・配分を課題とする「誘因の

経済」(economy of incentives) ないし「組織効用の経済」(economy of organization utility) が重要な意味を持ってくる。しかし，組織効用の獲得・維持はかならずしも容易ではない。けだし組織が生み出す成果が個人的成果の単なる集合よりも常に大であるという保証はどこにもないからである。組織はそれぞれの個人の努力の成果の単なる集合よりも大なる成果，あるいは，小なる成果を生み出すのであり，組織の成果は常に不安定である。

そこで，もし組織の成果が個人的努力の成果の集合よりも小なる場合には，貢献者たる個人には彼の個人的努力の成果よりも小なるものが配分されるにすぎない。この場合には，各個人は個人的行為の方が有利であるから，これ以上に努力を組織に貢献し続けることは出来ないであろう。

つまり，組織が個人的努力の成果の集合以上のものを創造し配分しない限り，組織効用の経済は均衡しえず縮小し，組織は存続しえないのである。個人の貢献をかかる意図を持って意図的に調整して，組織効用の余剰を獲得しそしてそれを誘因として配分することは，管理者の貢献獲得機能に課せられた重要な課題であり，このことによって管理者は組織均衡を維持し，組織を存続させることが可能となる。

組織均衡 (organization equiliburium) は，一般に誘因 (I, incentive) が貢献 (C, contribution) よりも大きいか等し (I≧C) ければ，成立する (March and Simon, 1958, p.84) と理解されているが，かならずしもそれだけではない。われわれは，組織効用の交換にさいして個人と組織とがそれぞれ異なる別の基準でIC交換を評価していることに注意しなければならない。「行為の効用が，個人にとっても，これを利用する組織にとっても，同じであるということは，ほとんど考えられない」(p.243) からである。

すなわち，個人の観点からみれば，貢献の代価として誘因を受け取るのであるから，I>Cと個人が評価する場合に，個人は満足し，組織に参加する。同じ交換を組織の観点からみれば，I<Cと組織ないし管理者が評価する場合に，組織は個人からの貢献を協働的努力を構成するものとして受け入れることが出来る。このように誘因と貢献の交換に関して，個人および組織が共に自己に有

図表2-1　組織均衡の成立条件

個人の評価	組織の評価	結　果	組織均衡
I＞C	I＜C	合　意	成　立
I＞C	I＝C	組織は中立的	不安定だが成立
I＝C	I＜C	個人は中立的	
I＝C	I＝C	相互に中立的	不　明
I＜C	I＜C	個人が拒否	不成立
	I＝C		
I＞C	I＞C	組織が拒否	
I＝C			
I＜C	I＞C	相互に拒否	

出所）細川（1980），265ページ。

利であると判断する場合に，組織効用の交換が成立し，組織経済の均衡が成立する。逆に，この交換を個人と組織がそれぞれ自己に有利であると判断しない場合には，組織均衡は成立しない。この関係は図表2-1のごとくまとめられるであろう。

　組織経済の均衡が成立することは，「個人の評価するI＞C」と「組織の評価するI＜C」とが同時的に成立することであり，したがって，誘因獲得による個人の能率性と貢献獲得による組織の能率性との同時的成立，および，その結果としての組織の存続ないし組織維持を意味している。ただ，このような誘因の経済の解決はそれ自体困難な課題であって，自動的に成立するものではなく，「高度に発達した技術（techniques）や熟練（Skills）」（p.153）を必要とする。この熟練を提供するのが管理者である。したがって，われわれは管理者の機能を，「誘因提供による個人の能率性」と「貢献獲得による組織の能率性」とを同時的に達成し，組織均衡を維持すること，と理解することが出来る。

　なお，組織の第一の意味での能率性を組織が放棄すること，すなわち，個人の満足の手段化は，逆機能を招き，組織の有効性および能率性の達成を困難にすることになりかねない。これを解決する道は，IC交換にさいして一方の主体者である個人の満足（個人の能率性）を達成する以外にない。すなわち，個

人の動機の満足としての能率性概念は組織レベルではなく，個人レベルにおいて妥当性を有するのであり，その充足は管理機能に含められる。この意味からも個人の能率性と組織の能率性との同時的達成は重要な管理機能となる。

さて，組織均衡の維持をはかる管理者の主体的活動は，個人人格の側面に働きかけるものであり，主としてモチベーション行動（motivation; motivating behavior）の内容をなすものと解される。管理者が個人の能率性および組織の能率性を達成することは，個人人格にうったえて満足を与え，そのことによって個人から貢献活動を獲得することである。しかるに，貢献活動それ自体は組織人格としての活動であるから，能率性を達成しようとする管理者の行動は，個人人格に満足を与え，そのことによって個人人格を組織人格化することである。管理者は個人から組織人格を獲得することによって，能率性を達成し，組織均衡を維持することが出来る。

4. 権限受容とリーダーシップ行動

管理者はモチベーション行動によって成員から貢献活動ないし組織人格を獲得しなければならない。しかし，管理者の任務はそれにとどまるわけではない。管理者はこれらの貢献を調整して組織活動に統合し，目的達成活動を推進することが必要である。この管理者行動は組織の有効性の達成に関わる側面であり，権限（authortiy）を基盤にして組織人格に働きかける。

権限は，例えば「企業目的や部門目的を達成するために決定権（discretion）を行使できる職位に固有の力（right）」（Koontz and O' Donnell, p.56）と定義されるように，一般に人々の努力を結合して組織目的を達成するための強制力として理解される。組織における権限は「人々に起因するものではなく，職位に本来備わっている」（Koontz and O' Donnell, p.57）ものなのである。

しかしながら，バーナードによれば，強制力としての上位権限（superior authority）が国家や教会においてだけでなく，よく管理された小さな組織においてすら効力を失っているために，権限が遵守されないことは当然のことであ

る，と一般に考えられているが，この事実は権限の源泉が本来上位者にあるのではないことを意味している。「個人に対する権限を確保するためには，その個人の同意（assent）が必要不可欠であり」(p.165)，したがって，「権限は，組織の貢献者ないし『成員』によって自己の貢献する活動を支配するものとして受容されるという，フォーマル組織における意思伝達（命令）の性格である」(p.163)。

バーナードはこの定義によって「権限受容」(acceptance of authority)[4] の重要性を強調し，権限には二つの側面があることを指摘する。第一は，貢献者が意思伝達を権限あるものとして受容すること，すなわち，権限の主観的側面であり，第二は，権限が受容される意思伝達の性格，すなわち，権限の客観的側面である。

バーナードによれば，命令ないし意思伝達がそれを受ける人によって受容されるならば，彼に対するその意思伝達の権限は確認されあるいは確立される（「主観的権限」subjective authority の成立）のであり，逆に意思伝達が服従されない場合には，彼に対する権限は否認されることになる。したがって，「命令が権限を持つか否かに関する決定権は，命令を受ける人の側に存在するのであって，逆にいわゆる権限者（persons of authority）すなわち命令者の側にあるのではない」(p.163)。つまり，意思伝達が権限あるものとして確立されるためには，個人による「権限の受容」が必要不可欠の条件である。

バーナードは個人が権限を受容するのは次の四条件が同時に満たされた時のみであるという（pp.165-167，傍点は筆者）。

① 命令を受ける人が意思伝達を理解でき，そして実際に理解すること。
② 命令を受ける人は，受容決定[5] にさいして（at the time of his decision），意思伝達が組織目的と矛盾しないと信じること。
③ 命令を受ける人は，受容決定にさいして，意思伝達が自己の個人的利害と両立しうると信じること。
④ 命令を受ける人は，精神的にも肉体的にも意思伝達に従って行動することが出来ること。

これらをわれわれは「権限受容の四条件」とよぶことにする。このうち，第一については，組織的意思決定の伝達は理解されやすい形で行おうとする努力が払われること，また，第四については，職位に人を配置する場合にその職位が必要とする能力を持った人が配置されることが共に管理原則であるから，第一および第四条件は，意思伝達をする管理者側が通常満たすべき条件であると解される。

　したがって，部下の側の受容の条件としては，第二および第三条件が固有の意味を持ってくる。この場合，第二条件においては，成員は組織目的すなわち組織の有効性の観点から組織人格として権限受容を決定するのであり，したがって，それは組織にとって合理的である。しかるに，第三条件においては，成員は彼の動機の満足すなわち個人の能率性の観点から個人人格として権限受容を決定する。したがって，この受容決定には個人の私的判断の入る余地があり，組織にとってはかならずしも常に合理的ではない。もし権限受容の拒否が後者の観点から行われれば，組織は合理的基盤を失い，秩序維持が困難となり，組織にとっては致命的となる。

　しかしながら，たとえ権限の決定権が下位の個人にあるとしても，その受容決定が次の条件のもとで行われるから，重要な持続的協働の維持は可能であるとバーナードはいう (pp. 167-170)。

① 持続的組織において意図的に発せられる意思伝達は権限受容の四条件に合致していること。
② 個人には「無関心受容圏」(a zone of indefference) が存在すること。
③ 成員の共通の利害を維持しようとする「集団態度」(group attitude) ないし「組織意見」(organization opinion) が個々の成員の態度に影響を与えて，無関心受容圏の安定性を維持すること。

　これらの条件をわれわれは組織の「秩序維持の三条件」とよぶことにしたい。このうち第一条件は受容の条件そのものであり，秩序維持の条件ではない。第二および第三条件は無関心受容圏に関するものである。

　無関心受容圏とは，その圏内に入る意思伝達はその権限に関して意織的に問

題にされることなく受容され得る範囲であり，一般には協働システムに参加する際に予知されるものである。しかしながら，この範囲の広さは個人ごとに異なるが，その相違が大きければ，同一の意思伝達でもある人には受容され別の人には受容されないことになり，組織としての統一性が失なわれることになる。すなわち，ある個人が「組織伝達の権限を否定することは，その組織との関連から純利益を得ているすべての個人にとって脅威となる。……したがって，いつでも大部分の貢献者間には，自分らにとって無関心受容圏内にあるすべての命令の権限を維持しようとする積極的な個人的関心がある」(p.169)。これは集団態度とか組織意見とかと呼ばれるインフォーマル組織の機能であり，「インフォーマルに成立した共同体の共通感は個人の態度に影響を与え，彼らに無関心受容圏内にあるあるいはそれに近いところにある権限を個人として問題にすることを忌避させる」(p.169)。かくして，無関心受容圏の安定化は管理者がインフォーマル組織と良好な関係を推持しそれを機能化することによって獲得されうる[6]。

このようにみてくると，秩序維持の第三条件は良好な集団態度の獲得による無関心受容圏の獲得ないし安定化の問題であり，第二条件はその前提条件としてそれに含められることになる。それゆえ，第三条件のみが秩序推持の条件として固有の意味を持つのである。

さて，バーナードによれば，無関心受容圏による組織の秩序維持の具体的用具は「上位権限の仮構」(the fiction of superior authority) である (p.170)。すなわち，無関心受容圏は権限が上から下へ伝達されるという上位権限の仮構を形成する。しかもこの仮構は，第一に「組織的意思決定をする責任を個人から上方へすなわち組織へ委任する過程」(p.170) であり，そのことによって管理職位をその意思決定の状況を正しく評価できる地位として機能させることになる。したがって，そこで行われる意思決定は他の職位で行われるものよりも組織目的にとって合理的であるから，上位権限の仮構を通って下位者に与えられる管理者からの意思伝達は権限あるものとして受容される。このことは先にあげた権限受容の第二条件を支持することになる。

上位権限の仮構は，第二には「重要なのは組織の利益であるという没人格的な見方」(p.171) を成員に与える。もし権限が成員の私的な判断で受容されなければ，それは組織自体に対する意識的な攻撃であるから，組織は彼に対して懲罰を課する。これを避けるために成員は権限を受容する[7]。この面においても，上位権限の仮構は権限受容の第二条件を支持するとともに，第三条件から生じうる組織にとっての恣意性を排除する。

　要するに，無関心受容圏は個人を組織人格に転化し，組織人格としての行動を可能にする。したがって，管理者にとっては，権限の受容とは「無関心受容圏の獲得」ないし拡大による組織の秩序維持，および，組織目的達成のための組織人格の統合化としての意味を持つことになる。

　ところで，上位権限の仮構の実体は権限の客観的側面としての「意思伝達システム」(communication system) であることにわれわれは注意しなければならない。意思伝達システムは職位の体系とその職位の担当者から成り立っているから，権限には職位に起因する「職位の権限」(the authority of position) と担当者の個人的能力に起因する「個人的権威」(the authority of leadership)[8] とがある (p.173)。「意思伝達職位とそれに人々の活動を『配置すること』とは相互補完的な二側面である」(p.218) から，この両者が結合されれば，意思伝達システムは完全に機能する。それゆえ，職位の権限と個人的権威とが結合された場合に，意思伝達システムとしての「客観的権限」(objective authority) は真に確立されることになる (p.174)。

　さて，われわれは権限の主観的側面と客観的側面とを独立に取り上げたが，両者は無関心受容圏および上位権限の仮構を介して統合されているといえる。バーナードの権限受容は無関心受容圏を基盤として上位権限の仮構を形成するが，その仮構の実質的内容は意思伝達システムだからである。それゆえ，真の権限は，主観的権限と客観的権限の統合において理解されなければならない。したがって，権限受容の問題はたんに権限の源泉としての受容の問題につきるのではない。上位権限の仮構は成員が組織的意思決定を上方へ具体的には管理者へ委任する過程であるが，この委任の過程を介して上位権限の仮構が自律化

してくるのである。すなわち，上位権限の仮構においては，成員は組織人格として行動するが，それとともに，組織の意思決定の委任を受けた管理者がこれらの組織人格を組織に統合する主体者として行動する。この主体者としての管理者にとっては，上位権限の仮構は実体的な意味を持ってくる。けだし，上位権限の仮構は，無関心受容圏と統合して，意思伝達システムの主体者としての管理者が部下による権限の受容を獲得し，彼を組織人格として組織目的達成のために行動させる過程にほかならないからである[9]。

管理者は客観的権限を無関心受容圏内に設定して部下から権限受容（主観的権限）を獲得し，そして，権限を受容した組織人格としての貢献者の行動を組織的努力に統合することによって，組織目的を達成し有効性を獲得することが出来る。

要するに，バーナードの権限受容の本質は管理者による「権限受容の獲得」に求められる。ところで，こうした管理者行動の内容は一般にリーダーシップとよばれているものに相当する。したがって，われわれはバーナードの部下による権限受容の主張は管理者のリーダーシップ行動（leadership behavior）の重要性を強調したものとして理解することが出来る[10]。管理者のリーダーシップ行動は，部下から権限受容を獲得し，組織目的を達成して，有効性すなわち組織均衡を獲得することである[11]。

5. 結：技術的リーダーシップの課題

以上において，われわれはバーナードの主張のなかに管理者のモチベーション行動およびリーダーシップ行動を理解することが出来た。ところが，バーナードは「リーダーシップ」を協働の道徳的側面（moral aspect of cooperation）(p.258)ないし組織の道徳的要因（moral factor in organization）(p.260)すなわち「管理者責任」(executive responsibility) という言葉に含められるリーダーシップの側面（p.260）として理解しているのである。ここに管理責任は二つの内容を持っている (pp.272-281)。

その第一は，管理者自身が具備しなければならない道徳規範および責任能力を意味するのであり，これは「個人規範（personal codes）と組織規範（organization codes）との統合という個人的確信」（p.281）すなわち能率性と有効性の一致という確信のもとに，管理者自身を真の組織人格として行動をさせることを可能にすると解される。

管理者責任の第二は，管理者が成員のために組織規範を創造して，「モラール」（morale）を獲得ないし鼓舞することであり，このことは成員に個人規範と組織規範との統合すなわち能率性と有効性の一致という確信を持たせ，彼らを真の組織人格として行動させるための「責任」を管理者に要求していると解される。そしてそれらは管理者が組織全体とそれに関連する全体状況とを感得することによって達成されるのである（p.235, 277）。かかる意味での「リーダーシップ」の本質は道徳規範の創造機能（creative function of moral codes）に求められる（p.281）[12]。

このようにみてくると，われわれが前節までにおいて理解した「モチベーション行動およびリーダーシップ行動」と「創造機能としてのリーダーシップ」とは，異質のものであることは明白である。けだし，後者が管理者の道徳的責任を意味しているのに対して，前者はまさに管理機能ないし管理技術としての内容をおびているからである。われわれは前者の技術的側面（technical aspect of leadership）（p.260）を「技術的リーダーシップ」（technical leadership），後者の道徳的側面を「道徳的リーダーシップ」（moral leadership）とよぶことにすれば，バーナードのリーダーシップは図表6-2のようにまとめられるであろう。

要するに，バーナードの管理機能論においては，リーダーシップは固有には「管理者責任」として論じられているが，その内容はリーダーシップの道徳的側面つまり道徳規範を示したものにすぎず，リーダーシップの技術的側面はむしろリーダーシップとは呼ばれていないにもかかわらず，実質的には権限受容の獲得および組織均衡の維持の問題として論じられていると解されるのである。成員への誘因の提供によって個人の動機つまり個人の能率性を満足させ，それによって貢献意欲を獲得することは管理者の「モチベーション行動」であ

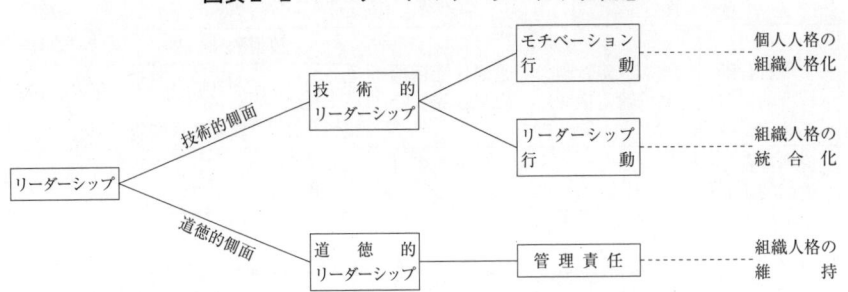

figure 2-2 バーナードのリーダーシップ概念

```
                              ┌─ モチベーション ┄┄┄ 個人人格の
                   ┌─ 技術的 ──┤    行  動           組織人格化
           技術的側面│  リーダーシップ│
           ┌───────┤          └─ リーダーシップ ┄┄┄ 組織人格の
リーダーシップ ┤          │             行  動          統 合 化
           └───────┤
           道徳的側面└─ 道 徳 的 ──── 管理責任 ┄┄┄ 組織人格の
                     リーダーシップ                    維  持
```

る。これは組織均衡の維持ないし組織の能率性の達成を意図している。他方，成員から権限の受容を獲得し，組織人格としての行動を組織的努力に統合していくことは管理者の「リーダーシップ行動」である。これは組織目的の達成ないし組織の有効性の達成を意図している。すなわち，組織均衡の維持はその獲得の問題として管理者のモチベーション行動の，また権限の受容はその獲得の問題としてリーダーシップ行動の内容をなしているのであり，われわれはこの両者すなわち広義の組織均衡の維持のための管理者行動を，技術的リーダーシップとして理解することが出来る[13]。管理者は技術的リーダーシップの行使によって個人の能率性，組織の能率性および組織の有効性の同時的達成を果たさなければならない。

われわれはこのようにバーナードの主張のなかに組織の主体者としての管理者のモチベーション行動およびリーダーシップ行動の重要性が指摘されており，これが貢献獲得機能の内容をなしていると理解することが出来る。われわれは技術的リーダーシップをこのように理解することによって，バーナード理論が管理機能を動態的に把握する契機をなしたものとして，これを高く評価することが出来る。

なお，道徳的リーダーシップは個人規範および組織規範を創造し，管理者自身および成員の貢献を規制するものであるから，これは成員による貢献努力の提供と権限の受容を根底から支持するとともに，管理者による技術的リーダーシップの遂行に規範的な基盤を与えまた全体状況のなかでの合理的遂行を可能

図表2-3 バーナードの管理者行動の体系

管理者行動 （技術的側面）	意志決定行動 （目的設定機能）	意思伝達行動 （意思伝達機能）	技術的リーダーシップ	
			モチベーション行動	リーダーシップ行動
			（貢献獲得機能）	
管理者責任 （道徳的側面）	道徳的リーダーシップ （道徳的規範）			

にするものであるといえよう。したがって，われわれはバーナードのリーダーシップは本来技術的リーダーシップと道徳的リーダーシップとの統合において把握されていると解するのであるが，この問題は次章の検討課題としたい。

次に，バーナードの管理の三機能のうち，目的設定機能から意思決定行動が，また意思伝達機能から意思伝達行動が理解されるとすれば，管理者行動の体系は意思決定行動，意思伝達行動，モチベーション行動およびリーダーシップ行動として理解される（cf. 飯野，1975）。したがって，道徳的リーダーシップないしリーダーシップ責任は，図表2-3[14]のように，たんにモチベーション行動およびリーダーシップ行動の基盤をなすのみではなく，意思決定行動および意思伝達行動の基盤をもなすことに注意しなければならない。バーナード固有の「リーダーシップ」すなわち道徳規範としての「管理者責任」は管理者行動を全体として支持する基盤をなしている。

・・・・・・・・・・・・・・・・・・・・・・・・・・ 注 ・・・・・・・・・・・・・・・・・・・・・・・・・・

1) われわれはバーナードが三面性でとらえられていると理解している。このことについては，第1章を参照のこと。
2) 本章において著者名を記載していない（p.43）などは，Barnard (1938) からの引用ページまたは参考ページである。
3) バーナードは第15章で貢献獲得機能を論じるに際して，その実施方法についてはすでに第11章「誘因の経済」および第12章「権限の理論」において一般的に論じたことを指摘している（pp.230-231）。
4) バーナードのこの主張は，権限の源泉に関わるものとして，公式権限理論に対比して，権限受容理論とよばれる（Koontz and O' Donnell, p.58）。
5) 「at the time of his decision」(p.165) の decision は，いわゆる意思決定ではなく

て，「命令が権限を持つか否かに関する decision」(p.163) すなわち「権限の決定権 (determination of authority)」(p.174) であり，「権限受容の決定」つまり「受容決定」を意味している。

6) 「無関心受容圏は誘因が負担と犠牲を超える程度に応じて広くも狭くもなる」(p.169) から，無関心受容圏の獲得は誘因の提供によって得られる側面があり，モチベーション行動の性格をも持っている。

7) バーナードは物的強制，力による恐怖に基づく権限受容を取り上げている (p.164)。

8) バーナードは「リーダーシップの権威」(authority of leadership) (p.173) とよんでいるが，その内容から個人的権威とよぶことにする。

9) 「いま述べている意思伝達システムは，専門的な言葉で表現すれば，しばしば『権限系統』(lines of authority) として知られているものである」(p.175)。

10) バーナードの権限を，Koontz and O'Donnel (1972, pp.58-60) は「リーダーシップの行使」として，また Herbert (1976, pp.89-90) は「効果的な影響力」(authority as effective influence) として理解している。

11) 組織の有効性は，組織の外的均衡に基づくものであるから，「組織と環境との均衡」(占部，1966，136ページ) すなわち「環境情況に対する目的の適切さ」(真野，1974，p.68) として理解される。われわれは有効性のこの側面は「目的設定機能」に関わるものであると考えている。

12) バーナードの「リーダーシップ」の本質を，飯野 (1975, 207ページ) は「経営理念の創造」に，雲嶋 (1997, 68ページ) は「管理者職能の現実的遂行に際して不可欠な『管理者の心的態度』」に，田杉 (1968, 236-237ページ) は「人の行動に信頼感を与え，集団の一般的態度を安定させる」「経営者の『行動』」に求めている。

13) 技術的リーダーシップは，管理論や組織行論では，モチベーション理論あるいはリーダーシップ理論として論じられている。例えば，マーチ＝サイモン (March and Simon, 1958) は部下の意思決定すなわち参加決定 (decision to participate) と勤労決定 (decision to produce) を管理者のモチベーションの問題として，また，カートライト＝ザンダー (Cartwright and Zander, 1960) は集団維持機能 (group maintenance functions) と目的達成機能 (goal achievement function) を，ハルピン＝ウィナー (Halpin and Winer, 1957) は部下への配慮行動 (consideration) と構造作り行動 (initiating structure) を，リーダーシップとして論じている。これらの場合，前者がわれわれのモチベーション行動に，後者がリーダーシップ行動にほぼ相当する内容をなしている。貢献獲得機能の具体的な展開については，第7章を参照のこと。

14) この図表は，道徳的リーダーシップの検討 (第3章) を経て，図表3-1に拡充される。

第3章 管理者責任と道徳

1. 序

　バーナード（1938）はリーダーシップを二つの側面すなわち技術的側面と道徳的側面より把握する（p.260）[1]。技術的側面は，第2章で検討したように，彼の理解する三つの管理者機能のうち貢献獲得機能に関わるものであり，実質的には権限受容の獲得および組織均衡の維持の問題として論じられており，われわれはこれを「技術的リーダーシップ」として理解した。これに対して，リーダーシップの道徳的側面がバーナードの固有の意味での「リーダーシップ」である。協働が問題とされる場合，その機構と過程という技術的側面の分析と理解だけでは十分でない。なぜなら「物的環境と人間の生物的構造とに基づく諸制約，協働の成果の不確定性，目的の共通理解の困難性，組織に欠くべからざる伝達システムの脆弱さ，個人の分散的な傾向，調整の権威を確立するための個人的同意の必要性，組織に定着させ組織の要求に服従させようとする説得の大きな役割，動機の複雑性と不安定，意思決定という永続的負担，これらすべての組織要素——道徳的要因はそこに具体的にあらわれる——からリーダーシップが必要となる。」（p.259）。すなわち，リーダーシップは組織の道徳的側面に関わるという意味で「道徳的リーダーシップ」であり，さらに，「人の行為に信頼性と決断力を与え，目的に先見性と理想を与える」（p.260）責任の側面であり，「管理者責任」（executive responsibility）として理解される。本章ではリーダーシップの道徳的側面に関するバーナードの主張を検討し，管理者責

任の特質を明らかにしよう。

2. 個人の道徳的特性

「道徳」(morals) とは個人に内在する一般的・安定的な性向であって，このような性向と一致しない直接的，特殊的な欲望，衝動，あるいは関心はこれを禁止，統制，あるいは修正し，それと一致するものはこれを強化する傾向を持つ人格的諸力 (personal forces) である。しかし，道徳は，個人に外的な諸力から生じ，個人に課せられる。道徳のうち，あるものは超自然的な起源から，あるものは一般的・政治的・宗教的ならびに経済的環境を含む社会的環境から，あるものは物的環境における経験から，あるものは生物的特性や種属発生の歴史から，またあるものは技術的な慣行や習慣から生じ，個人に対して現に働きかけている累積された諸影響力の合成物である。それはある場合には，環境から自然に吸収され，ある場合には教育や訓練によって個人に教えこまれる (pp.261-262)。すなわち，道徳は個人に外的な影響力から個人に課せられ，そして個人の行動の基準として受容され，それを安定化させる私的行動規範 (a private code of conduct) ないし私的道徳規範 (a private moral code) として機能する。

このような道徳は，個人にとって二つの意味を持っている。その第一は，私的道徳規範の内容によって，その個人の道徳水準 (moral status) ないし道徳性 (morality) が規定されることである。道徳は，異なる起源から発生し，したがって異なる活動に関連する複数の下位道徳規範より構成されるが，個人によってその環境が異なるため，どの道徳規範が支配的であるか，道徳規範の質が高いか低いか，あるいはその内容が単純であるか複雑であるかによって，個人の道徳水準が決定される。

しかし，第二には，道徳水準の高さがそのまま個人の行動基準となるのではなく，責任の問題が生じることである。道徳水準が高くても，それを現実に遂行する能力がなければ，道徳は行動基準としての意味を持ち得ない。また，個

人の置かれた環境が複雑であれば，それから生じる道徳規範の数は増加し，場合によってはそれらの間に対立が生じることがあるが，この場合，道徳規範間の対立の解決が行われなければ，それらは行動基準として機能しえない。したがって，個人には諸道徳規範間の対立を解決する能力が要求される。これが，バーナードの「責任」(responsibility)ないし「責任能力」(capacity of responsibility)である。

責任とは「反対の行動をしたいという強い欲望あるいは衝動があっても，その個人の行動を規制する特定の私的道徳規範の支配力」(p.263)，あるいは「各自に内在する道徳性がどんなものであっても，それが行動に影響を与えるような個人の資質」(p.267)である。すなわち，複数の人々が同じ道徳規範を持っていても同じ行為を行わないのは，個人によって責任が異なるからである。

要するに，個人は道徳規範の数，その質と相対的重要性，それに対する責任感等にかなりの個人差のある「道徳的存在」(a moral being)(p.262)であり，したがって，「過去および現在の物的，生物的，社会的要因である無数の力や物を具体化する，単一の，独特な，独立の，孤立した全体」(p.12)としての個性化した個別的人間である。このような個人人格としての個人は，選択力，決定能力および自由意思によって自己の道徳規範間の対立を解決し，自己の動機の満足を求めて行動する。この際，個人は一人では物的および生物的制約のために，能率性と有効性[2]を常に継続的に達成することが困難であるから，それを解決するために協働システムに参加し，その結果，自己の道徳的複雑性を一層高めることになる。

3. 組織における個人の道徳問題

個人は，協働システムないし組織に参加すれば，非人格化され，社会化された組織人格 (organization personality) 化し，純粋に機能的存在となる。しかし，組織人格としての個人は，個人人格を捨ててしまうのではなく，それを背後に

背負って行動する。すなわち，協働システムに参加している個人はそれと二重の関係を持つ。一つは協働システムの非人格的な活動の一部としての機能的内的関係であり，他は協働システムの外部にあって，それから孤立し，時には対立する外的な関係である。個人のこの二側面は，協働システムにおいては同時に存在すると解される。

　協働システムに参加した個人すなわち組織成員は，個人人格としてその組織とは無関係な個人的道徳規範を持っているが，その上にその組織の行動規範が個人にとっては付加的な規範として課せられる[3]。「組織規範はそれ自体，主として無形の諸力，影響力，慣行などから生じるものであって，全体として受け入れられねばならないものである」(p.273)。それゆえ，個人の道徳性は複雑となる。この場合，組織の課する組織規範の数が多ければ，個人の道徳的複雑性はさらに高くなる。成員の道徳状態が複雑になってくると，道徳規範間の対立は避けがたい。第一には，個人が組織外から課せられ受け入れている個人規範と組織から課せられ受け入れている組織規範との間の対立が，第二には，組織内の異なる起源より生ずる組織規範間の対立が生じる。

　こうした道徳規範間の対立が解決されない場合には，成員は協働活動を遂行できず，個人としては欲求不満や道徳の低下に落ち入る。協働活動がこうした結果をもたらすことは，個人の能率性をそこなうとともに，組織均衡を破壊し，組織維持を困難にするため，個人にとっても組織にとっても重要な意味を持つことになる。

　ところで，バーナードにおいては，組織外の個人の場合には，彼の道徳的複雑性の解決は責任の問題として個人に帰せられている。組織成員の場合も，その解決は基本的には個人の責任の問題であることにかわりはない。しかし，われわれはこの問題が単に個人のみの問題ではなく，組織均衡の問題が関わっていることに注意しなければならない。組織均衡の維持は重要な管理者機能であるから，組織における道徳規範間の対立の解決は管理者の責任となってくる。

4. 管理者による道徳規範対立の解決

　個人が管理職位につくと，その職位が要求する組織規範が付加的道徳規範として課せられる。バーナードは産業組織の主要部門の上級管理者（an executive head）に課せられる組織規範として，(1) 会社に適用される国家の規範，すなわち法律，免許規定など，(2) 確立された客観的権限体系を含めて，一般的目的ならびに一般的方法への服従，(3) 部門の一般目的，(4) 部下の一般的道徳水準，(5) 全体としての技術状態，(6)「組織全体のために」という言葉に示されている道徳規範，(7) 部門全体の技術的要求をその例としてあげている(p.273)[4]。そして管理職位が高くなればなるほど，意思決定の関わる領域が拡大するため，より多くの組織規範が課せられることになり，道徳状態が複雑化することは避けられず，したがって，道徳的対立から生ずる管理者の負担は増大する。

　そのため，管理者が直面する困難の第一は，個人規範対組織規範の対立である。組織全体のために必要とされる道徳規範が個人の信条や家庭あるいは他の組織のために必要な私的規範と矛盾することは，たびたび生じる。例えば，組織規範と正直性のような個人規範が矛盾すれば，前者を取れば個人の誠実性が破壊され，後者を取れば組織の凝集性と能率性が破壊される。第二は，組織規範間の対立である。例えば，技術的適合性に関する組織規範と経済的適合性に関する組織規範が対立することがあるが，この場合，前者を取れば組織経済を破壊することになり，後者を取れば技術への関心の喪失や嫌悪感を生み出すことになる (p.280)。

　このような道徳規範間の対立に対して，管理者は次の四種の対応のいずれかを取ることになる。

　その第一は，事実上は道徳規範間に対立があるものの，管理者にとってはいずれかの規範が自明のこととして優越的・支配的規範（a superior or dominant code）となっている場合である。「この場合には通常，重大な人格的障害

(personal difficulty) はなく,行為者は一般に対立を意識していない。支配的な道徳規範は,当然のこととして支配する規範であって,第三者の立場からみた場合にのみ,彼の行為に不一致があることになる。このようなとき,人格的な問題は,せいぜい誠実さの問題であるか,あるいは言行不一致となるかもしれないという問題だけである」(p.264)。これは管理者が問題を意識していないために,対立の解決にはなっていない。したがって,道徳規範間の対立が事実上ないし客観的に重大な場合には,組織に大きな混乱をもたらすことになる。このような管理者は責任感が低いといわざるを得ない (p.270)。

　第二は,責任感が強く道徳規範の対立を理解するが,責任能力が低いため,いずれの道徳規範をも支配的規範として選び得ない場合であり,管理者は行動麻痺に落ち入り,感情の緊張が生じ,欲求不満,閉塞感,不安定感にさいなまれ,決断力と自信を失うことになる (p.264)。

　第三は,いずれかの道徳規範を支配的規範として選び,他を捨てる場合である。しかし,「ある一つの道徳規範を遵守し,他の道徳規範を侵害することは,罪悪感,不快感,不満足感あるいは自尊心の喪失という結果を招く」(p.264)のである。したがって,選ばれた道徳規範の遵守が外部の影響力,例えば上級管理者,によって強力に継続的に強化され支持されない限り,それは短命なものとなってしまい,真の解決にはならないのである。

　このような三種の対応が行われる場合には,道徳規範間の対立は解決せず,一般的には,(1) 欲求不満や優柔不断となってあらわれる道徳の低下,(2) 意思決定を偶然性,外的で無関係なあるいは付随的で重要でない要因に基づいて行うような責任感の減退,(3) 対立を直視しなくてもすむような活動的でない状態への事後的な意識的逃避,(4) トラブルの回避,試練の回避,責任の回避のために必要な能力の開発による,対立からの事前の逃避のような諸結果をもたらす (pp.271-272)。こうした事態が生じるのは「責任感の弱い人,能力の限られた人はいずれも,いろいろな種類の多くの義務を同時的に果たすという重荷に堪えることが出来ない」ためであり,「もしかかる人に過重負担をかけるならば,能力,責任,あるいは道徳性のいずれかもしくはこれらすべてが破

壊されることになる」(p.272) からである。

そこでバーナードは，第四の対応として，道徳的リーダーシップの行使ないし管理者責任の遂行による真の解決を要求する。これは対立する道徳規範のいずれをも侵害することなく，しかも状況の要求を満たしうる新しい道徳規範を創造することによって，対立の解決をはかるものであり，その結果，管理者の道徳水準は高くなり，責任感は増大する。しかし，そのためには管理者に高い能力が要求される。

5. 管理者責任の達成

管理者は，上述のごとく，管理職位の道徳の複雑性より生じる道徳規範の対立を自ら解決し，自己の行動に統一性をもたらしていかなければならない。管理者責任の第一の課題は「管理者自身の複雑な道徳規範の遵守」(conformance to a complex code of morals) (p.279) である。しかし，「複雑な道徳性，大きな活動性，および高度の責任感という状況は，それに対応した能力がなければ維持できない」(p.272)。それゆえ，管理者が具備しなければならない「責任能力 (capacity of responsibility) は道徳規範に反する直接的衝動，欲望あるいは関心にさからい，道徳規範と調和する欲望あるいは関心に向かって，道徳規範を強力に遵守する能力である」(p.274)。管理者がこうした責任能力を持っている場合には，「一つの道徳規範の指令を満たしながら，他のすべての道徳規範にも合致する代替行動」(p.264) を見出すことが出来るのであり，対立する道徳規範を統合して新たに自己のための組織規範を創造することが出来る。

要するに，管理者責任は，自己の道徳規範の対立を解決し遵守する能力すなわち責任遂行能力であるとともに，この能力の遂行結果としての道徳の遵守すなわち責任の達成である。ただ，バーナードにおいては，この両者の関連は一見自明のこととされている。そして，これはその性格上管理者個人に帰属する個人責任である。

しかし，バーナードの管理者責任はこれのみではない。管理職位の特性か

ら，管理者には「道徳的創造性」（moral creativeness）すなわち「組織成員のための道徳規範の創造」（the creation of moral codes of others）という第二の管理責任が課せられる（p.279）。けだし，道徳の複雑性に程度の差はあっても，成員もまた道徳規範の対立に直面するからである。そしてこの対立の解決は成員が個人として自ら取り組まねばならない課題である[5]とともに，管理者が技術的リーダーシップを適切に遂行していくためにも，その解決が要請される。

なぜなら，成員における道徳規範の対立は，管理者における場合と同様に，成員の側における道徳の低下，責任感の減退および逃避を招くからである。こうした事態の発生は，成員の能率性を損ない，彼を組織から離反させるだけでなく，組織の有効性と能率性を低下させ，組織の存続を困難にする。これは技術的リーダーシップにとっては致命的である。それゆえ，技術的リーダーシップを適切に行使していくためには，成員に課せられている組織規範間にも，また組織規範と彼の個人規範の間にも，何らの対立も無いようにしていくことが管理者に要求される。

バーナードによれば，このような管理者責任は，第一には，モラール（morale）ないし組織情熱（organization enthusiam）の獲得，創造，鼓舞として知られている側面であり，「組織ないし協働システムに考え方，基本的能度および忠誠心を教え込み，それによって，個人的関心をあるいは個人規範の重要でない要請を協働全体のために従属せしめる過程」（p.279）である。すなわち，管理者は成員のモラールを獲得，鼓舞することによって，成員の個人規範と組織規範の対立の解決をはからなければならない。

その第二は「道徳規範の遵守を確保するために，目的の変更または再規定あるいは新しい特定化を，道徳的に正当化する過程」（p.280）である。これは主として組織規範間に対立がある場合，新しい道徳規範を創造して，成員に提示し，それを受容させることによって，対立の解決をはかろうとするものである。

なお，管理者の一方的な判断により組織規範の修正ないし創造が行われれば，成員の個人規範との間に新たな対立を招く恐れがある。したがって，管理

者の創造する組織規範は「管理者から見て『正しい』，すなわち全体の道徳性と真に調和しなければならないのみならず，成員に受容される，すなわち部分の道徳性つまり個人の道徳性とも真に調和しなければならない」(p.281) ことは言うまでもない。管理者は，成員の個人規範にしたがって個人人格に配慮を加えることによって，創造機能としての管理者責任を達成することが出来る。

さて，バーナードは管理者が管理者責任を果たすためには，単にこのような個人に対する配慮だけでなく，管理過程全体に対する配慮が必要であることを強調していると解される。「全般的な管理過程はその重要な面においては知的なものではなく，審美的 (aesthetic)，道徳的 (moral) なものである。それゆえ，管理過程の遂行には，適合性の感覚，適切性の感覚および責任という能力が必要である」(p.257. 傍点は筆者)。管理過程は道徳的であるがゆえに，管理機能の道徳的側面としての管理者責任が重要となる。これは「全体としての組織とそれに関連する全体状況を感得すること (the sensing)」(p.235) であり，管理者責任の第三の課題をなす。

管理機能（狭義）は，説明の便宜上，目的を設定すること（目的設定機能），組織に不可欠の努力の獲得を促進すること（貢献獲得機能）および意思伝達システムを提供すること（意思伝達機能）の三機能に分けられるが，現実には一体のものであって，個別の機能がいかに適切に遂行されても，かならずしも全体的な成果をあげうるものではない。

例えば，貢献獲得機能（技術的リーダーシップ）についてみると，組織の有効性の達成は個別の目的と全体目的との間の適切な均衡あるいは個別諸技術の技術的統合 (technological integration) が必要であり (pp.236-239)，また能率性の達成は単に効用の適切な配分のみの問題ではなく，効用の創造と配分との間の均衡すなわち組織経済の均衡の達成を必要とする (pp.240-257)。このような均衡の達成のためには，部分的な視点ではなく，全体的な視点を必要とする。また，貢献獲得機能の効果的な遂行のためには，それ自体が適切であるだけでなく，貢献努力の方向を示す目的設定機能および管理者と成員とを結合させる意思伝達機能との均衡が達成されなければならない。さらに，道徳規範の

創造,遵守に関してはすでに論じたように全体的視点を必要としている。特に下位道徳規範の多様性は道徳問題に関する全体情況の感得を必要としている。このように管理機能の全体的な遂行にあたっては,個別の管理技能以上のものが必要であり,これが全体状況の感得という第三の管理者責任を要請する。

要するに,管理者責任は,組織の道徳的複雑性のために避けられない道徳規範間の対立を,新しい組織道徳の創造によって解決し,それを自ら遵守しあるいは成員に遵守させる機能であり,責任の最高の表現である「道徳的創造性」という管理機能として理解される[6]。この「全体としての創造機能」は管理機能の道徳的側面であり,道徳的リーダーシップといえる。

ところで,バーナードはこのような創造機能としての道徳的リーダーシップが成功するためには,「リーダーの視点から個人規範と道徳規範の統合をもくろむ『個人的確信』(personal conviction) 要因を必要とする」(p.281) という。個人的確信によるリーダーシップの行使というバーナードの主張は次のような意味を持っている。

その第一は,管理者責任の遂行が決して容易ではないために,責任能力を持っていれば責任を達成できるという自明の前提は成立せず,それゆえ,管理者責任遂行の基盤を,管理者の自己の役割に関する個人的確信すなわち「組織のために自分がしていることは正しいのだと自ら信じる確信」(p.281) に求めたと解される。したがって,第二には,組織はこうした個人的確信を持った管理者の存在を必要とするのであり,彼においては個人人格と組織人格の統合,個人規範と組織規範の統合が成立していると解される。真の管理者とは個人人格と組織人格が合致し,個人的確信に基づき管理者責任を達成していく者であり,そのことによって,組織の存続が可能となる。

6. 結

われわれは,以上の考察により,バーナードの道徳的リーダーシップすなわち管理者責任の主張を次のように理解した[7]。管理者責任は,管理者自身の複

雑な道徳規範の遵守，成員のための道徳規範の創造および全体状況の感得を機能としている。また，管理者責任は，客観的な管理職位の複雑性と管理者の主観的な意識としての責任感を前提として，これらの諸機能を遂行するに必要な責任能力と責任達成を内容としている。これが成功するためには，管理者の自己の役割の正しさに関する個人的確信を必要とする。

このようなバーナードの主張には次のような特徴が見出される。

第一には，管理者責任の理解は，静態的な管理過程の分析を越えた管理機能の動態的把捉を可能にしている。道徳的リーダーシップは，管理機能（狭義）の遂行に規範的な基盤を与え，また全体状況のなかでの合理的遂行を可能にするものである。われわれはバーナードの管理機能論の体系を図表3-1のように理解することが出来る。

第二は，管理者責任の個人性である。管理者責任は管理者の責任遂行能力そのものであり，個人に帰属する。管理者責任は管理者個人の責任である。伝統的管理論が責任を管理職位に固有な職務の遂行責任とし，個人性を排除しているのとは対称的に，バーナードは彼の人間観を基盤に，組織における管理者の主体性を認識している。

しかしながら，第三には，成員の主体性については十分な展開がなされているとはいえない。成員による道徳規範の対立の解決は，個人としての管理者の

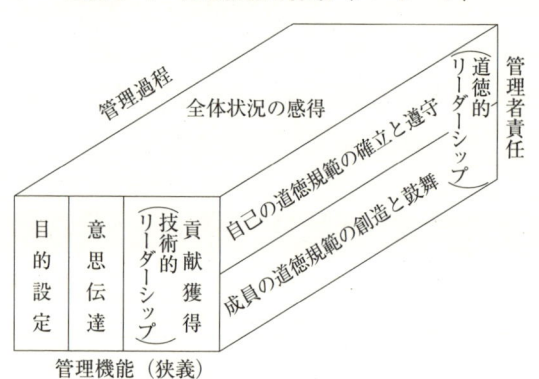

図表3-1　管理機能の体系（バーナード）

場合と同様の行動が措定されている。しかし，管理者が成員の道徳問題の主体的解決者であるのに対して，成員の主体的反応は論じられていない。ここに，われわれは管理の一般理論としての限界を理解せざるを得ない。このことは道徳的複雑性を生み出す成員の職位の状況ないし職場状況について，何の設定も行われていないことと無関係ではない。組織人格としての成員は，組織規範間の対立の解決を機能上管理者に依存せざるを得ない面もある。しかし，個人人格としての成員[8]は「労働力の所有者」（藻利，1964）[9]としての従業員であり，それゆえ，個人規範と組織規範の対立の解決には主体的に行動するはずである。バーナード理論の労務管理論的理解はわれわれに残された大きな課題である。

・・・・・・・・・・・・・・・・・・・・・・・・・・ 注 ・・・・・・・・・・・・・・・・・・・・・・・・・・

1) 本章において著者名を記載していない（p.260）等は，Barnard（1938）からの引用ページまたは参考ページである。
2) バーナードの能率性と有効性については，第2章を参照のこと。
3) 付加される組織規範の質量は，組織の社会的地位，目的，利用する技術によって，また成員の職位によって異なる（pp.273-274）。
4) なお，バーナードは付加的道徳規範として，公式組織とは異なる起源に基づく非公式組織の道徳規範および部門の非公式組織の道徳規範をもあげている。
5) 成員自身による道徳規範の対立の解決は，個人の責任として，管理者の場合の解決が準用される。
6) 雲嶋（1971）は，管理者責任を「全体としての管理者職能の現実的遂行に際して不可欠な『管理者の心的態度』ないし思考方法」と理解している。
7) 道徳，責任，個人的確信に関するバーナードの主張を，管理機能との関わりを超えて，基本的理念，方法論，組織と人間の本質論等として理解する優れた論考が発表されているが，これらの点についてはわれわれの今後の課題としたい。なお，第1章の注7)を参照のこと。
8) バーナードの貢献者（contributor）が純粋な組織人格であるのに対して，組織成員（member）は個人人格的組織人格ないし組織人格的個人人格である。第1章を参照のこと。
9) 藻利（1964）は「労働力の所有者」を「労働力」とは峻別して，労務管理の対象ととらえている。バーナードの「貢献の提供者」を「貢献活動」とは区別して理解することが重要である。

第2部

管理機能の理論

～ミクロ・パースペクティブ～

第4章 管理過程

1. 序：経営体の管理

　経営体の運営は，序章でみたように，包摂的階層関係にある経営・管理・作業の各機能を通じて行われるが，第2部では，経営機能および管理機能に共通する概念を検討する。それは「管理過程」としてとらえられており，いわゆる古典的管理論を成立させた。ここではこの古典派理論を中核に据えながら，人間関係論，行動科学，現代組織論，経営戦略論の成果を吸収して，また，特に組織に焦点を当てて，管理者の機能は何かを吟味する。

　この第4章では，管理過程の基本的な機能を検討し，あわせて現代理論の成果であるシステム概念，コンティンジェンシー要因，戦略要因なども吸収し，現代的な管理過程論の形成を意図する。

2. 管理過程（マネジメント・プロセス）

2-1. 管理過程の生成

　「マネジメント」すなわち「管理する」(management; to manage) とは，「マネジメント・リーダーシップの仕事」(Davis, 1951, p.11) であり，「協働する集団が共通目標に向かって活動するように指導する過程」(Massie, 1946, p.4) である。この過程は，計画策定，組織設計（組織化），指導，統制からなりたっ

ており，「マネジメント・プロセス」すなわち「管理過程」(management process) とよばれる。

この管理過程は，計画策定→実施→反省という「管理サイクル」(management cycle) から発展した。人々が何か目的を達成しようと行動をする場合，実施に先立って計画を策定し (plan)，それに基づいて実施する (do) ほうが効果を挙げ易い。また，実施した後に，成果（実績）を予定（計画）と比較して，不足を補ったり，欠点を反省し (see) て次回の実施のための参考にしている。これが工場管理の発展に対応して，管理サイクルとして意識されるようになったといえる。

テイラー (Taylor, 1903, 1911)[1] は，手順・日程係，指図票係，および時間原価係は「企画室に配属されて，計画 (plan) し」，「主に文書によって，現場を指揮し，現場からの報告をうける」，また，準備係，速度係，検査係および修繕係は工場現場で指図を行い，「仕事が適切な速度でなされているかを審査 (see) する」という職能的職長制度を提唱し，生産現場での管理にこの考え方を導入した。河野は，テイラーがこの職能的職長制度において，「工場現場においては直接的に，かつ，企画室からは文書によって間接的に，『なされるべき仕事』に先だって plan（計画・準備）を考え，『なされるべき仕事』の後に see（検査・記録）を考えていたことは，明らかである」とし，「plan → do → see」の原型をテイラーに求めている（河野・細川，1992，28ページ）。

このような「plan → do → see」は，ファヨール (Fayol, 1916) の管理概念[2]と結びつき，ブラウン (Brown, 1947) によって「マネジメントの円環的回転」(in a circle) としてとらえられ，リビングストン (Livingston, 1949) などによって「マネジメントのサイクル」とよばれるようになり，さらに，クーンツ＝オドンネル (Koontz and O'donnell, 1955)，ミー (Mee, 1963) などによって組織設計，指導などの新たな要素が追加され，「管理過程」として集約されたのである。なお，ニューマン＝サマー (Newman and Summer, 1961) はこの初期の段階ですでに人的要因に注目している。（河野・細川，28-29ページ）[3]。

ただ，ここで注意すべきことは，なされるべき仕事 (do) は，管理される側

(部下，下位者)の仕事であり，管理者の仕事ではないことである。管理サイクルは厳密には「仕事のサイクル」であり，管理者の仕事としては，その内のplanおよびseeである。すなわち，管理機能の基本は，管理者が管理しなければならない「なされるべき仕事」の事前の「計画」，および，その計画に基づく実施結果の事後の「統制」である（藻利，1964, 513ページ）。したがって，われわれは，マネジメント・サイクルおよびマネジメント・プロセスを図表4-1, 図表4-2のように表示することが出来る。

しかし，このことは，なされるべき仕事の現実の遂行が部下の掌中に放任されることを意味するのではない。部下の実施を合理的に行わせるための管理施策が必要である。その第一は，なされるべき仕事の合理的な仕組みを編成すること（組織設計）であり，第二は，なされるべき仕事の遂行を方向付けること（指導）であり，これらによって部下による仕事の合理的な実施を期待することが出来る。このことから，「計画策定→組織設計→指導→統制」が管理の基本的な過程として理解される。

図表4-1　マネジメント・サイクル　　　図表4-2　マネジメント・プロセス

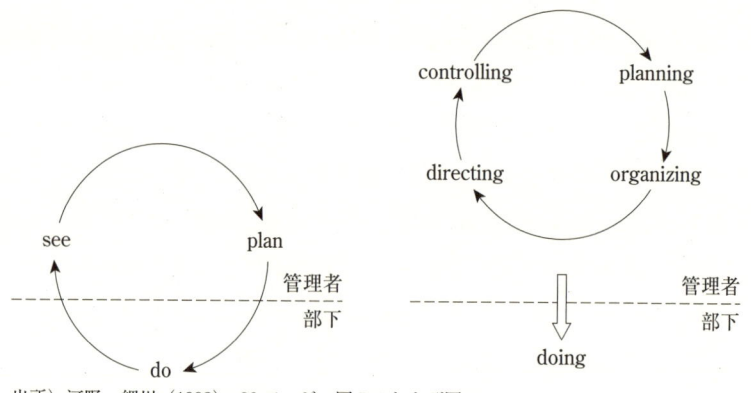

出所）河野・細川（1992），98ページ，図5-1および図5-2。

2-2. 管理過程の基本機能

管理の四つの基本機能（下位機能，要素），すなわち，計画策定→組織設計→指導→統制は，管理過程を構成する。計画策定（planning）は，目的および行為のコースを決定する。組織設計（organizing）は，仕事を集団に割り当て，権限関係を確定する。指導（directing; actuating）は，成員に働きかけ，課題を達成させる。統制（controlling）は，現実の成果を計画に適合させる。これらの各職能の課題と方法は図表4-3に示してある。

本章では，計画機能と統制機能を検討しよう。

3. 計画の策定

3-1. 計画の意義

経営活動を合理的に実施するためには，それに先だってその活動の目標と達成方法，すなわち，計画（plan）が策定されなければならない。計画策定（planning）は，管理過程の第一歩である。

計画策定の最大の関心は，未来である。計画策定は，将来の事象（経営活

図表4-3 管理の基本機能

機　　能	課　　題	方　　法
計画策定	何が必要なのか。どの行為のコースが選択されるべきか。それはいつ，いかにして遂行されるべきか。	経営目的，経営方針，経営戦略，手続，方法。
組織設計	行為はどこで行われるべきか。だれがどの仕事を行うのか。	分業，職務割当，権限の行使。
指　　導	なぜ，どのように集団成員はそれぞれの課業を遂行するのか。	リーダーシップ，創造性，啓発，モチベーション，報酬，誘因。
統　　制	行為は計画にしたがって──いつ，どこで，どのように──実行されているか。	報告，比較，コスト，予算。

出所）Terry（1972），p. 87, Figure 5-1.

動)の結果を予測して,将来の成功の可能性を高めることによって,未来にかかわる過程である。そのためには,過去の活動を反省し,現在と未来に関する情報を正しく把握することが必要である。計画策定機能とは,「現在と過去の関連情報を分析し,起こりそうな将来の展開を査定し評価すること,そして,それによって組織が所期の目標を達成できるような行為のコース(計画)を決定することである」(Sisk, 1973, p.101)。

このような計画策定活動の結果,「推奨される行為のコースの記述」(Sisk, p.101)ないし「あらかじめ定められた行為のコース」(Kast and Rosenzweig, 1985, p.479)としての「計画」がまとめられる。計画は,行為の青写真である。

計画の時間幅は相対的な長短であり,個々の企業が直面している状況によって異なる。より長期のものがより短期のものを包摂している。長期計画では,経営者は目的や手段の再構築を図り,戦略計画を策定する。中期計画では,管理者は戦略計画を受け入れて,資金・人材の配分,製品の品質などを決定する。短期計画では,配分された経営資源を具体的な活動に割り振り,日程を定める。例えば,量産型の家電産業や自動車産業では,中期計画は1～2年かもしれない。これに対して,ファッション衣料産業や手袋産業では,中期計画は2～3ヶ月,短期計画は1週間かもしれない。経営環境が激動的であれば,すぐに修正が必要である。

3-2. 計画策定の過程

フォーマルな計画策定プロセスは,行為の計画を定める知的な過程であり,計画の種類によって異なるけれども,次の八つの下位過程が必要である(Gray and Smeltzer, 1989, pp.155-157)。

① 計画策定の発議　計画は自然には生まれて来ないので,管理者の発議が必要である。これには上位者からの要請による場合と,自己の部門の必要性から行われる場合とがある。
② 目標の設定　目標は何が達成されるべきかを明らかにし,行為のコースの選択の指針となる。

③ 計画前提の決定　計画前提は組織内外の将来の予期される環境についての仮定であり，それに基づいて計画が立てられる。例えば，市場成長率。
④ 複数の目的達成方法の発見　目的を達成するために利用できる複数の方法を明らかにする。見劣りする方法をこの段階で切り捨てることも重要である。
⑤ 達成方法の評価　目標や計画前提に照らして，各方法の長短を明らかにする。
⑥ 最も適切な達成方法の選定　行為のコースの決定であり，その質はこれ以前のステップの正確さによって左右される。
⑦ 下位計画の決定　必要なら下位計画の設定や上位計画との調整を行う。
⑧ 計画の実施　計画は実行されなければ，意味が無い。計画の実行は，他の三つの管理機能（組織設計，指導，統制）によって行われる。

3-3. 戦略計画の種類と体系

図表4-4は，戦略計画策定の体系を示している（Steiner, 1974, p.328）。将来についての「前提条件」は計画策定の基礎となる。それに基づき「戦略策定」（ミッション表明と長期目標を含む）が始まる。次は「中期計画」で，職能部門別計画を統合し，戦略を戦術計画に具体化する。「作業計画」は，特定のアクション・プログラムによって実行される。「統制」は，現実の実施状況（成果）を検討し，それと期待された成果とを比較する，そして，もし必要なら修正活動を行う。（なお，本章では統制は計画策定とは異なる第四の管理過程としてとらえている。）

（1）前提条件の確定

将来のある状態は，計画の前提条件である。企業は，将来の状況を過去の趨勢や現在の状況に基づいて予測しようとする。この場合，経営活動に関連があると思われる将来の諸要因について，経営者・管理者や成員は「信念」，「価値」や「態度」を持つ傾向がある。何が善であり，何が望ましいかに関する見

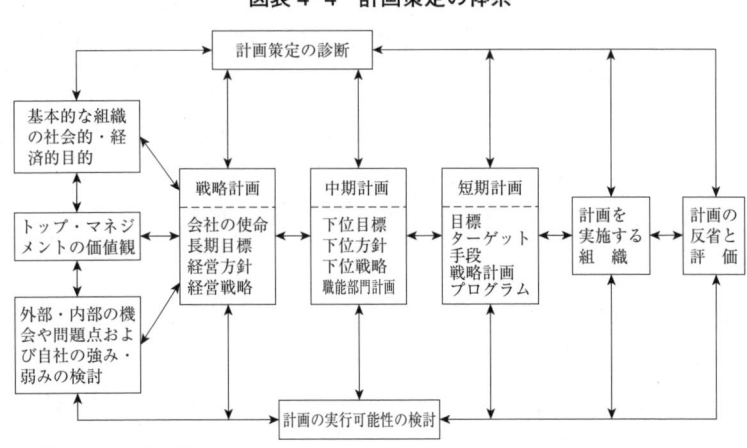

図表 4-4　計画策定の体系

```
                    ┌─────────────────┐
          ┌────────→│  計画策定の診断  │←─────────────────────┐
          │         └─────────────────┘                      │
          │                                                   │
┌─────────┤                                                   │
│基本的な組織│                                                  │
│の社会的・経│                                                  │
│済的目的   │                                                  │
└─────────┤                                                   │
          │                                                   │
┌─────────┤  ┌──────┐  ┌──────┐  ┌──────┐  ┌──────┐  ┌──────┐
│トップ・マネ│→│戦略計画│→│中期計画│→│短期計画│→│計画を│→│計画の│
│メントの価値観│  │会社の使命│  │下位目標│  │目標    │  │実施する│  │反省と│
└─────────┤  │長期目標│  │下位方針│  │ターゲット│  │組　織│  │評　価│
          │  │経営方針│  │下位戦略│  │手段    │  │      │  │      │
┌─────────┤  │経営戦略│  │職能部門計画│ │戦略計画│  │      │  │      │
│外部・内部の機│  └──────┘  └──────┘  │プログラム│ └──────┘  └──────┘
│会や問題点およ│                       └──────┘
│び自社の強み・│
│弱みの検討   │
└─────────┤
          │         ┌─────────────────┐
          └────────→│計画の実行可能性の検討│←────────────────┘
                    └─────────────────┘
```

出所）Steiner（1974), p. 328, Figure 23.

解は，企業が設定する目的やそれを達成するための手段に影響を与える前提条件である。

「外部環境」および内部経営資源の「強み」，「弱み」も前提条件である。しかし，天候のような将来のある状態は，企業にとっては基本的には制御不可能である。例えば衣服産業やレジャー産業にとっては，天気は重要な要因であるが，完全には予測できない。これは重要であるにもかかわらず，計画に取り入れにくい。他方，ある程度制御可能なものもあり，これらは計画に組み入れ易い。

(2) 戦略計画の策定

計画策定機能の第一は，全般的な戦略計画（strategic plan）ないし経営戦略を策定し，かつ，常に改訂することである。「経営戦略の策定は，過去の動向，現在の状態，および，未来の予測に基づいて精緻化される過程である」(Kast and Rosenzweig, p.487)。

経営戦略の策定は，主要な四要件，すなわち，①環境の適合性（企業は何をすることが可能か），②経営能力と経営資源（企業は実際に何をすることが出来る

か），③経営者の関心と希望（企業は何をすることを望んでいるか），④社会への責任（企業は何をすべきか）を満たすことが必要である（Andrews, 1971, pp.37-38）。

例えば，もし経営能力や経営資源を持っていなければ，環境の好条件に恵まれても，それを活用することは出来ない。逆に，経営者の関心に基づいて戦略計画を策定しても，経営能力が不足すれば，良い成果をあげることは出来ない。したがって，戦略策定の四要件を統合することは注意を要する仕事であり，それを自覚していなければ，実行可能な戦略をとりまとめることは出来ない。

積極的に戦略策定を行うことは，状況への反応や適応というよりも，むしろ革新である。戦略は企業が環境に影響を与える手段を提供し，あるいは，特定の環境条件に適合するニッチを発見することを可能にする。また，「明示された戦略は，組織的努力の焦点を明らかにし，参加者のコミットメントを促進し，下位組織や個々人の自己統制の可能性を高める」（Kast and Rosenzweig, p.487）という効果がある。（なお，経営戦略については，第9章参照。）

(3) 中期・短期経営計画の策定

計画については，明瞭で具体的な目標を設定することが要請される。しかし，複雑性の処理と長期的な展望が求められるために，相当の不確定性が生じる状況のもとでは，包括的な曖昧さも必要である。

短期計画は，特定の状況に適切にマッチすることが必要であり，実行可能でなければならない。すなわち，適切な製品やサービスを明らかにし，それを提供する適切な場所や日時を明示することが必要である。

計画策定に際して考慮しなければならない外部および内部の諸要因には，一般的な環境変数（景気の動向，人口構成，生活様式，法的規制など），産業構造変数（製品差別化の程度，経験曲線，販売価格の動向，開発動向など），組織的特性変数（マーケット・シェア，製品寿命の長さなど），供給者変数（新素材の利用可能性など），競争者変数（競争の厳しさ，特化の程度など），市場・消費者行動変

数（製品ライフサイクルの段階，季節変動，購買頻度など）などがある。

(4) 実施計画の策定

実施計画は意図された製品やサービスを作り出す段階である。計画策定プロセスはルーチン化され，プログラム化される。なぜなら，環境の不確実性や激動性のある部分は経営戦略や中期経営計画などを設定する際に考慮されているからである。時間面では短期的展望で良く，上位の計画で設定された目標（数量，納期など）を最適に実施できるような計画を策定することが必要である。実施計画は固定的で反復されることが多い。特定のプロジェクト（例えば，新製品の開発，環境経営評価システムの導入）を完成させるための一連の活動の流れを決めることも，重要である。PERT，CPMなど，視覚的に明示する方法が開発されている。

(5) 計画の実施と統制

計画は，効果的に実施（implementing）されなければ，意味をなさない。計画の実施は，経営資源の結合，仕事関係の編成，リーダーシップの発揮，活動の統制と深く関わっている。例えば，目標を達成するためには，優れたリーダーシップやメンバーの熱意が必要である。したがって，計画の実施は管理の他の下位過程（組織設計，指導，統制）およびdoと関わっている。

3-4. 計画の特徴

(1) 計画の反復性

反復性の視点から計画をみると，個別計画と常例計画とに分けられる。

個別計画（single-use plans）は，反復されない課題に対する計画であり，ある特定の状況に適合する行為のコースを設定する。これは目標が達成されたら，その役割を終える。例えば，新工場建設のための計画がこれである。

常例計画（standing plans）は，組織が頻繁に直面する反復的状況に対応するための反復される行為の計画である。反復行為のための計画は，組織の慣習的

行動様式になる。これには，次の三つがある。① 経営方針（policy）：これは最も全般的な常例計画であり，組織行動の全般的指針を示している。② 標準的作業手続（standard operating procedure）と，③ 方法（method）は，特定の行為を遂行するためのより具体的なステップを示したもので，手続は一連の段階的な行為を，方法は一つの業務における行為を示したものである。

常例計画は，組織全体に意思決定のためのガイドラインを与え，また，組織全体の行為の統一性を生み出すという利点がある。しかし，状況が急変して，常例計画が新しい状況に適合しない場合には，有効性を失う。

(2) 計画の柔軟性

計画は方針，手続，予算などとして企業の各部門で具体的に設定される。しかし，計画がいったん設定されると，活動の硬直化を招くという心配もある。計画は不確実な未来に関わるものであり，常に不完全な情報に基づいて行われる。すなわち，計画は完全ではありえない。予測の過程で誤りがあったり，予期しない事態も発生する。したがって，状況の変化に対応して，計画を修正するという柔軟性が必要である。しかし，計画があまりに柔軟的であると，それは行為の指針として役に立たない。ここに計画のジレンマがある。計画の明確性と計画の弾力性は，トレード・オフである。

(3) 計画のコンティンジェンシー性

このジレンマは，計画策定プロセスは異なる状況の下では異なってくると理解すれば，解決できる。状況は安定性の程度と異質性の程度によって四つの象限に分類できる（Hellriegel and Slocum, 1978, p.245）。安定性（stability）の程度は，企業のタスク環境（task environment）が時とともに変化するかあるいは相対的に安定的であるかどうかである。すなわち，顧客，供給者，製造方法，価格構造が安定的か変動的かである。同質性（homogeneity）の程度は，企業のタスク環境が類似しているかどうかである。すなわち，各種の多様な顧客，供給者，技術を持っている企業のタスク環境は，異質的（heterogeneous）である。

図表 4-5　戦略計画のコンティンジェンシー枠組

	安定性	
	安定的	変動的
同質性／同質的	**1** ①ドメイン：固定的で予測可能 ②目標：現在の製品・サービスラインの極大化 ③戦略：現有能力の維持 ④トップ・マネジメント：タスク環境の探索をほとんど行わず，反応もしない。能率を強調する。	**2** ①ドメイン：最小限の修正 ②目標：極大化目標。計画的に変更する。 ③戦略：特殊能力の開発。個別計画を中心に，環境適応計画を併用。 ④トップ・マネジメント：タスク環境に反応するが，かなりの探索を行う。
同質性／異質的	**3** ①ドメイン：多面的で複雑 ②目標：多面的な要求に対応する能力の涵養 ③戦略：環境適応計画 ④トップ・マネジメント：タスク環境を積極的に探索し，情報を求める。	**4** ①ドメイン：変わり易く予測不可能 ②目標：即時の適応のための課題解決能力を啓発する。 ③戦略：目標志向計画と環境適応計画の併用。迅速な適応。 ④トップ・マネジメント：タスク環境を積極的に探索。日常の活動にはほとんど関与しない。計画策定にいつも取り組む。

出所）Hellriegel and Slocum（1978），p. 245, Figure 8.2.

顧客，供給者，技術の種類の少ない企業の課業環境は，同質的（homogeneous）である。図表4-5の四つのセルは，状況に対応した戦略計画の差異を示している。

4. 管理組織の設計と指導

　計画が設定されると，実行に移されなければならない。計画の実行は，組織設計機能および指導機能によって行われ，統制機能によって修正される。
　組織設計機能は，計画の達成に必要な仕事の割当と責任を定め，必要な権限を委譲して，計画を実行に移すことである。指導機能は，部下を動機づけ（モ

チベーション），集団を統率して（リーダーシップ），計画（組織目標）の達成をはかることである。これらの機能については，本書の検討課題であり，次章以降で分析する。

統制機能は，計画が期待通りに進行しているかどうかをフィードバック機構で判断し，計画の達成を保証することである。統制は計画策定機能の一部ともいえるし，車の両輪にも例えられる。これについては次節で検討する。

5. 統　制

5-1. 統制の機能

計画策定，組織設計，および指導の各機能がうまく作用すれば，目標は効率的，効果的に達成されるはずである。しかし，現実には，計画と成果との間には多くの場合不一致が生じる。なぜなら，計画は未来に関するものであるため，不確定性の条件の下で設定されるからである。曖昧であった外部環境が明確になってくると，設定された計画あるいは計画に基づく行為が不適切であることが分かることがある。その場合には，目的や計画を修正し，組織を再編成し，異なるリーダーシップ技法を採用しなければならない。ここに統制機能（control）が作用することになる。「活動の統制は，採用された計画，発せられた命令，および設定された原則に基づいて，すべての活動が遂行されているかどうかを照査（seeing）することである」（Fayol）。

「統制とは，企業のあらゆるシステムあるいは下位システムの業績を測定し，そしてもし必要なら，計画された目標や活動が達成されるように，業績を修正する管理機能である」（Torgersen and Weinstock, 1972, p.422）。

5-2. 統制の過程

統制の核心はフィードバック・システムであり，統制の過程は，図表4-6のように，業績測定の決定，基準業績の設定，現実の業績の測定，現実の業績

と基準業績の比較，および修正活動の実施の五つの一連の活動から構成される (Torgersen and Weinstock, p.425)。

(1) 業績測定の決定

計画に基づき実行されている活動は，すべて統制されるべきであるから，いちいち対象となる活動を決定する必要はない。しかし，実際には時間的，費用的，人的な制約があるから，特に重要な活動を選定して統制する方が効果的である。

(2) 基準業績の設定

統制を行うことが決まれば，まず基準業績 (standards) が決定される。これは業績測定の基準であり，計画によってあらかじめ決められていることもあれば，あるいは，計画目標に基づいてこの段階で新たに具体的に決定されること

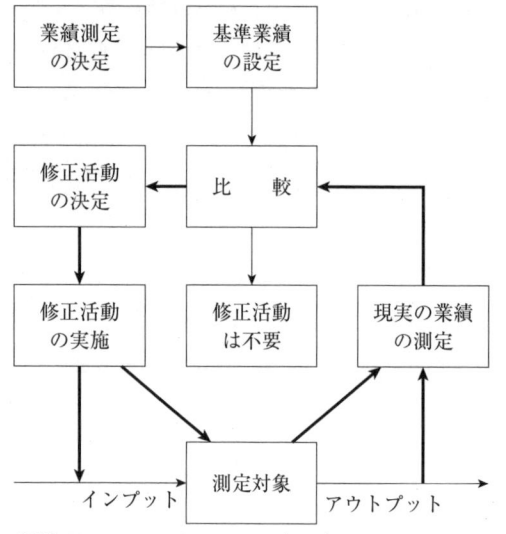

図表 4-6　統制のフィードバック・モデル

出所）Torgersen and Weinstock (1972), p. 425, Figure 20-2.

もある。この際，測定変数（variable）および基準値（par）を設定する。前者は測定される対象であり，後者は各変数ごとの標準値である。例えば，各営業所の売上高を対前年比で10％増やすことが計画されていれば，売上高は測定されるべき変数であり，110％が基準値である。

(3) 現実の業績の測定

多くの管理者にとって，現実の業績をいかに測定するかは，重要な課題である。生産数量のように簡単に測定できるものもあれば，人事考課のように測定に工夫を要するものもある。測定によって得られる情報は，会計の年次報告のようにある期間を経過したあとの情報もあれば，刻々変化する現在の作業量のようなものもある。

業績測定を効果的にするためには，次の要件を満たすことが必要である（Gray and Smeltzer, pp.667-668）。① 測定は，基準業績に直接関わること。② サンプルを測定する場合には，全体を代表すること。③ 測定には，信頼性（時間が経過しても安定的であること，同じ条件では同じ結果がでること）と有効性（意図したものが測定されていること）が求められる。

(4) 現実の業績と基準業績との比較

管理者は，成果が期待をどの程度満足させているか，そして，基準業績からの逸脱があれば許容範囲にあるかどうかを明らかにするために，測定された現実の業績を基準業績と比較しなければならない。もし現実の業績が逸脱の許容範囲内にあれば，修正を行わないか，あるいは，その範囲内での修正は部下の側に任される。これが許容範囲を越えていれば，管理者による次の修正活動が必要になる。実績を基準業績と比較し評価することは，統制過程の中核である。鈴木（1993）は，Davis（1951）の所論を詳細に検討し，統制の本質を「比較」に求めている。

(5) 修正活動の実施

修正活動の第一歩は，なぜ計画と実績とのあいだに差異が生じたかを究明することである。計画が現実の状況の変化によって不適切になっていたり，あるいは，計画がコミュニケーションの不備や従業員の抵抗によって適切に実行されなかったこともある。逸脱の修正が計画の変更，担当の管理者や職員の交代，組織の再編成など大がかりな変更を伴う場合には，管理過程全体にフィードバックされる。修正活動は，これまで論じてきた管理過程を締めくくる必須の過程である。

5-3. 統制の階層性

統制は管理者の権限の公使またはスタッフの調整によって，下位の階層で実施され，階層性を帯びる（鈴木，1993，53-56ページ）。図表4-7では，統制の八つの下位機能（先の分類とは異なる）が事業本部と業務部門で行われることを示している。

5-4. 統制のコンティンジェンシー要因

統制機能は多くのコンティンジェンシー変数によっても影響を受ける。例えば，機械的組織か有機的組織か（第5章参照）によって，そこで行使される影響力は異なっているために，統制の方法も異なってくる（Hellriegel and Slocum, p.280）。機械的組織では，① トップダウンの統制，② 短期的，客観的な業績測定，③ 没人格的な統制機構，例えば，規則の適用，④ 短期的な修正，⑤ 詳細な職務記述書の活用などの特徴がある。これに対して，有機的組織では，① 成員の自己統制，② 人的接触による統制，例えば，提案，説得，助言，情報提供，③ 長期的な修正，④ 目標の共有や意思決定への参加による統制のような特徴がある。

図表4-7 統制の階層性

組織階層	組織集団	時間との関連における実行活動
経営管理	事業本部	日常的計画化 — スケジュール化 — 準備 — 発令 — 指図 — 監督 — 比較 — 是正措置
業務管理	業務部門	日常的計画化 — スケジュール化 — 準備 — 発令 — 指図 — 監督 — 比較 — 是正措置
作業実施	作業集団	E

凡例
　E　部面計画遂行上の1局面または1段階についての作業実施活動。
　—　権限と情報の公式的な流れを示す線。統制を行うときの非公式もしくは相互的な接触を示すものは記入されていない。
出所）鈴木，1993，70ページ，図3-3。

6. 管理過程の特徴と精緻化

6-1. 管理過程の特徴

(1) 普 遍 性

　マネジメント・プロセスまたは管理過程は，第一に，単に企業のみならず，あらゆる組織体において存在するという意味で，普遍的である。「管理の四要素は，どのような企業の管理においても，すなわち，大規模企業であろうと小規模企業であろうと，製造業であろうと商業であろうと，労働組合であろうと

会社であろうと,営利的企業であろうと非営利的組織であろうと,そのいずれの管理においても存在する」(Newman and Summer, 1965, p.12)。すなわち,管理過程は,企業のみならず,行政機関,教育機関,宗教組織などあらゆる組織体において存在するという意味で,普遍的である(山城,1966, 18ページ)。

管理過程は,第二に,ある組織体においてもあらゆる階層において存在するという意味で,普遍的である。管理機能は,管理者の階層に関係なく,本質的には同じものである。この普遍性のために,管理者はある経営体から別の経営体へ移っても,仕事をすることが出来る。

(2) 階 層 性

しかし,管理の階層が異なれば,その重点は異なってくる。ある調査では,図表4-7のように,現場管理者では指導が中心で,ついで統制であるが,ミドルの管理者は指導と組織化が中心である。

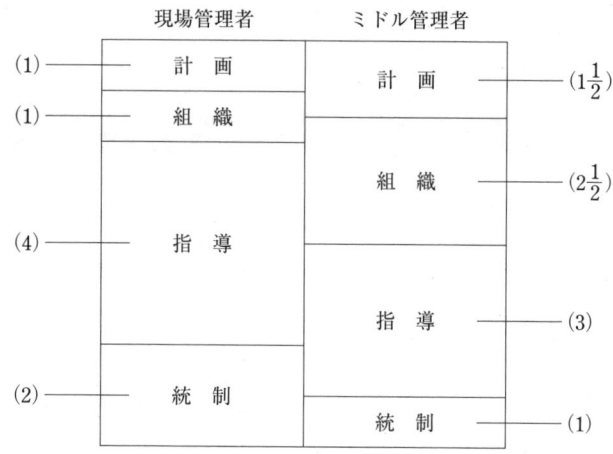

図表4-8 階層別・機能別の配分時間

現場管理者		ミドル管理者	
(1)	計 画	計 画	($1\frac{1}{2}$)
(1)	組 織	組 織	($2\frac{1}{2}$)
(4)	指 導	指 導	(3)
(2)	統 制	統 制	(1)

注) 括弧内の数値は8時間中の行動時間。
出所) Hellriegel and Slocum (1989), p. 22, Figure 1.4.

(3) 全体性・総合性・関連性

　管理過程は，四つの異なる要素（下位過程）から構成され，それぞれは独自の機能を果たしている。しかし，「管理とは多くの異なってはいるが，相互に関連した活動の総和なのである。この全体を形づくっている要素を一つずつ別々のものとして取り扱うと全体の姿が失われてしまう」（Allen, 1964, 邦訳, 348ページ）のである。例えば，計画という一つの要素だけを取りだして，それをいかに精密に策定してみても，それだけでは意味がない。計画に基づいて，管理活動が実施されるとともに，その成果が統制によって正しく評価され，必要な場合には修正活動が実施されなければ，計画倒れに終わってしまう。管理過程が全体として効果的であるためには，計画策定，組織設計，指導，統制の四要素のバランスが重要である（山城, 1966, 118-184ページ）。

6-2. 古典的管理過程論への批判

　このような管理過程論は，古典的管理論あるいは伝統的管理論として，サイモンなど多くの論者によって厳しく批判された。

1) 論理的な矛盾と経験的証拠の欠如

　管理原則は多義的で曖昧であったり，ときには一対の原則（例えば，専門化の原則と命令一元化の原則）が諺のように矛盾したまま併存している。したがって，対立する勧告を行うので，実践に適応できる理論ではない（Simon, 1947, p.20）。

　古典的管理論の致命的な欠陥は「理論を証拠と突き合わせていないこと」である。実践的な勧告や管理原則には，経験的証拠が欠けている（March and Simon, 1958, p.32）。

　古典的組織論は内在的な論理的矛盾を持っている。例えば，行動を規則で統制しようとするが，従業員はそれを避ける工夫をする。それゆえ，さらに規則が必要になり，規則ずくめの非能率的な組織になる（Scott, Mitchell and Birnbaum, 1981, 邦訳, 44ページ）。

2) 現実から遊離

管理者は命令を行使し，部下を監督するためにエネルギーの大半を費やすというのは，神話にすぎない。実際には，リーダーとしての仕事のほかに，外部ワークフローへの参加者として，および，モニターとして行動している。(Sayles, 1964；細川, 1965；本書第6章)。

管理者の行動を実際に観察すれば，管理機能は，管理過程としてよりも，1)対人関係の役割, 2) 情報処理の役割, および, 3) 意思決定の役割として理解される (Myntzberg, 1973；本書第6章)。

3) 人的要因の理解の欠如

古典的管理論は，従業員を経済人として扱い，情感を持つ個人やインフォーマル組織を無視している (Roethlisberger, 1941)。

古典的管理論は，強制力による統制と経済的欲求に基づく動機づけを重視しているが，現代の複雑化した組織を効果的に管理するには不適切である (Likert, 1967, 邦訳, 203-204 ページ)。

6-3. 統合モデルの展開

しかし，例えば，権限の連鎖としての組織（ライン組織）やそこにおける管理者の権限（命令）による組織の秩序維持（第5章参照）は，現在の経営体においても必須であり，これに変わる組織原則が見いだされない以上，経営実践においては，今でも組織原則として意味を持つ。

したがって，本書では，主として第2部を管理過程論の枠組みに基づいて展開しているが，各章で論じるように，意思決定論，行動科学，コンティンジェンシー理論などの成果を導入しており，統合モデルを意図している。

統合モデルへの試みは，「修正管理過程」(Terry)，「ゼネラル・フレームワーク」(Hellriegel and Slocum)，「システムおよびコンティンジェンシー概念」(Kast and Rosenzweig)，「統合的アプローチ」(Torgersen and Weinstock) などとして展開されている。

われわれは管理過程を計画策定→組織設計→指導→統制の四機能としてとら

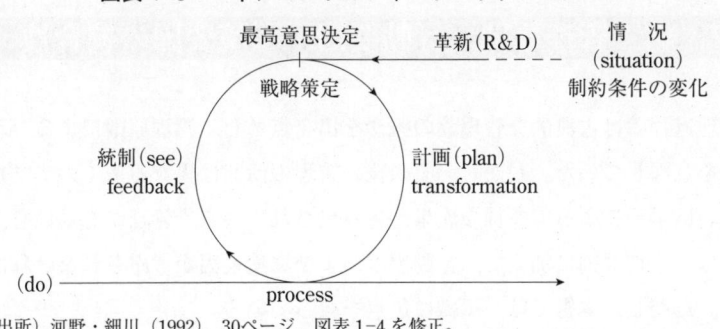

図表 4-9　マネジメントのフィードバック・モデル

```
                    最高意思決定      革新(R&D)      情　況
                                   - - - - -     （situation）
                        戦略策定                    制約条件の変化

        統制（see）              計画（plan）
        feedback                transformation


    (do) ─────────────────────────────────→
                    process
```

出所）河野・細川（1992），30ページ，図表 1-4 を修正。

えた。しかし，革新（河野，1973；Drucker, 1974），意思決定（Hellriegel and Slocum），創造性（Hicks, 1967）などを独立の機能とする見地もある。これは内部経営環境が複雑となり，また外部環境の影響力が強力になったため，独立の機能として意味を持つようになったと理解することが出来る。

さらに，近年，外部環境要因の圧力が増大するにつれ，計画論の延長として，経営戦略論の成果を取り込んだ戦略経営論（Strategic Management）が展開されている。そこでは，「戦略策定（strategy making）は管理過程の一部である。戦略経営が長期経営計画という言葉に取って代わった理由は，戦略が計画から分離発展したというだけでなく，戦略策定が管理者の行っている活動の中核であることを強調するためである」（Grant, 2008, p.25）と理解されている。

河野は，plan → do → see のマネジメント・サイクル（管理機能）に，経営機能としての「革新」と「意思決定」を組み込んでみて，図表 4-8 のようなマネジメントのフィードバック・モデルを提唱している（河野・細川，1992，21-31ページ）。河野の「意思決定」は，「経営環境の激変のなかで，計画→組織→統制に先行する戦略的（革新的）意思決定」（同，29ページ）を意味しているので，本書の文脈にしたがって「最高意思決定」とした。なお，本書では，その機能の一部としての「戦略策定」を検討しているので，追記した。また，情況は「経営環境」として分析している。

7. 結：管理原則，行動要因，環境要因の統合性

　管理過程論は古典的な管理論の概念を出発点とし，管理原則による合理的な管理を意図していた。しかし，その後の管理の研究は異なる多くのアプローチあるいは学派によって多様な成果が生み出されている。管理が有効性を持つためには，管理原則に加えて，行動要因および環境要因が考慮されなければならない。ただし，本書では，組織に焦点を絞っている。

・・・・・・・・・・・・・・・・・・・・・・・・・・・・・・・　注　・・・・・・・・・・・・・・・・・・・・・・・・・・・・・・・
1) テイラーについては，藻利（1965），向井（1970）などを参照のこと。
2) フォレットについては，河野（1985），佐々木（1984）などを参照のこと。
3) 管理過程論の成立過程については，河野（1976），河野（1988）を参照のこと。

第5章 合理的組織の設計

1. 序：組織の時代

　現代は組織の時代といわれている。われわれは組織と無関係に社会生活を送ることは出来ない。企業も一つの組織体として存続し，組織構造を活用して経営活動を行っている。管理者は組織目的を達成するためには，職務を割り当て，組織構造を作り，権限を配分しなければならない。合理的組織は，経営活動の基盤である。組織が合理的に設計されれば，目的追求活動は容易になる。しかし，他方で，組織は形式主義を生み出し，成員を無気力にする虞もある。管理者は人々の努力の調整にさいして，組織の活性化に配慮しなければ，組織目的の達成は困難になる。本章では管理者の四つの基本機能（計画策定→組織設計→指導→統制）のうち，経営目的達成のための合理的な仕組みを編成する組織設計機能を考察する。合理的組織なくしては，組織活動はありえないからである。

2. 管理組織の設計

　合理的な管理組織の設計は，古典的組織論の中心課題である。管理者の第一の仕事である計画策定機能は組織が達成すべき目標やその手段を明らかにしたが，それが実行されるためには，人々に仕事が割り当てられ，また，人々が協力して実行できる仕組みを作らなければならない。これにかかわるのが，管理

者の第二の仕事である組織設計（組織化）である。

組織設計（organizing; organization design）は，「組織において人々が演じる公式の役割を設定し，そして，人々が相互作用する際のルールを決定する」管理機能であり（Gray and Smeltzer, 1989, p.325），したがって，組織設計機能の目的は，「組織目標の達成に向けて調整された人間の活動の枠組みを構築すること」(Gray and Smeltzer, p.325)，すなわち，「仕事の構造と権限関係をデザインすることによって，調整された努力を実現すること」(Donnelly, Gibson and Ivancevich, 1978, p.96) である。この定義から，二つのキー概念が明らかになる。狭義の組織設計すなわち「組織デザイン」(design) とその結果としての「組織構造」(structure) である。

3. 組織のデザイン（狭義の組織設計）

組織のデザインは，「全体の仕事を分割して個人に割り当て，さらに，割り当てられた仕事を単位組織（部門）に編成し，そして，各単位の管理者に権限を委譲する過程」(Donnelly et al., p.96) であるから，それは，①組織目標を達成するために必要な基本的活動を決定するステップ（各職務の設定），②諸活動を組織単位に編成するステップ（部門の編成），および，③単位組織の管理者に権限を委譲し，各単位を調整するステップから出来ている。

3-1. 職務の設定と組織原則

専門化ないし分業は，現代社会の特徴といわれている。分業のもとでは，なされるべき仕事全体をそれを構成する特定の仕事に分割して，個々の作業者に割り当てるので，彼らは特定の仕事に専念すればよい。この考え方を組織デザインに具体的に適用しようとするのが，「専門化の原則」(the principle of specialization) ないし「同質職務割当の原則」である。一人の人が遂行するには大きすぎる仕事を，複数の人で遂行するのが組織である。全体の仕事を複数の人々の協働で達成するためには，いくつかの分担されるべき仕事に分割され

なければならない。その際,「同質職務割当の原則 (the principle of homogeneous assignments) は, 類似の職務がまとめられるべきこと, 一職務内の諸責務は本来類似のものであるべきことを要請している」(Morgan, 1973, p.45)。すなわち, 個々の仕事ないし活動を設定する際に, 類似の仕事を集めて仕事の単位にすることである。これは一般に「例外の原則」(the exception principle) として論じられることが多い。

「例外の原則は, 期待された業績と比べて, 現実の成果が異常で重大なほどまで逸脱している場合にのみ, 管理者の注意がはらわれるべきであることを意味している」(Hodge and Johnson, 1970, pp.322-323) と表現すれば, 統制に関する原則になるが, これが達成されるためには何が常軌的な仕事であるのかが, 組織デザインのステップで明確にされていなければならない。反復的な常軌的な仕事は一定の手続きで処理できるものであり,「プログラム化された意思決定」(Simon, 1960, p.5) である。意思決定をプログラム化するためには, 類似の仕事を一人の担当者に任せるように職務を設定しなければならない。

3-2. 単位組織 (部門) の編成と組織原則

類似の仕事がまとめられて個々の職務が形成されても, それらが無関連では意味がない。次に必要なのは, 個々の職務を全体としての一つの体系にまとめること, すなわち, 単位組織 (部, 課, 係, 班, グループなど) を編成することである。ここでは分業の原則および管理範囲の原則が作用している。

「分業の原則」(the principle of division of work) のポイントは, 企業の活動は企業目的に最も効果的に貢献するように分割され, グループ化されるべきであるということである」(Koontz and O'Donnell, 1972, p.412)。すなわち, 諸活動が組織全体にわたって異なる領域ごとにグループ化されるもので, これが部門化 (departmentation, departmentalization) である。部門化にさいしては,「職務のグルーピングは産出および内部活動という二つの主要なカテゴリーによって分類できる」(Donnelly et al., p.100)。

産出をベースにした部門化は, 目的指向的, 市場指向的で, 自律的な組織を

作れる利点がある。① 製品別部門化は，ある製品を作るのに必要なすべての活動を一つにまとめるものである。② 顧客別部門化は，対象となる顧客ごとに単位組織を編成するもので，例えば同種の製品の販売でも，顧客の質が異なる場合に有利である。③ 地域別部門化は，組織が活動する場所ごとに単位組織を編成するもので，市場が地理的に分散している場合に有利である。

内部活動をベースにした部門化は，能率的である。① 職能別部門化は，研究開発，製造，販売，財務，人事などの各職能ごとに単位組織を編成する。② 製造工程別部門化は技術的な仕事の相違によって，単位組織を編成する。

管理範囲は「一人の管理者が監督する下位者の数」(Sikura, 1973, p.43) ないし「一人の上位者に対して直接に責任を負う下位者の数」(Torgersen and

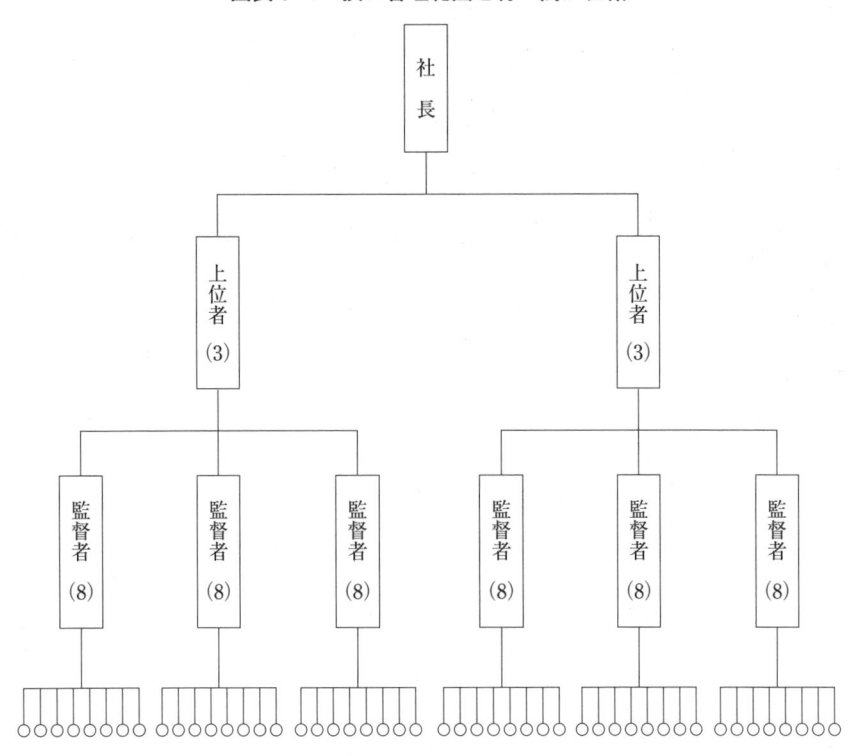

図表5-1　狭い管理範囲と背の高い組織

Weinstock, 1972, p.331) を意味するので,「管理範囲の原則」(the principle of management or control) は単位組織の大きさを決定し,組織の水平的分化を促進する。例えば,図表5-1および図表5-2のように,同一レベルに48人の作業者が配置されている場合,もし監督者の管理範囲が8人であれば6つの組織単位が,もし16人であれば3つの組織単位が編成される。さらに,これに管理階層の管理範囲が加われば,垂直的な分化すなわち階層化が促進する。監督者を管理する上位者の管理範囲を3人とすれば,前者では階層数はさらに2つ必要になり,組織の階層化が進む。

このように第一線の作業者の数を一定とすれば,管理範囲は組織階層のレベルの数を規定する。もし状況により小さな管理範囲が望ましい場合には,大きな管理範囲の場合よりも,レベル数の多い組織が形成される。これは相対的に「背の高い組織」(tall organization) である。逆に,大きな管理範囲の場合には,レベル数の少ない「平らな組織」(flat organization) が形成される。

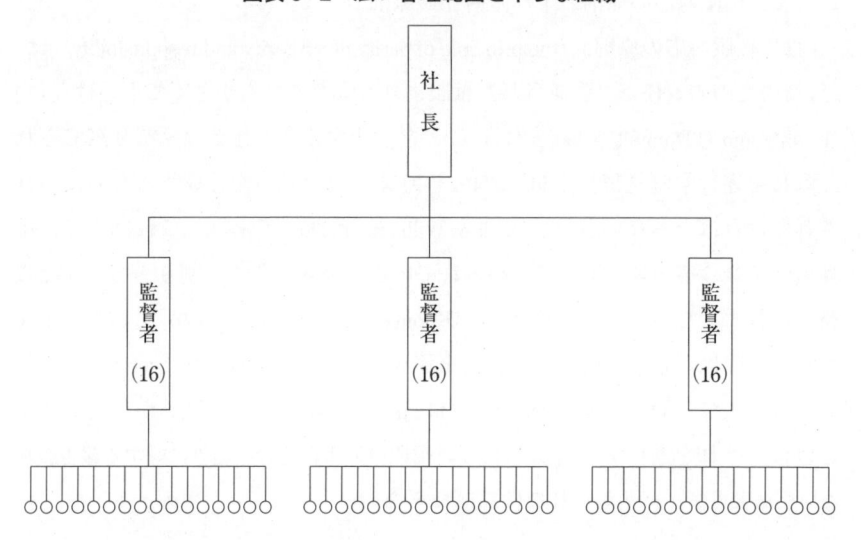

図表5-2　広い管理範囲と平らな組織

3-3. 権限の委譲と組織原則

　仕事が職務として設定され，単位組織が編成されても，組織の一体性が確保されなければ，効果的で能率的にはならない。そのためには，上位者と下位者との間の基本的な関係が決定されなければならない。

　上位者と下位者との関係の基本は，命令の一元性であり，命令の連鎖（the chain of command）として理解される。命令の連鎖は公式のチャンネルであり，責任（職責，遂行責任）（responsibility），権限（authority），報告義務（結果責任）（accountability, communication）を明確にする。「責任と義務と権限とは同一の職務の3つの側面であり，三者の範囲はいずれもひとしい」（山城，1970，167ページ）。

　「命令の一元性の原則」（the principle of unity of command）は，「下位者は一人の上位者以外から命令を直接に受けるべきではない」（Donnelly et al., p.100）ことを意味する。この上位者-下位者の関係をトップの経営者から第一線の作業者まで積み重ねることによって，切断のない命令の連鎖が形成され，組織が全体として意味を持つことになる。この関係を組織全体に渡って可能にするのが，責任権限対応の原則および階層化の原則である。

　「責任権限対応の原則」（the principle of parity of authority and responsibility）は，「行為のための責任は，委譲された権限よりも大きくても小さくてもいけない」（Koontz and O'Donnell, p.350, p.411）ことを意味する。責任とは「割り当てられた職務を遂行する義務」（Ibid. p.350），「与えられた仕事を達成するために遂行されなければならない義務」（Sisk & Williams, p.220）であり，これはすでに組織デザインの第一ステップで定められている。権限はこの「割り当てられた職務を遂行するために与えられた力」（Koontz and O'Donnell, p.350）である。すなわち，権限は「企業目的や部門目的を達成するために決定権（discretion）を行使できる職位に固有の力（right）」（Ibid., p.56）であるから，職務が設定されるときに，それを遂行するにふさわしい権限（および遂行の結果に対する報告義務ないし結果責任）が与えられなければならない。

しかし，責任を上回る権限が与えられれば，結果に対して無責任な行動が横行することになる。逆に，責任を下回る権限しか与えられなければ，成果をあげることが出来ない。したがって，個々の職務について，責任と権限（および結果責任）が対応することが重要である。「各責任には，これと同量の権限が付着する」(Brown, 1974, p.39)。

しかし，個々の職務について責任と権限が対応しただけでは十分ではない。ある職務と他の職務との間に重複があれば，組織の活動は混乱し，結果責任の転化が行われる。逆に，ある職務が設定されなければ，すなわち，職務間に間隙があれば，必要な活動が行われないことになる。こうした事態を避けるためには，責任および権限が組織全体に亙って重複も間隙もなく委譲（deligation）されることが必要である。このことは「権限と責任の連鎖（flow）は最高位の経営者から最下位の作業者まで明確な切断のないラインとして確立されなければならない」(Bobbitt, Breinholt, Doktor and McNaul, 1978, p.60) という「階層化の原則」(the scalar principle) によって要請される。この原則は「秩序化の原則」(藻利，1965，430ページ) として意味を持つのである。

4. 組織構造

このような組織デザインのステップは，多くの古典的管理論ないし組織論によって提唱され，合理的組織（a rationally designed organization）の重要性が認識されるようになった。

組織デザインの結果として組織構造（organization structure）が構築され，公式組織（formal organization）とよばれる。責任権限の原則からはライン組織が，専門化の原則からは職能組織が，純粋型として設定される。しかし，純粋な職能組織は命令の一元性の原則」と矛盾するため，スタッフ組織が工夫され，現実の組織の多くはライン・アンド・スタッフ組織（line and staff organization）となっている。また，柔軟な組織として，委員会組織，タスク・フォース，マトリックス組織などが工夫されている。

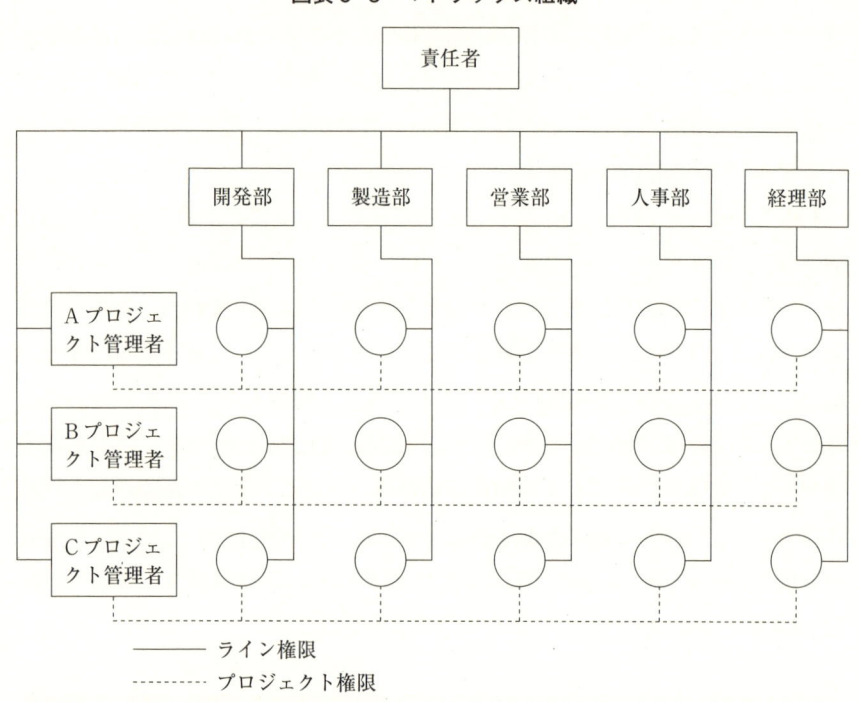

図表 5-3　マトリックス組織

```
                          責任者
          ┌─────┬─────┬─────┬─────┬─────┐
        開発部  製造部  営業部  人事部  経理部
Aプロジェ
クト管理者
Bプロジェ
クト管理者
Cプロジェ
クト管理者
```

――――― ライン権限
･･･････････ プロジェクト権限

　マトリックス組織（matrix organization）は，図表5-3のように，垂直および水平の二重の命令系統が同時に作用し，現場を共同で管理している組織である。「垂直的な権限系統は職能部門のもので，成員にとっては本職（home bases）である。水平的な権限系統は特定のプロジェクト・チームのもので，そのプロジェクト管理者が必要のつど職能部門の専門家のサービスを要請し，調整する」（Scott, 1985, p.221）。マトリックス組織は異なる職能部門の成員を共有するので，環境の変化が激しい場合に，人的資源を有効に活用できる。

　企業全体の組織構造をミンツバークは図表5-4のように一般モデル化している。各構成部分は状況に応じて変化し，個別のモデルに対応することが出来る[1]。

　企業では，研究開発，生産，販売，財務，人事などの各職能を単位組織とす

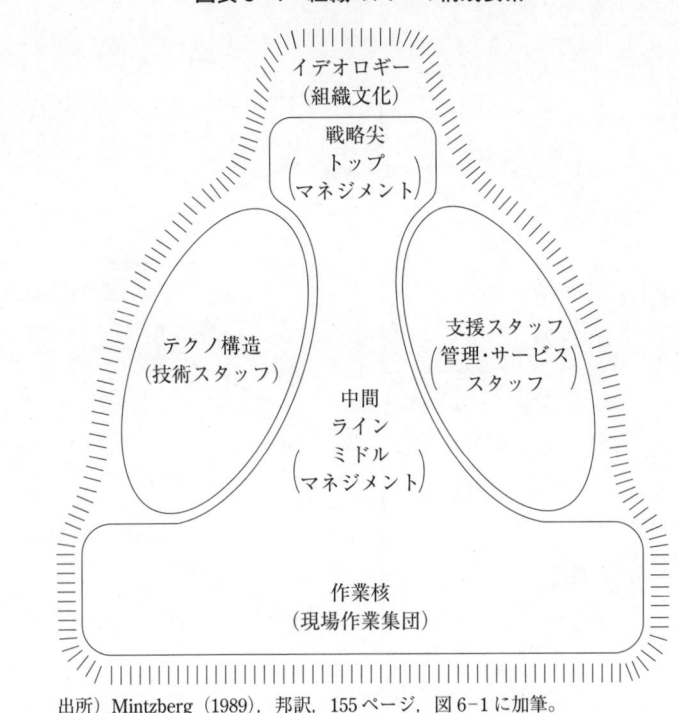

図表 5-4　組織の六つの構成要素

```
            イデオロギー
            （組織文化）
              戦略尖
              トップ
             マネジメント

  テクノ構造              支援スタッフ
 （技術スタッフ）         （管理・サービス
                            スタッフ）
              中間
              ライン
              ミドル
            マネジメント

              作業核
           （現場作業集団）
```

出所）Mintzberg（1989），邦訳，155ページ，図6-1に加筆。

る職能別部門組織が基本的であるが，大規模化し多角化した場合には，事業部制組織（divisional organization）へ展開することが多い。事業部制組織では，多角化した各製品の研究開発－生産－販売の職能を統合した「事業部」が並列され，「（総合）本社」（general office; headquaters）との間に役割分担が行われる。本社は中央管理機構の役割を担い，社長を中心とするトップマネジメントが，強力なゼネラルスタッフを従えて全社的な企業戦略を策定して，各事業部の目標を明確にし，経営資源を配分する。各事業部（ミドルマネジメント）は与えられた目標を達成する責任が課せられるとともに，それを達成するために自立的に活動する包括的権限が委譲され，事業戦略を策定する。ここに分権的な管理体制が確立する。

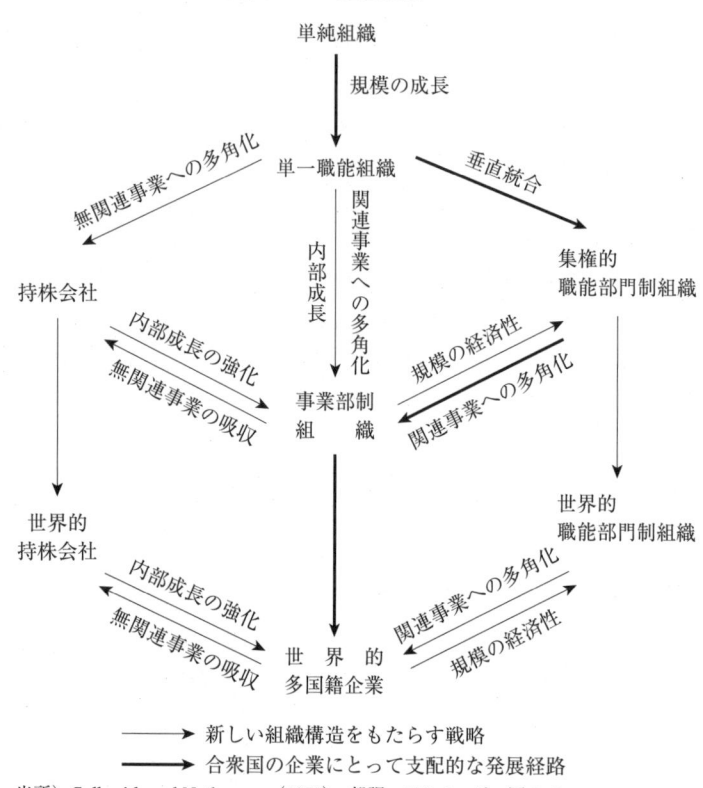

図表 5-5　発展段階モデル

```
                          単純組織
                             │
                          規模の成長
                             ↓
         無関連事業への多角化  単一職能組織  垂直統合
      ┌──────────────────  ┌──────┐  ──────────────────┐
      ↓                     │関連  │                    ↓
   持株会社                  │事業  │              集権的
      │  ←内部成長の強化─    │への  │              職能部門制組織
      │  ─無関連事業の吸収→  │多角  │
      │                     │化    │
      │                     │内部  │  ←規模の経済性─
      │                     │成長  │
      │                     ↓      │  ─関連事業への多角化→
      │                  事業部制
      │                    組　織
      │                     │
      ↓                     │                        世界的
   世界的                    │                        職能部門制組織
   持株会社                  │
      │  ←内部成長の強化─   │  ←関連事業への多角化─
      │  ─無関連事業の吸収→ ↓  ─規模の経済性────→
                          世　界　的
                          多国籍企業
```

　──────▶　新しい組織構造をもたらす戦略
　━━━━━▶　合衆国の企業にとって支配的な発展経路

出所）Galbraith and Nathanson（1978），邦訳，139ページ，図 8-3。

　事業部制組織は，1920年代に多角化したデュポンとGMにおいて完成された（米倉，1999，146ページ）。日本では，既に1933年に，松下電気器具製作所（現パナソニック）が「ラジオ部門を第1事業部，ランプ・乾電池部門を第2事業部，配線器具・合成樹脂・電熱部門を第3事業部とする3つの『事業部』に分け，製品分野別の自主責任経営体制をしい」ており（パナソニックのホームページ，「社史，1933年」より），1950年代以降，多くの企業が導入した。近年では，例えば2009年に，三菱重工の機械・鉄鋼事業本部では，製品が多岐にわたっているので，事業本部がすべての製品の状況をきめ細かく把握するのが

難しいため,環境・化学プラント事業部,交通・先端機器事業部,機械事業部を新設することになった(日経ネット,2009.08.07)。

しかし,現在では事業部制の見直しも進んでおり,カンパニー制(社内分社制)組織,持株会社組織などに転換している企業も多い。パナソニックでは,1997年の社内分社制導入を経て,2003年にグループ全体での事業再編を実施して,14のドメインに分割し,「事業ドメイン制組織」に移行した。これは,グループ企業間の事業重複の排除,開発を中心とする経営資源の集中,開発・製造・販売の全機能の統合・一元化を図り,事業ドメインごとの成長戦略を加速させるためである(パナソニックのホームページ,「社史,1997年,2003年」より)。

全社的な組織構造の発展段階は,ガルブレイス=ネサンソン(Galbraith and Nathanson, 邦訳,139ページ)によって図表5-5にまとめられている。

5. 官僚制合理性モデル

二十世紀初頭のドイツの行政組織を分析して,合理的組織の理念型を官僚制組織・ビューロクラシー(bureaucracy)として特徴づけ,「官僚制合理性モデル」を確立したのは,ウェーバー(Weber, 1921)である。彼の主張は,次のようにまとめられる(邦訳,7-10ページ)。

① 組織のために必要な正規の活動は,一定の方法で職務として配分される。そして,職務の割当とともに,それを実行できる権限の割当が行われる。
② 地位や職務は組織化されてハイラーキー的な権威構造を形づくる。
③ 組織の管理は文書に基づいて行われ,抽象的規則に従う。
④ 理想的な職員は感情を持たない形式主義的な非人格的存在として行動する。採用の決定と業績評価は,一定の技術的資格により非属人的方法で行われる。
⑤ 職員は専門的知識を持っているので,その分野では自主的に仕事をする。
⑥ 給料の保証,昇進の期待,権限の増大,退職後の年金等があるので,職

員は安心して自己の職務に専念でき，仕事の成果が上がる。

⑦ 純粋に技術的見地からみれば，官僚制は最高の能率を発揮する。

この合理性モデルでは，組織目的を達成するための活動が秩序だった方法で設計され，合理的な仕組みが構築される。そして，「権限が階層的に体系づけられた組織構造のなかでは，"訓練された，有給の専門家"（trained and salaried experts）の活動は明確に定められた一般的，抽象的規則に支配されるので，特殊な事例ごとにいちいち特殊な指令を発する必要はない」（Merton, 1940, Reprinted: p.137）。すなわち，職務の担当者は自分に何が期待されているかを熟知し，それを達成する技能を持っており，しかも非人格的な規則に従って行動する。したがって，官僚制組織は，その目的を達成するために，合理的な仕組みと機能的な活動を通じて，最高の機能を発揮することが出来るのである。

「公式組織の理念型は官僚制組織である。官僚制組織の古典的分析は，多くの点で，マックス・ウェーバーの分析そのものである」（Merton, Reprinted: p.137）。行政組織を対象としたこのモデルは，古典的組織論者の注目を集め，彼らのよりどころとして再評価された（Dale 1965, Hicks 1967, Massie 1946 など）が，近代的・現代的組織論者の批判の対象ともなった（March and Simon 1958 など）。

6. 合理性の阻害要因

公式組織は組織原則に基づいて合理的なものとして設計される。しかし，現実には，組織成員が組織が予定したように行動しないまたは出来ないので，公式組織の合理性が制約され，また，合理的組織の効果が達成できないことが多くみられる。その原因は，公式組織の内部にも外部にもある。

6-1. 公式組織の逆機能

ウェーバー・モデルは，多くの社会学者（Bendix, 1960 ; Blau, 1956 ; Goulder, 1954 ; Selznick, 1949 など）や古典的組織論者の注目を集め，多くの研究成果が

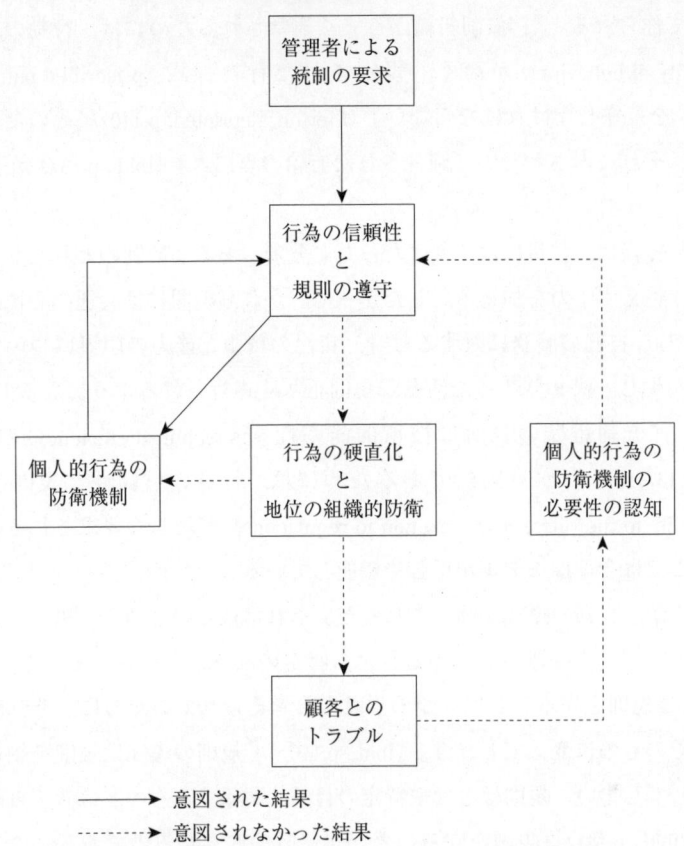

図表 5-6 官僚制逆機能モデル（マートン）

```
        ┌─────────────┐
        │管理者による │
        │ 統制の要求  │
        └──────┬──────┘
               │
               ▼
        ┌─────────────┐
   ┌───▶│ 行為の信頼性│◀╌╌╌╌╌╌╌╌╌╌╌┐
   │    │     と      │              ╎
   │    │  規則の遵守 │              ╎
   │    └──────┬──────┘              ╎
   │           │                     ╎
   │           ▼                     ╎
┌──┴────┐  ┌─────────┐         ┌─────┴─────┐
│個人的 │  │行為の硬 │         │個人的行為 │
│行為の │◀╌│直化と地 │         │の防衛機制 │
│防衛機制│  │位の組織 │         │の必要性の │
│       │  │的防衛   │         │   認知    │
└───────┘  └────┬────┘         └─────▲─────┘
                │                    ╎
                ▼                    ╎
           ┌─────────┐               ╎
           │ 顧客との│╌╌╌╌╌╌╌╌╌╌╌╌╌╌┘
           │ トラブル│
           └─────────┘
```

──────▶ 意図された結果
╌╌╌╌╌╌▶ 意図されなかった結果

出所）March and Simon (1958), p.41, Figure 3.2 をもとに，筆者が加筆修正。

生まれた。官僚制組織は合理的であり，組織目的の達成を目指すものである。しかし，合理的な官僚制組織はその内部に目的達成を妨げる「逆機能」（dysfunction）を内包していることが，マートン（Merton, 1940）によって明らかにされた。彼は官僚制組織の「意図しない結果」すなわち負の側面を浮き彫りにし，「官僚制逆機能モデル」を提示した。このモデルは，マーチ＝サイモンによって図表 5-6 のようにまとめられた。

合理的な官僚制組織においては，規範や規則は組織目的を達成するための手段として作られる。「官僚制組織がうまく運営されるためには，行動の信頼性 (reliability of behavior) が高く，規定された行為様式 (priscribed patterns of actions) を遵守しなければならない」(Merton, Reprinted: p.140)。そのために各職位にはそれにふさわしい「訓練された有給の専門家」(Ibid., p.137) が配置される。

　官僚制組織は，職員には「秩序だった，分別のある，統制のとれた」人間であるよう絶えず圧力を加える。したがって，かれらの間には共通の心情が生まれるので，「自己の義務に対する献身，自己の権限と能力の限界についての鋭い感覚が生じ，決まり切った活動が規則正しく遂行されるようになる」(Ibid., p.140)。官僚制組織の長所は技術的能率性 (its technical efficiency) であり (ibid., p.137)，それが有効的であるためには，行為の信頼性と規則の遵守 (conformity to the rules; strict devotion to regulations) が厳しく要求されるのである。ここでは合理性モデルが正しく機能している。

　ところが，規則の遵守が強調されると，それは彼らの心情を，組織の目的ではなくて，規則上要求されている行動の特定の部分に向けさせる。その結果，「もともと規則を守ることは一つの手段だと考えられていたのに，それは規則を目的そのものに変えてしまう」(Ibid., p.140)。「規則の遵守は規則を絶対的なものにしてしまい，規則はもはや特定の目的に関係するものとは考えられなくなり」(Ibid., p.141)，規則を守ることが自己目的に変わるのである。ここに手段的価値が究極的価値になるという「目標の転移」(displacement of goals) という過程が生じる。かくして「規則を守ること自体（形式主義）が意味を持ち，目的の達成が阻害されるようになる」(Ibid., p.140)。

　「本来の目標が見失なわれ，力の入れ処が変わる結果，融通のきかない杓子定規となり，迅速な適応能力が欠けることになる。所定の手続きを正しく実行するのだといういかにも文句のつけようのない口実で，形式主義，儀礼主義が生み出される。ビューロクラシーの生き辞引 (the bureaucratic virtuoso) としての訓練された専門家は「一つの規則を遵守して自分の行為を束縛するために，

顧客の利益のために行為することが出来なくなる」(Ibid., p.141)。

このような批判的研究は、公式組織の理論を発展させたのであって、ウェーバーの先駆的研究の価値を損ねるものではない (Blau and Scott, 1963, p.36)。

6-2. 情感に基づく行動と非公式組織

個人あるいは従業員は、ある条件あるいはその条件の変化に対して合理的に反応することを予定するのが、公式組織である。しかし、公式組織が必ずしも予期した合理的な活動を行わないのは、その成員の職務行動が管理者の命令よりも仲間の圧力によって行われるからである。すなわち、その原因が外部にあることが、メイヨー (Mayo, 1933) やレスリスバーガー (Roethlisberger, 1941 ; Roethlisberger and Dickson, 1947) などによるホーソン実験で明らかになった。

レスリスバーガーによれば、公式組織の理論のように、人々は単純な「刺激→反応」の論理に基づいて予期された行動をするとは限らない。ある種の説明できない純粋に人間的な要因が刺激と反応の間に媒介項として作用しているに違いない、と仮定した。この要因が情感・心情・センチメント (sentiments) ないし態度 (attitudes) である。

図表5-7 情感の論理（レスリスバーガー）

変化 ------------------------→ 反応

情感・態度

個人の
経歴

職場の
社会的状況

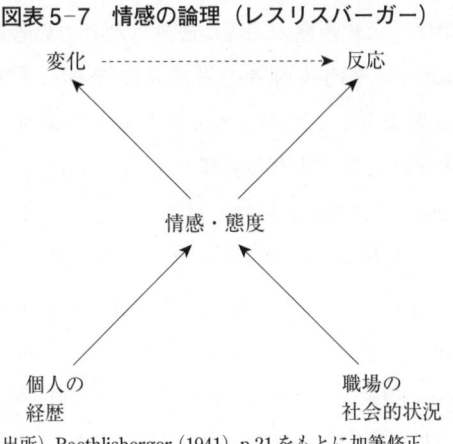

出所) Roethlisberger (1941), p.21 をもとに加筆修正。

従業員は情感を介して反応することがある。情感は，その人の現在の行動様式，行動規準である。これはその人の過去の経歴と現在置かれている社会的状況の産物である。

　人々は異なった状況の中で種々の経験を重ねるから，彼らの行動は他人と異なってくる。したがって，従業員の過去の経歴の差異が仲間の従業員とは全く異なる方法で職場状況を評価する原因となるのである。過去の経歴とは，試行錯誤の行動と学習の過程であり，その結果が彼の現在のパーソナリティすなわち行動様式としての情感である。

　社会的状況とは，彼がいま行動しようとしている場面からの社会的圧力（social pressure）である。仲間集団すなわち非公式組織・インフォーマル組織（an informal organization）の規範が遵守すべきものとして彼に課せられ，それがその人の行動規準に影響を与える。例えば，「おまえは働きすぎてはいけない。そうする奴は"がっつき野郎"だ」（Roethlisberger, 1941, p.22; 邦訳, 26ページ）のような公式組織の要請に反する多くの規範が存在している[2]。

　このような個人の過去の経歴と現在の職場の社会的状況が情感を形成する。したがって，例えば「おまえは働きすぎてはいけない」という職場状況は彼に対する社会的圧力となって彼の情感に影響を与え，その結果，生産高制限などの公式組織の要求に反する行動を生みだすことになるのである。

　従業員の行動は，公式組織の論理つまり管理者の思考基準である「費用の論理」（logic of cost）や専門技術者の思考基準である「能率の論理」（logic of efficiency）とは異なるところの，インフォーマル組織の論理つまり従業員個人の全体状況の反映たる「情感の論理」（logic of sentiments）によって決定される（Roethlisberger and Dickson, pp.562-565）。

　したがって，管理者は，インフォーマル組織に配慮して，「従業員の職場士気（morale）を昂揚し，彼らの自発的協働（spontaneous collaboration）を確保」（河野，1969a，305ページ）して，生産性を達成しなければならない。管理者に要請されるこの技能は，メイヨーによって，技術的技能（technical skill）に対比して，社会的技能（social skill）とよばれた[3]。「人間関係管理」（human relations management) は「満足→モラール→生産性」のモデルをなしている[4]。

7. 理想の組織

　組織の理想的な姿は多くの行動科学者によって提示されている。リッカート (Likert, 1961, p.223) は，組織をその特性から，①搾取的・権威的システム，②温情的・権威的システム，③協議的システム，④参加的システムに，後にはそれぞれをシステム1～4 (Likert, 1967, p.4) に類型化した。

　そして組織は，図表5-8のように，七つの操作可能な機能特性（リーダーシップ過程，動機づけ力，コミュニケーション過程，相互作用-影響力過程，意思決定過程，目標設定や命令，統制過程に関する特性）および結果としての業績特性

図表5-8　システム1およびシステム4の特徴（リッカート）

組織特性	システム1	システム4
1. リーダーシップ過程	部下を信頼しない	部下を信頼し，支持する
2. 動機づけ力	経済人	経済的欲求，自我の欲求などのすべての欲求を利用する
3. 意思伝達過程	一方向 　下方への命令 　上方への報告	多方向 　上司と部下および同僚間で多方向に流れる
4. 相互作用-影響力	公式の関係以外にほとんど相互作用はない	組織全体にわたって，友好的な相互作用が行われる。
5. 意思決定過程	トップの意思決定	各階層で行われ，参画が認められる
6. 目標設定と命令	命令が発せられる	参画によって決定される
7. 統制過程	トップのみ	各階層で
8. 業績特性 　a. 生産性 　b. 欠勤と転職 　c. 無駄 　d. 品質	 普通 高い傾向がある きびしく監督しなければ，高くなる 検査が必要	 非常に高い 低い 無駄を少なくする工夫をしている 教育によって可能

出所）Likert (1961), pp.223-233, Table 14-1, Likert (1967), pp.196-211, Appendix II を基に，Bibbot et al. (1978), p.350, Table 12-2 などを参考に，簡略化して作成。

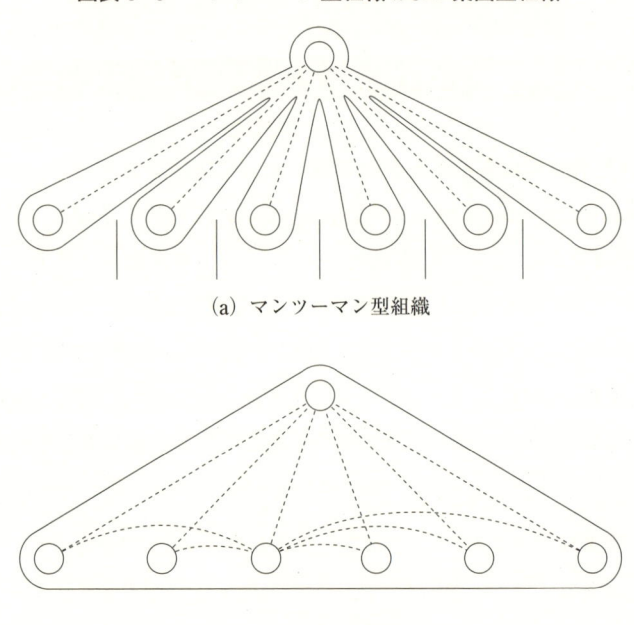

図表5-9　マンツーマン型組織および集団型組織

(a) マンツーマン型組織

(b) 集団型組織

出所) Likert (1961), p.107, Figure 8-3 を修正。

(生産性，欠勤と退職，仕損じと無駄，品質管理と検査) を基準にして，区分される[5)][6)]。

　システム1においては，管理者と部下との関係はマン・ツー・マン型 (man-to-man pattern of organization) (Likert, 1961, p.107) であり，管理者は仕事を割り当て，厳格な作業規準を設定し，命令という強制によって成員に圧力をかけ，成果をあげようとする。しかし，このことは成員の非友好的な態度や生産高制限などを生みだし，成果をあげることは出来ない (Idid., pp.106-108)[7)]。

　これに対して，システム4では，「集団型組織」(group pattern of organization) (Ibid., p.109) が基本な単位組織を構成する。この集団では，集団の課題達成と集団の形成維持が重要な機能であるが，それらは状況に応じて管理者 (リーダー) と成員とで分担される (Ibid., p.172)。しかし，管理者は集団が適切な業績

を上げることに関する全責任を負っているが，すべての意思決定を行うわけではない（Ibid., p.170）。管理者はすべての問題が集団によって処理されていることが分かるように，集団過程を強調する。管理者は高い業績目標を設定するとともに，支持的関係の原則（the principle of suportive relationships）（Idid., p.103）を用いて部下との信頼関係を構築する。これは集団中心的リーダーシップ（group-centered leadership）である（Ibid., p.171）[8]。

成員は優れた能力を持ち，集団的意思決定に参加し（Ibid., p.110），責任ある行動をする。成員は集団が効果的な方法で作用するに必要な役割を引き受ける（Ibid., p.178）。状況の要請に応じて，成員は自分自身で実行することもあるし，他の成員の協力を得て実行することもある。集団には，成員の熟練と能力を動員して，なすべき仕事に集中する能力がある（Ibid., p.176）。

管理者と部下との間には強い信頼関係が形成される。これらの諸要因のため，集団は高い生産性を達成でき，成員も満足が得られる。この集団は「高度に効率的な集団」（a highly effective work group）となり，まさに理想の組織モデルである（Ibid., p.165, 176）。

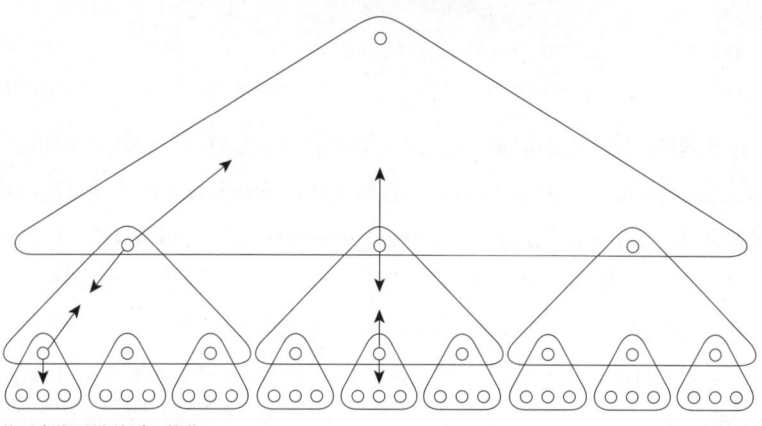

図表5-10　連結ピンと組織の重複的集団形態

注　矢印は連結ピン機能。
出所）Likert（1961），p.113, Figure 8-4.

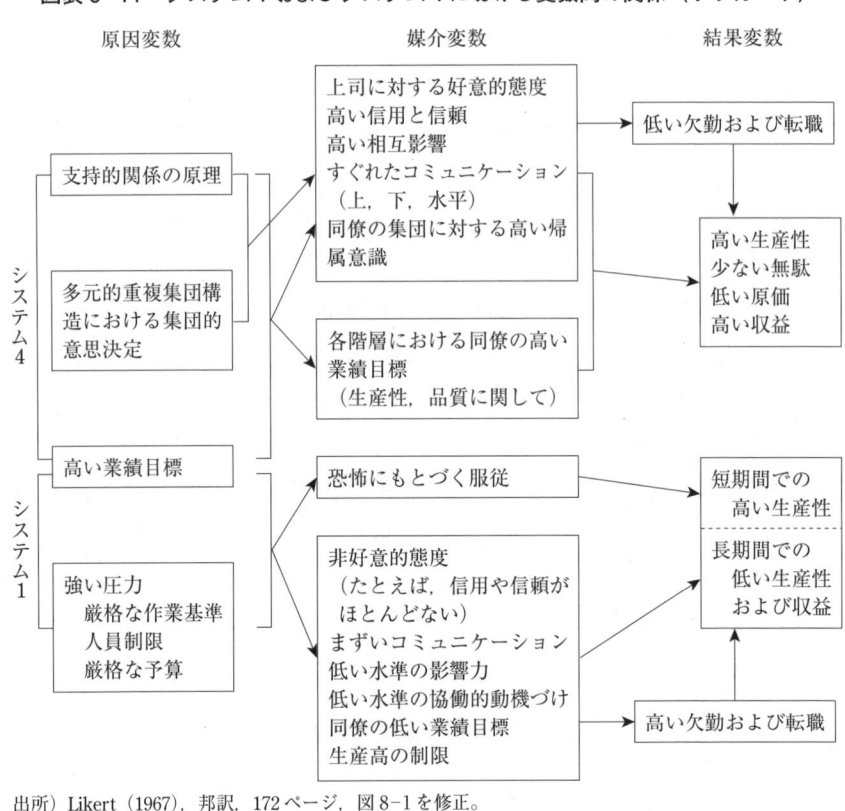

図表5-11　システム1およびシステム4における変数間の関係（リッカート）

原因変数　　　　　　　　媒介変数　　　　　　　　結果変数

システム4:
- 支持的関係の原理
- 多元的重複集団構造における集団的意思決定

→ 上司に対する好意的態度／高い信用と信頼／高い相互影響／すぐれたコミュニケーション（上，下，水平）／同僚の集団に対する高い帰属意識
→ 各階層における同僚の高い業績目標（生産性，品質に関して）

→ 低い欠勤および転職
→ 高い生産性／少ない無駄／低い原価／高い収益

システム1:
- 高い業績目標
- 強い圧力　厳格な作業基準　人員制限　厳格な予算

→ 恐怖にもとづく服従
→ 非好意的態度（たとえば，信用や信頼がほとんどない）／まずいコミュニケーション／低い水準の影響力／低い水準の協働的動機づけ／同僚の低い業績目標／生産高の制限

→ 短期間での高い生産性
― 長期間での低い生産性および収益
→ 高い欠勤および転職

出所）Likert（1967），邦訳，172ページ，図8-1を修正。

　この管理者と部下との関係すなわち集団型の単位組織は，管理者が連結ピン（linking-pin）(Ibid., p.113) となって，組織全体に積み重ねられて「組織の重複的集団形態」(the overlaping group form of organization)(Ibid., p.105) を形成する。その結果，組織全体が高業績を達成でき，また，各成員も欲求の充足が得られる。管理者のこの「連結ピン機能は高業績組織形成の実践上の鍵となっている。この意味で，リッカート理論は『リーダーシップ理論』といえる」（山口，1992，110ページ）。

　システム4は，「作業集団が集団過程において熟練を積めば，実現可能な理

想的な組織モデル（an ideal organizational model）である」（Ibid., p.164）。このモデルは，完全に到達できないとしても，それに近づくことが出来る。高生産性を達成している管理者は，この理想のモデルに近い作業集団を形成し，運営しているからである（Ibid. pp.176-177）。仮に企業の管理方式がシステム１に基づいていても，高生産性を達成している多くの管理者の行動はシステム４が要請している方向に向かっている。したがって，システム４への切り替えは容易である（Likert, 1976, p.186）。「システム４による管理を展開するためには，現実の管理では，産業ごとの伝統の相違，企業ごとの職務の相違，従業員の技能や価値観の相違などの多くの条件が異なっているので，システム４の基本的な原理は同一でも，条件の差に対応した具体的な方法が開発されなければならない」（Ibid. p.192）。

8. コンティンジェンシー要因

ある企業ではライン組織が採用されるのに，他の企業ではなぜマトリックス組織が採用されるのか，また，ある部門では管理範囲は広いのに，他部門ではなぜ狭いのかは，組織原則のみでは説明できない。サイモン（Simon, 1947, p.20）はこれを組織原則の間に矛盾があるためであると理解した。他方，コンティンジェンシー理論では，組織には多くの環境要因が強く作用しているため，組織構造は一つに決められないことが明らかにされた（第8章参照）。

8-1. 内部環境要因

組織設計に影響を与える内部環境要因の代表的なものについて，次のような命題が認められている（Hodgetts and Altman, 1979, pp.230-233；Sisk and Williams, 1981, pp.167-169 など）。

〔組織の規模〕組織の規模が大きくなるにつれて，組織構造は公式化し，複雑になる。その結果，指令的リーダーシップが多くなる。

〔相互作用の程度〕成員間の相互作用の必要度が増せば，情報の流れの自由

度が高くなる。その結果，参加的リーダーシップが多くなる。

〔成員のパーソナリティー〕参加を希望しない依存的な成員はフォーマルな構造化された組織に適切に反応する。これに対して，参加を期待し内発的な動機づけを持っている成員は参加的な組織に適切に反応する。

〔目標の一致性〕組織目標と成員の目標とが調和している場合には，参加的で構造化されていない組織が適切である。これに対して，組織目標と成員の目標とが対立している場合には，構造化された組織や強制が必要である。

〔技術と意思決定のレベル〕企業が採用している技術が職場集団での意思決定を可能にしている場合には，参加的な組織が有効である。これに対して，意思決定が上位の階層で行われる場合には，構造化された組織が有効である。

〔業績の水準〕組織のあげた業績が目標を達成していないならば，修正活動のためには，構造化された組織と強制が必要である。これに対して，目標を達成している場合には，参加的組織が有効であり，成員もそれを期待している。

〔環境の知覚度〕内部環境および外部環境を静態的と知覚している企業は，構造化された組織を採用する傾向がある。これに対して，動的環境に置かれていると知覚している企業は参加的組織を採用する傾向がある。

8-2. 外部環境要因

外部環境には，一般環境とタスク環境とがある。これらの環境は企業の組織設計に影響を与える。次のような命題が認められている（Hodgetts and Altman, pp.234-235 など）。

〔地理的分散〕顧客が地理的に分散していればいるほど，地域別に部門化する傾向が強い。地理的分散が進めば進むほど，分権化が進む。

〔競争，顧客〕競争の程度が強ければ強いほど，分権化が進む。顧客の欲求が多様になればなるほど，多角化が進む。顧客の力が強ければ強いほど，顧客別に部門化する傾向が強い。

〔環境の激変性〕環境の激変性が強ければ強いほど，組織は柔軟になる。環境の激変性が強ければ強いほど，分権化が進む。

〔環境要因の力〕環境要因の力を弱めることが出来なければ出来ないほど,組織は環境を予知し,それに適応しようとする。

〔タスク環境〕代替的資源を獲得できれば,課業環境の力を弱めることが出来る。課業環境の要求を上回る能力があれば,多角化のような方法でドメインを拡大することが出来る。

〔技術〕巨大なバッチ生産または大量生産で成功している企業は,機械的システムをとる傾向がある。逆に,個別生産または装置生産で成功している企業は,有機的システムをとる傾向がある（Woodward, 1965, p.71）

〔分化と統合〕部門間では管理者の行動様式の「分化」の程度が最も高くて,しかも,組織全体では行動様式の「統合」の質が最も高い企業は,高業績をあげている。分化の程度が最も低くてしかも統合の質が最も低い企業は,低業績に留まっている（Lawrence and Lorch, 1969. 第8章参照）。

8-3. 組織の機械的システムと有機的システム

組織の設計には唯一最善の方法はないので,組織構造の差異は内的および外的な環境要因の影響を受けて,無数にあるように思われる。しかしながら,そ

図表5-12　機械的組織と有機的組織の特徴

機械的組織	有機的組織
1) 課業は高度に専門化している。	1) 課業は相互依存的である。
2) 課業はトップによって変更されるまで,固定したままである。	2) 課業は相互作用によって常に調整され,再規定される。
3) 限定された役割（権利,義務,技術的方法）が与えられる。	3) 包括的な役割（限定された役割規定を越えた課業達成のための）が与えられる。
4) コントロール,権限,および,コミュニケーションの構造は階層的である。	4) コントロール,権限,および,コミュニケーションの構造はネットワークである。
5) コミュニケーションは基本的には垂直的であり,上位者と部下との間で行われる。	5) コミュニケーションは垂直的かつ水平的で,必要なところと行われる。
6) コミュニケーションは基本的には命令の形をとる。	6) コミュニケーションは情報の形で行われる。

出所）Hellriegel and Slocum (1989), p.391, Table 11.1.

の類似性に注目すると，バーンズ＝ストーカー（Burns and Stalker, 1961, Excerpted: p.103）によって提示された二つの理念型に整理できる。それは機械的管理システム（mechanistic management systems）と有機的管理システム（organic management systems）である。図表5-12はその特徴を示している。機械的システムは安定的な環境の下で妥当性が高く，有機的システムは技術や市場が急激に変化する環境において有効である。環境変化が激しく，成員も自律を望んでいる現在では，有機的システムが一般に支持されているが，機械的システムも広く存在している。巨大企業ではこの両者が含まれている。

9. 結

本章では，古典的組織論を中心に検討した。管理者は経営目的を達成するための合理的な仕組みとして管理組織を設計しなければならない。その基準として組織原則が検討されてきた。専門化の原則，分業の原則，管理範囲の原則，命令一元性の原則，責任権限対応の原則，階層化の原則が代表的である。しかし，個々の企業にとっては，環境要因が異なるため，組織原則を単純に適応するのみでは，組織は有効性を持ち得ない。

組織に影響を与える内部環境要因としては組織の規模，成員のパーソナリティ，環境の知覚度などが，外部環境要因としては地理的分散，顧客の力，環境の激変性などがある。環境が安定的な場合には機械的組織が，環境が流動的な場合には有機的組織が有効的である。

・・・・・・・・・・・・・・・・・・・・・・・・・・・・・・ 注 ・・・・・・・・・・・・・・・・・・・・・・・・・・・・・・

1） ミンツバーグは，企業家組織，機械的組織，多角的組織，専門職業的組織，革新的組織，伝導的組織，政治的組織の7つのコンフィギュレーション（モデル）をあげ，詳論している（Myntzberg, 1989）。
2） この集団では4つの情感が作用していた。「(1) 仕事に精を出しすぎてはならない。さもなければ，その人間は，〈がっつき〉だ。(2) 仕事を怠けすぎてはならない。さもなければ，彼は〈さぼり屋〉だ。(3) 仲間の誰かが迷惑するようなことを上長にしゃべってはならない。さもなければ，彼は〈つげぐち野

郎〉だ。(4) あまり他人におせっかいをしてはならない。つまりたとえ検査工であっても，検査工ぶってはならない。みんなから容認された集団員であるためには，その人は集団の基準に従わなければならない。例えば，集団員の一人が一日の作業量として適当とされている集団の基準以上に働くと，彼を集団の基準に服従させるような社会的圧力が加わる。」(Roethlisberger, pp.22-23; 邦訳，26-27 ページ)。

3) 社会的技能とは「一緒に行う仕事に気心の合った形で参加できるように，他人からのコミュニケーションを理解でき，かつ，他人の態度や意見に反応できる能力」である (Mayo, 1949, p.12)。

4) メイヨーやレスリスバーガーのこの研究は「人間関係論」(human relations) とよばれる (河野，1969b，306-308 ページ)。また，この研究を基礎にした「人間関係管理」は，管理者に情感の論理に基づく管理を要請し，多くの人間関係施策を提示した。人間関係施策としては，従業員の不均衡の診断のために「従業員態度調査」が，その治療のために「提案制度」「従業員カウンセリング」が重視された (河野，1969a，305-306 ページ)。Davis (1957), Pigors and Myers (1969) 等を参照。なお，進藤 (第9章) では，人間関係管理の成立期の労務管理論が検討されている。

5) 「組織特性のプロフィール」(調査票) は，Likert (1961) では Table 14-1 に，Likert (1967) では Appendix II に示されている。後者では，リーダーシップ過程が追加され，また，回答に際しての先入観を排除するためにシステム1～4の分類基準が削除されている。

6) この四つのシステムは，状況を簡略化するために，一つの連続体のうちの典型的な四点を選んだに過ぎない。実際には，これらのシステムは相互に混合しており，また，多くの中間形態が存在する (Likert, 1961, p.234)。

7) システム1は人間の経済的欲求に基づいている。この仮説が作られた時点では正しかったとしても，今日では組織論の基本仮説としては不十分である (Likert, 1967, p.159)。

8) 集団中心的リーダーシップないし従業員中心的リーダーシップについては，第7章を参照のこと。

第6章 組織維持機能

1. 序

　管理者の機能は，管理過程論においては，計画設定，組織化，指導および統制とされるのが一般的であるが，この場合，組織化機能には組織をめぐる諸問題の解決機能が含められることになる。例えば，クーンツ＝オドンネル（Koontz & O'Donnell, 1972）やニューマン（Newman, 1963）においては，部門化，権限委譲，管理範囲等を中心課題として組織設計の原則を明らかにし，そして組織設計の結果としての組織構造の適切さを問題とする。したがって，この組織化機能は，動態的な側面を含んでいる（小野，1978，160ページ）とはいえ，実質的には「組織設計」（organization design）機能といえる。

　しかし，組織は設計されればそれで終わるものではない。当初は最適なものとして設計された組織も時の経過や状況の変化によって不満足なものとなるのはやむを得ない。したがって，組織を常に条件の変化に対応して適切なものにしていくことが管理者の重要な機能といえるであろう。その意味で「組織維持」機能は組織設計機能を補完する表裏一体のものであり，したがって，この両機能により組織化機能は構成されることになるといえる。

　しかしながら，組織維持の機能を直接に取り上げているものは残念ながらきわめてまれである（Mintzberg, 1973, p.84）が，これを最初に取り上げたのはバーナード（Barnard, 1938；占部，1974，102ページ）であろう。彼によれば，成員の組織への貢献と組織による成員への誘因とを均衡させることによって組織

維持をはかるのが管理者の機能である(第2章を参照)。また,人間関係論においては,公式組織と非公式組織との間の社会的均衡による組織維持(Roethlisberger, 1941)が重視され(第7章を参照),さらに,コンティンジェンシー理論においては環境対応による組織維持(Lawrence and Lorsch, 1969)が重要な課題となっている(第8章を参照)。われわれもまた組織維持機能を主要な管理機能の一つと考えるのである。本章ではシステムの均衡維持を図る管理者の組織維持機能の内容を明らかにしよう。

2. 力動的均衡の維持

　管理者の機能としてシステムの力動的な均衡の維持を強調しているのはセイルズ(Sayles, 1964)である。彼によれば,現代の経営のような巨大な複合組織における管理者行動は,組織が単純であった過去と比べるまでもなく,きわめて複雑である。「組織は連続する仕事のネットワークのシステムないしパターン(networks or patterns of sequential work operations)である」(p.22)[1]。換言すれば,組織は「ワークフローのシステムないし過程」(a work flow system or process)である。つまり,仕事のネットワークとしての組織はそれ自体一つのシステムをなしている。しかも,それは複数の下位システムから構成されている。この一下位システムが管理者の管理領域(jurisdiction)ないし管理単位(a managerial unit)をなしている。したがって,管理者はこの自己の管理単位の内と外で相互作用ないし接触を行う。管理者は仕事のネットワークの相互作用面(interface)に立つものである。それゆえ,われわれは管理者の行動過程を力動的なものとして理解しなければならない。力動的な管理者の職務の一つとして,われわれは「ワークフローにおける連続するパターンを調整し統合し維持すること」(to coordinate, to integrate, to maintain sequenital patterns in the work flow)(p.24),「仕事のシステムを安定化させること」(stabilizing work systems)(p.47),「組織を維持すること」(holding the organization together)(p.47)をあげることが出来る[2]。

ところが，古典的管理論ないし伝統的理論においては，管理者行動はリーダーシップの側面から上位者－下位者関係（superior-subordinate relationship）として理解された（p.51）。すなわち，伝統的な管理や人間関係の理論は，リーダーシップ論として，管理者＝リーダーと彼の直接の部下＝フォロアーとの関係に注意を集中した。管理者は明確に割り当てられた職務を持ち，この職務を遂行する責任があり，そのために責任に対応する権限を上位者から委譲される。そして，彼は自分に課せられた責任を果すために，自分の部下に仕事を割り当て，命令を発する。すなわち，管理者は命令を発しかつ受ける者（an order giver and receiver）である。

　彼は，① 自分に割り当てられた責任の一部をさらに下位者に委譲して，下位者に仕事を指示し，そして② 下位者の遂行した結果が適切であるか否かをチェックし，さらに③ これを自己の上位者に報告する。つまり，管理者は主要な意思決定を行い，計画を立て，下位者を動機づけることに自分の時間を費やすことになる。この場合，管理者の責任と権限は等しいから，問題が発生するとすれば，それは気まぐれな下位者（wayward subordinates）のためか，あるいは，コミュニケーションの欠陥（breakdown in communication）のためのみである。すなわち，下位者が管理者の指示を無視したり，誤解するかも知れないし，あるいは，彼の指示がコミュニケーションの途中で歪曲されたり，失われたりするかも知れないし，コミュニケーションに時間がかかりすぎるかも知れない。管理者はこのような下位者の非合理な活動やコミュニケーションの欠陥を排除するように注意すれば良いのである（pp.24-26, 143, 257-258）。

　したがって，伝統的理論における管理者行動は次のように要約されるであろう（pp.41-42）。

① 管理者はただ一人の上位者から命令を受ける。
② 管理者は自分の下位者を監督しあるいは動機づけるために自分の時間とエネルギーの大部分を費す。
③ 管理者は結果によって管理する。
④ 管理者は責任に対応する権限を持って行動する。

⑤ 意志決定や計画は個別的な事象である。

　しかし，現代の複合組織における管理者行動はこれにつきるものではない。複合組織における管理者行動には，このようなリーダーシップ[3]としての上下関係に加えて，それとは識別される複雑な水平の関係（horizontal relations）ないし横の関係（lateral relations）が考慮されなければならない。これは管理者と管理者との関係である。セイルズはかかる視点から管理者を外部ワークフローへの参加者（a participant in external work flows）として理解する（p.49）。管理者は彼の直接の上位者および下位者と相互作用を行うだけでなく，（ほぼ）同位の他の管理者と相互作用を行う。この管理者相互間の行動様式は，行動的には，単純なものではなくて，種々のパターンに分けられるが，セイルズは次の七種の行動関係に分類している（pp.49-51, 58-111）。

① 外部ワークフロー関係（external work flow relationships）：組織全体のワークフローのなかに位置する管理者が，ワークフローの前段階および後段階の管理者と相互作用を行う関係。

② トレード関係（trading relationships）：将来の諸関係を規定するために，自己の管理単位に属している財・用役・人間を，組織の他の部分へ「売る」あるいは他の管理単位から財・用役・人間を「買う」関係。

③ サービス関係（service relationships）：サービスや援助を与える管理者とこれを受ける管理者との接触。

④ アドバイス関係（advisory relationships）：助力・助言を与えるまたは受ける目的で行われる接触。

⑤ オーディティング関係（auditing relationships）：組織の他の管理単位の仕事や活動を評価しようとする接触およびこれに反応する接触。

⑥ スタビリゼイション関係（stabilization relationships）：他の管理者の意思決定を制約しようとする接触および自己の意思決定を制約される接触。

⑦ イノベーション関係（innovation relationships）：ワークフローとは無関係ないわば外的な援護関係。

以上において，管理者はリーダーシップ機能を果たすとともに，水平関係に

おいて行動することが明らかとなった。管理者は自己の管理単位の内部ワークフロー（internal work flows）におけるリーダーであるとともに，諸管理単位を関係づける外部ワークフロー（external work flows）への参加者である。したがって，管理者の機能は，「システムの維持・安定」であるが，このことは，さらに具体的には，管理者が「内部および外部のワークフローを維持・安定させること」であると解することが出来るであろう。「管理者の主要な目的はワークフローの常軌化を図り，それを維持すること（development and maintenance of work-flow routines）である」（p.161）。換言すれば，管理者の機能は「自己の管理領域における仕事の諸関係を維持することおよび自己と他の管理者との間の仕事の諸関係を維持すること（to maintain work relationships within his own area and between himself and other managers）」（p.158）にほかならないのである。

　ところで，管理者がかかる機能を遂行するためには，さらに彼はモニター（a monitor）として第三の機能を果たさなければならない（pp.53-54, 157ff.）。組織活動がすぐれた成果を得るためには，内部ワークフローおよび外部ワークフローは正しく維持されなければならない。したがって，「システムが順調に規則正しく機能していないところでは，管理者がそれを修正するために介入することは彼の義務である」（p.157）。モニター行動（monitoring）とは「管理者の介入がいつ必要であるか否かを決定するために，管理者が組織を評価する方式」（p.156）である。良い管理とは常軌的な問題の解決のみを続けることではない。モニター行動は常軌的な活動によっては解決され得ない問題を検出しなければならない。リーダーとしておよび外部関係への参加者として機能するためには，管理者は自己の管理単位の内部ワークフローおよび諸管理単位・下位システム相互間の外部ワークフローがいかなる状態にあるかを評価し，そして，彼の介入を必要とする緊張状態（stresses and strains）が発生しているか否かを知ることが必要である[4]。そして，もしシステムの緊張状態が検出されれば，管理者は，システムを安定化させるために，自分が過去に行った意思決定を再検討し，新しい意思決定を行わなければならない（p.160）。

　しかるに，伝統的理論においては，システムは常に安定したものと考えら

れ，システムの変化・攪乱は考えられもしない。例えばほとんどの職務記述書は，組織は計画されたように機能するという根拠のない仮定に基づいて作られている (p.181)。それゆえ，二人の管理者の行動の間に混乱 (disturbances) や不一致 (imcompatibilities) が生じた場合には，「法的な」解決手段がとられる。すなわち，共通の上位の権限者 (a common higher authority) に解決が委ねられる (p.187)。それゆえ，仕事のシステムにはなんらの変化も発生しない。まさにシステムは安定しているのである。つまり，伝統的理論で考えられている仕事のシステムは「静態的なシステム」(a static system) にすぎないのであり，安定とは「静態的な均衡」(statical equilibrium) にほかならない。

　だが，われわれはシステムとその均衡とをこのように静態的に理解することは非現実的であるといわざるを得ない。換言すれば，安定と変化，均衡と不均衡とはしばしば，特に伝統的理論においては，相反することがらであると解されている。そして，安定・均衡が理想として追求される。しかし，現実にはこの両者は相互に関連し，相互に依存するものである。したがって，かかる静態的な均衡は「決して達成され得ない理想」(a never-to-be-attained ideal) にすぎないのである (p.162)。

　現実には，管理者はたえず内的および外的な歪や攪乱要因に直面している。換言すれば，管理者は常になんらかの圧力 (pressures) にさらされている。自己の管理単位たる集団のなかで，あるいは，他の集団のなかで，あるいは，組織の外でさえ，変化が生じれば，管理者の反応を要求する圧力が発生する。その結果，管理者は新しい事態に対処し，適応 (adjustment) するための行動を行わざるを得ない。すなわち，管理者は自己の管理単位の下位者間の，あるいは，他の部門の，あるいは，外部ワークフローにおける種々の変化を検出し，そしてそれを解決するために自己の行動を修正して，従来とは異なる活動を行わなければならないのである。

　しかも，ある管理者のこのような行動の変化は他の管理者の既存の行動と矛盾するようになるかも知れないが，その場合にはさらに相互の新しい行動様式によってこれを解決しなければならない。あるいはまた，攪乱要因を除去する

ために，管理者は新しい方式や人間を導入することが必要となることもあろう。すなわち，「管理者の管理様式は不断に変化している」(p.126. 傍点は筆者)のである。管理者は状況に対応するために自分の行動を常に適切なものに変化しなければならない。しかも，管理者はシステムの相互作用面で行動するから，管理者行動の変化はシステム全体に変化を及ぼすのである。

ところで，いま，内部および外部の攪乱を一応管理者行動の変化の原因であると考えてきた。ところが，かかる歪はシステムの変化そのものである。それゆえ，システムの変化が管理者の行動様式の変化を引き起す要因であるとともに，逆に，管理者行動の変化がシステムの変化の起因であることを，われわれは理解することが出来る。つまり，「管理者は（システムの）構造的変化 (structural change) を導くように努める」と同時に，「かかる構造的変化は相互作用面において相互作用する自己と相手の新しい行動様式を要求する」(p.257) のである。かくして，管理者行動の変化とシステムの変化とは相互依存的である。

さて，このような管理者行動の変化とシステムの変化とは相互に影響し合うが，結局は管理者の組織維持行動によってシステムは新しい安定 (new stabilization)，再安定 (restabilization) に到達することになる。ところが，この新しい安定は一時的なものでしかないことに注意しなければならない。なぜなら，システムの内外の諸要因は常に変化しているからである。したがって，この均衡状態はすぐに崩壊して，新しい変化が発生する。すなわち，均衡と不均衡，安定と変化とは循環的な関係であり，相互に依存するものである。すなわち，「システムに安定をもたらす」ためのこの管理者の行動はかえって逆に「システムに変化を導入する」ことに，われわれは注意しなければならない[5]。したがって，管理者が常に追求しているシステムの均衡とは「力動的な均衡」(a dynamice quilibrium, a moving equilibrium)，「力動的な安定」(dynamic type of stability) である。システムの安定とは不断の再安定 (constant restabilization) にほかならない。換言すれば，システムの均衡とは「変化の過程」(the process of change) である[6]。「管理者は不断の変化 (constant change) によってのみ理

想に近づくことが出来る」(p.259)。かくして,「管理者の職務は安定とかつ変化を成し遂げること (to accomplish both stability and change) である」(p.160) というまさに逆説的なものである。

要するに,「仕事のシステムを安定化させる」ことを目的とする管理者の組織維持行動は同時に「仕事のシステムを変化させる」ものであることが明らかとなった。セイルズによれば,管理者は自己のシステムに対して可能な限り自己規制を行わなければならない。しかし,それは決して容易ではない。攪乱が発生し,そして変化が導入されることは妨ぎえないからである。管理者はある場合には短期的適応を行って十分にシステムを均衡にもどすことが出来るが,攪乱が長く持続する場合には構造的変化を導入しなければならない。管理者は自分の組織において変化と安定を均衡させることによって,組織維持を行わなければならないのである。「システムを生きている組織 (an on-going organization) として維持する能力」によって管理者は評価されるべきである (p.259)。

3. 攪乱処理者

システムの力動的な均衡維持は管理者の重要な機能であるが,こうした役割を遂行する管理者をミンツバーグ (Mintzberg, 1973) は攪乱処理者 (a disturbance handler) として特徴づけている (pp.55ff.)[7]。彼によれば,組織によって行われる戦略的意思決定は純粋に自発的で革新的な意思決定 (purely voluntary innovative decisions) と強制された反応的な意思決定 (involuntary reactive decisions) を両極とする連続線上にある。前者は,例えば販売量を拡大するために新製品を市場に出し,成功している会社の場合にみられるものであり,企業家的意思決定 (entrepreneurial decisions) とよばれる。他方,後者は,激しい競争のために存続をおびやかされている会社がそれを克服するために新製品を販売する場合にみられるものであり,攪乱処理的意思決定 (disturbance decisions) あるいは危機対応的意思決定 (crisis decisions) とよばれる。そし

て，組織は脅威をさして厳しくなく，その解決を革新的であると信じていることが一般的に多いが，この場合には前記の両極の中間のどこかにあり，問題解決的意思決定 (problem decisions) とよばれる。これらのうち，攪乱処理的意思決定の役割を荷う者が攪乱処理者 (a disturbance handler) としての管理者である[8]。

攪乱処理者としての管理者の役割は，組織が重大な予期しない攪乱に直面しあるいは脅威にさらされた時に，修正活動 (corrective action) を行い (p.93)，あるいは，変革 (change) を担当する (p.57) ことである。すなわち，彼は，自ら生ぜしめたものではない状況 (involuntary situations) に対処しあるいは部分的には自己の統括範囲を越えている変革をなしとげなければならないのである (p.82)。

組織に加えられる圧力が無視できないほど強ければ，管理者はそれを解決するための行動をせざるを得ない。予期しない出来事が攪乱を生じさせ，あるいは，あまりにも長く無視されていた問題が危機を生み出すかも知れないのである。

ミンツバーグによれば，攪乱には次の三種のタイプがある。すなわち，① 下位者間のコンフリクト (conflict between subordinates)：資源への共通の要求，パーソナリティの不一致，専門性の重複等のために生じる。② 地位重複の困難性 (exposure difficulties)：市場での競争のように一つの組織の占める地位が他の組織を排除する場合に生じる。③ 資源の枯渇 (resource losses)：必要な資源が得られない場合あるいはその恐れがある場合に生じる (pp.83-84)。

また，攪乱の原因としては，その組織が問題点に対して鈍感であったために問題が大きくなってから表面化する場合と，管理者が行った革新が予期しない結果として攪乱を生み出す場合が考えられる (p. 84, 98, 169)。

それでは管理者は攪乱処理をどのようにして行うのであろうか。組織は予期される刺激に対応して常軌的に作用する一組の専門化されたオペレーティング・プログラムを持っている。しかし，予期できない刺激が発生する。それは既存のプログラムでは明確に識別することが出来ず，したがってプログラムを

混乱させることになる。またある場合には、今まで効果的に作用していなかったプログラムで解決できることもある。このように、あらゆるタイプの刺激を処理するように設計されている一般プログラムが刺激の処理に適用される。このプログラムは刺激がどこで発生したかを明らかにするが、その刺激が経常的に発生するようになる場合には、将来の同種の刺激を処理するために新しいオペレーティング・プログラムが設計されることになる。

管理者はまさにこのようなプログラムとして行動する。下位者の間でだれも障害を処理できない場合には、管理者の助けを求めるために、管理者の所まで上申される[9]。しかも、この上申はその性質上突然になされる。攪乱は、報告のような常軌的な情報の流れからはほとんど知ることが出来ず、むしろ、特別の刺激、例えば問題が発生したときの即座の伝達によって明らかにされる。攪乱が発生したことを認識した者によって、その情報が管理者にもたらされるからである。すなわち、管理者は自分で攪乱を発見するのではなくて、他人によって認識されそして知らされることが多い。しかも、管理者は、この危機を知覚すれば、それを即時に処理しなければならない。彼は問題を短期間で解決するために、スケジュールを修正し、エネルギーの大部分を投入する。管理者は攪乱処理を他のほとんどの管理行動よりも優先させる傾向が強いのである。攪乱処理者としての組織維持行動は管理者に必須のものとして理解されているからである。

攪乱処理の役割は上層の管理者よりも下層の管理者にとって重要性が大きい。彼は主としてワークフローの維持を課題としており、仕事の大きな中断を回避する責任を負っており、まさに、攪乱処理者である。ミンツバーグによれば、ラインの生産管理者の攪乱処理者としての役割を明確にしたのはウォーカー＝ゲスト＝ターナー（Walker, Guest and Turner, 1956）のみである（p.84）。彼らは危機の重要性を強調し、ラインの生産管理者は予期しない困難の解決に多大の時間をさいていることを明らかにした。例えば、自動車工業における流れ作業組織の職長の基本的役割は、完璧に作動している高度に合理化された作業工程の中断を引起こす諸要因に最大の注意をはらうことであるとし、職長の直

面する緊急事態の原因として，次の八つを指摘している。すなわち，需要の動向，季節変動，モデル・チェンジ，製品の多種多様な部品の問題，多くの外部からの（部品の）供給者間の調整の困難性，労働移動と欠勤，在庫の迅速な処置の必要性，および組立工程の手動的性質である。

このように，ラインの生産管理者は作業問題の解決を中心課題としており，仕事の大きな中断を避け，安定したワークフローを毎日維持すること（day-to-day maintenance）を重要な課題としている（p.130, 169）。ラインの生産管理者にとって組織維持は日々の課題である [9]。

4. 結

管理者は自己の組織ないしシステムを目的達成に適切なように常に維持していくという組織維持機能を遂行していく必要がある。セイルズはこれをシステムの力動的な均衡の維持としてとらえ，また，ミンツバーグはこれをシステムレベルで取り上げるとともに，特にライン生産管理者の攪乱処理の問題として具体的に論じている。

ところで，セイルズおよびミンツバーグにおいては，このような組織維持の機能は管理者に要求される複数の諸機能のうちの一つであることに注意しなければならない。管理者にはこれらの諸機能の適切な遂行が求められることはいうまでもない。しかしながら，「管理者には基本的な管理役割のすべてを遂行することが要請されるとはいえ，彼はある特定の状況ではある特定の役割に特に注意をはらわなければならない」（Mintzberg, p.182）のである。この特定の状況の要求を満たすために，管理者は常にその状況に対応した管理行動を行わなければならない。「管理者が目指すものは，人間関係の静態的システムではない。彼は内部で発生しあるいは外部から課せられる諸圧力に適応しそして再適応（readjustment）する力動的な安定（a dynamic type of stability）を追求する」（Sayles, p.163）のである。「管理者の職務は，変化を推進する期間（periods of concentration on change）の後には変化を静める期間（periods in which the changes are consolidated) が続くと言う『変化-安定』循環 (a change-stability cycle) を反映する傾向がある」(Mintzberg, p.131)。重大な脅威が発生している期間には管理者は攪乱処理者として安定化ないし均衡維持の役割を遂行するが、逆にいったん安定期に入ると再び新たな可能性を求めて変化を推進しあるいはそのために必要な資源を補充する役割を遂行する。ミンツバーグが管理者の役割を攪乱処理による変化と安定の循環の維持に求め、また、セイルズがそれを力動的な均衡ないし安定の維持に求めたのはこうした意味からである。そして、このことは、管理行動がその時々の特定の状況への継続的適応ないし対応 (fit) を考慮しなければ、有効性および能率性を高めることが困難であることを意味しているように思われる。

・・・・・・・・・・・・・・・・・・・・・・・・・・・・・ 注 ・・・・・・・・・・・・・・・・・・・・・・・・・・・・・

1) この節での筆者名を明記していない (p.22) などは、Sayles (1964) からの引用ページまたは参照ページである。
2) このような管理者機能の理解にはバーナード (Barnard, 1938, pp.215ff.) の大きな影響がみとめられる。
3) 新しい時代のリーダーシップはセイルズによれば次の三つの行動的要素を持っている。①指揮 (direction) としてのリーダーシップ:管理者の行動と同時に下位者を反応させること。②応答 (responsiveness) としてのリーダーシップ:助力を求める部下の要請に応答すること。③代表 (representation) としてのリーダーシップ:組織の他の部門との接触において部下を代表すること。(pp.53, 142-156)。
4) モニター行動は、①管理者が参加しているワークシステムの歪の検出、②検出された歪の特徴を評価する基準の開発、③採用されるべき修正活動の様式とその結果の分析、④ワークシステムにおける歪の原因の探究および分析、⑤歪の原因を除去するための組織的ないし構造的変化の戦略要因の定式化、⑥構造の修正の実行と確認、の段階を通じて行われる (pp.53-54)。
5) 「良い管理者は症状を記録するよりもむしろその根源を除去するために構造を変化させようと努力する」(p.240)。
6) 変化の過程は一連の行動から成っている (pp.203-204)。①システムの安定性に関する組織的・技術的なチェック、②望ましい安定状態との偏差の検出、③システムを均衡に戻すための修正行動 (短期的変化)、④連続する不安定とその構造的根源をさぐる、⑤長期的な組織構造の変化を実施する管理者行動、⑥

変化を確認する行動。
7) この節において,著者名を明記していない (pp.55ff) などは,Mintzberg (1973) からの引用ページまたは参照ページである。
8) ミンツバークは,すべての管理者に共通な行動を三群に分け,さらに,十の役割を設定している (pp.55ff)。
   (1) 対人関係の役割 (interpersonal roles)
      ① 代表者 (figurehead) の役割:公的に組織を代表する。
      ② 連絡者 (liaison) の役割:利益や情報を得るために同位の管理者や組織外の人々と相互作用を行う。
      ③ 指導者 (leader) の役割:部下を動機づける。
   (2) 情報処理の役割 (informational roles)
      ① 情報収集者 (monitor) の役割:組織や環境を理解するために情報を収集する。
      ② 情報伝播者 (disseminator) の役割:自分の組織の内部に情報を流す。
      ③ 情報代弁者 (spokesman) の役割:組織の情報をその外部環境に流す。
   (3) 意思決定の役割 (decisional roles)
      ① 企業者 (entrepreneur) の役割:発展の機会を求める。
      ② 攪乱処理者 (disturbance handler) の役割:組織が脅威にさらされた時に修正活動を行う。
      ③ 資源配分者 (resource allocator) の役割:組織の活動に必要な資源を獲得し配分する。
      ④ 交渉者 (negotiator) の役割:交渉にさいして組織を代表する。
9) 管理過程論では,「例外の原則」として対応している。第5章を参照のこと。
10) なお類似の見解がスチュアート (Stewart, 1967) の障害解決者 (trouble shooter) に見出されることをミンツバークは指摘している (p.114) が,筆者は検討していない。

第7章 組織行動の管理

1. 序

　組織行動論（organizational behavior）は，組織の人間への影響および人間の組織への影響を問題にする。すなわち，なんらかの形で組織の管理に影響を与える個人および集団の行動，あるいは組織構造の結果として現れる行動を取り扱う（Applewhite, 1965, p.10）。したがって，実践的な課題は，人間の行動が組織目的の達成にどのように影響を与えるかを明らかにすることである（Duncan, 1981, p.7）。それは ① 個人行為の心理的側面も取り上げるけれども，特に ② 組織における人間行動を分析する。さらに，③ 組織構造の個人行動に対する影響を分析する。しかも，④ 個人的努力を組織目的を達成するために調整する方途を必要とする管理者のニーズにも応える（Nord, 1972, pp.xiii-xiv）。

　この管理者のニーズは，管理者の第三の仕事である指導に関わっている。計画が策定され，組織が設計されても，それだけでは成果は得られない。目的達成のための人々の組織活動が必要である。管理者は，従業員に働きかけ，行動を起こさせなければならない（モチベーション機能）。また，部下の集団を統率して，組織目的達成の方向に導かなければならない（リーダーシップ機能）。これらが指導機能（leading, directing, actuating, influencing）であり，形式的な組織を活性化させることになる。

2. 人間性仮説

　組織における人間行動についての理論には，人間性についての仮説が明示的にあるいは暗黙のうちに示されている。人間は動機の満足を求めて行動する。しかし，満足の状態にあれば，行動するのかについては，見解が分かれている。

2-1.「満足→生産性」の仮説

（1）経済人モデル・機械人モデル・合理人モデル

　古典的管理論のモデルでは，従業員は経済的刺激に対して忠実に反応し，経済的に有利な場合に，仕事に打ち込み成果を上げる人間が想定される。彼は経済的に合理的に行動する人間であり，「経済的刺激→満足→個人の業績」のダイアグラムで行動する「経済人」（the economic man）である。経済的刺激が生産性を生み出す。この考え方は従業員を単純な機械（a simple machine）とみなす「機械モデル」で管理しようとするものである（March and Simon, 1958, p.34, p.36）。管理論ないし管理実践における典型は，テイラーの差別的出来高給制度である。

　経済人モデルでは「経済的刺激→生産性」が想定される。しかし，この仮説が作り出された時点では食物や住居が不足していたので正しかったとしても，現在ではもはや妥当ではない（Likert, 1967, p.159）。また，このモデルは，従業員を単純な機械モデルによって扱うことから生じる「意図しない結果」を考慮していないという問題が残った（March and Simon, p.37）。

（2）社会人モデル・情感人モデル・満足人モデル

　新古典的管理論のモデルである。ホーソン調査では，人々は仲間集団に溶け込み，そこで認められれば，満足を得ることが出来，仕事に励むようになる人間が発見された（Roethlisberger, 1941）。この仲間集団は会社の公式組織と比べ

れば，非公式組織・インフォーマル組織（an informal organization）であり，社会的集団（a social group）である。「個人が他人の期待に応えて行動する場合には，彼の行動は社会的（social）である」（Davis, 1957, p.44）。社会的集団に帰属を求める人々は，後に社会人（a social man）とよばれた。

　管理者は，社会人に対しては，インフォーマル組織への帰属を認め，その組織と公式組織との調和を図ること（少なくともインフォーマル組織の存在を侵害しないこと）すなわち人的組織の内部均衡が重要であり，また，人間関係施策を実施することが必要である。これは管理者の社会的技能（social skill）である。社会人は，このことによって，モラール（morale）が向上し，自発的協働が維持され，その結果，生産性が高まるのである。

　社会人モデルでは，「人的組織の内部均衡／人間関係施策→満足→モラール→生産性」が想定されている。

(3) 自己実現人モデル

　第三のモデルは，マズローの自己実現人モデル，ハーズバーグの「職務満足→業績」モデルであり，「満足→生産性」の仮説は現代理論においても有力である。また，ローラなどの期待理論のモデルは，経済人モデルを拡大したものであり，いわば「打算人」モデルである。これらについては，次節で論じる。

2-2.「不満足→探求」の仮説

　マーチ＝サイモン（March and Simon, 1958）は「高い満足それ自体が，管理階層によって指示された目的に従うように，ある特定の個人を動機づけると予測する理由は，何もない」（Ibid., p.50）と「満足→生産性」の仮説を批判して，生産の意思決定についても「動機づけられた適応行動の一般モデル」（図表7-1）（Ibid., p.48）を適用する。このモデルの命題は，次のようにまとめられる。

① 人間有機体すなわち意思決定者の満足（satisfaction）が低ければ低いほど，それに対応して，彼が行う代替的プログラムの探索行動（search）は多くなる。

② 探索行動が多ければ多いほど，それに対応して，多くの報酬を期待できる。
③ 報酬の期待値 (expected value of reward) が高くなれば高くなるほど，それに対応して，高い満足が得られる。
④ 報酬の期待値が高くなれば高くなるほど，それに対応して，彼の求める希求水準 (level of aspiration) は高くなる。
⑤ 希求水準が高くなれば高くなるほど，それに対応して，満足は低下する。

このモデルでは，賃金に満足している従業員は何もしないのである。逆に，賃金に不満足な従業員は，何かを求めて代替的な行動案を探索する。例えば，第一に，彼は離職して，高い賃金の得られる職場を探す。第二に，離職はしないけれども，生産性には関心を持たず，仕事以外の何かを探求する。第三に，彼は高賃金を必要とするならば，やむを得ず管理者の指示に従い，組織の生産

図表7-1 動機づけられた適応行動の一般モデル

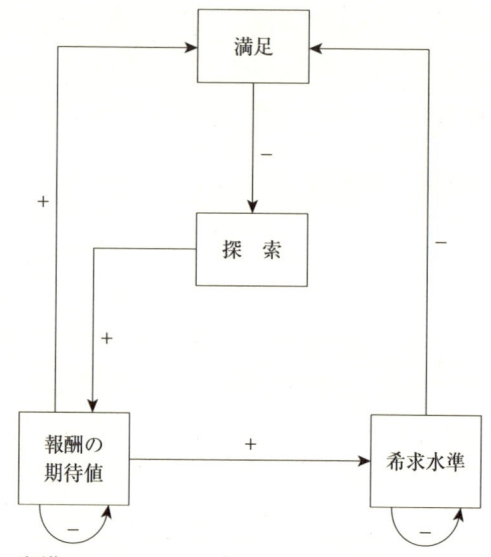

出所）March and Simon (1958), p.49, Figure 3.5.

規範を守り，生産性を高めることもある。

したがって，マーチ＝サイモンは，「高い満足度それ自体は，高い生産性を極めて正確に予測させるものでもないし，またそれが生産を促進する原因でもない。生産への動機づけは，現在のあるいは予期される不満の状態から，あるいは，個人の生産高と新しい満足の状態との間の直接の因果関係をどのように知覚するかによって，生じる」(p.51) と結論づけている。

不満足人モデルでは，生産への動機づけは，「現在の不満→探索→新しい満足」の関係をどのように知覚（期待）するかで決まるのである。しかし，新しい満足の可能性は多様であり，彼の行動を予測することはむつかしい。

3. モチベーション

3-1. 現代的なモチベーション・モデル

管理者が部下個人に働きかけて彼の仕事への意欲を高める過程が，モチベーションまたは動機づけ（motivation）である。個人のモチベーションは，図表7-2のように，欲求不満を解消しようとすることから始まる。欲求不満は不快・苦痛・不安によって生じる緊張状態を解消しようとする探索を引き起こす。一つの行為のコースが選択され，目標追求行動がとられる。業績があがれば，管理者がそれを評価する。業績評価によって，報償が与えられるかまたは処罰が課せられる。賞罰はそれを受ける従業員によって評価され，自分の欲求が充足されたかどうかが判定される。

3-2. モチベーション要因

（1）欲求階層説

個人はいろいろな欲求（needs）を持っているが，ある行為は特定の欲求によって引き起こされる。マズロー（Maslow, 1970）は，欲求を，①生理的欲求，②安定欲求（経済的欲求），③帰属欲求（社会的欲求），④尊厳欲求，⑤自己

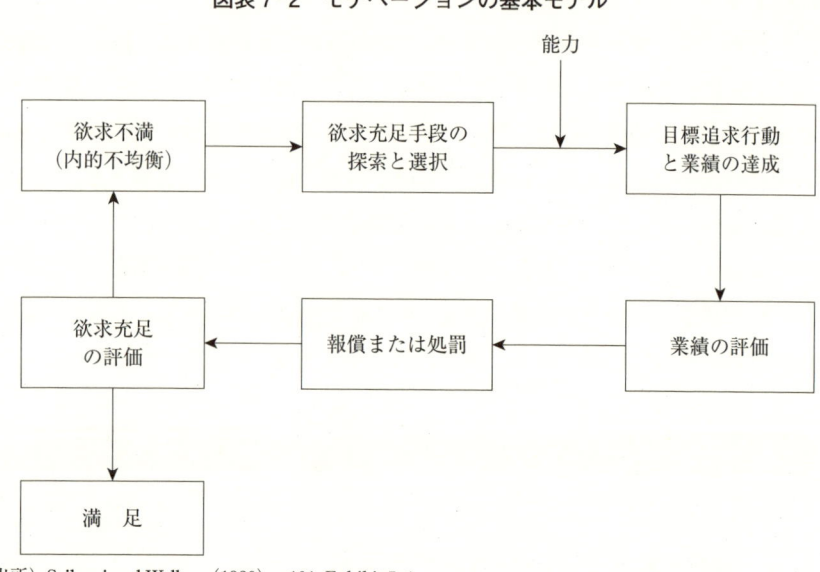

図表 7-2　モチベーションの基本モデル

```
                                        能力
                                         │
                                         ↓
┌──────────┐   ┌──────────┐   ┌──────────┐
│ 欲求不満  │──→│欲求充足手段の│──→│目標追求行動│
│(内的不均衡)│   │ 探索と選択 │   │と業績の達成│
└──────────┘   └──────────┘   └──────────┘
      ↑                                  │
      │                                  ↓
┌──────────┐   ┌──────────┐   ┌──────────┐
│ 欲求充足  │←──│報償または処罰│←──│ 業績の評価│
│ の評価   │   │          │   │          │
└──────────┘   └──────────┘   └──────────┘
      │
      ↓
┌──────────┐
│  満　足   │
└──────────┘
```

出所）Szilagyi and Wallace (1980), p.101, Exhibit 5-1.

実現欲求の5種類に分類し，欲求階層説を提示した。これらの欲求は最低次の生理的欲求から最高次の自己実現欲求まで階層をなしており，低次の欲求ほど強力である。人々はまず低次の欲求を充足させようとし，それが満たされると次により高次の欲求の充足を求める。充足されている欲求はモチベーションを引き起こす要因にはならない（ここでは「不満足→生産性」の仮説）。例えば，高い給与を得てそれに満足している人にとっては，金銭は動機づけする力を失っている。しかし，現在では，「自己実現欲求が最も重要な欲求であり，これが充足されている人間は満足人 (satisfied people) であり，彼は最高度の創造性を発揮し」(Maslow, 1943, Reprinted, p.217)，意欲的に行動する（ここでは「満足→生産性」の仮説）。これは「自己実現人」(a self-actualized person) モデルである。

　欲求階層説については，例えば，欲求階層は結局は低レベルの生存欲求とその他の第二次レベルの欲求に集約され，しかも，これらの両欲求は同時に存在

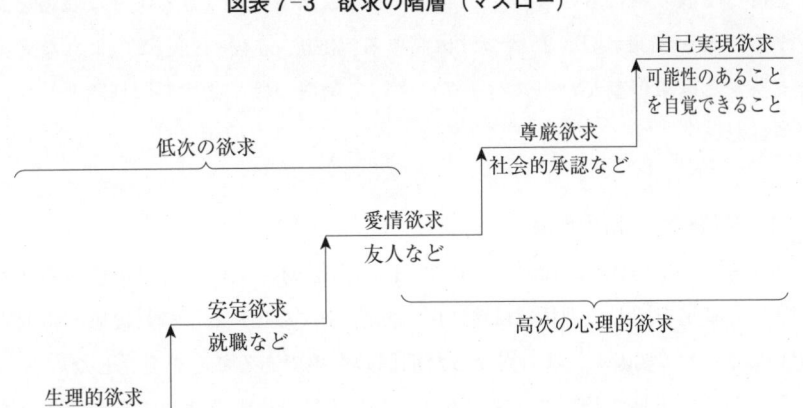

図表 7-3 欲求の階層（マズロー）

```
                                              自己実現欲求
                                              ↑可能性のあること
                                               を自覚できること
                                    尊厳欲求
                                    ↑社会的承認など
                          愛情欲求
              ┌─────低次の欲求─────┐ ↑友人など
                         安定欲求
                         ↑就職など        └─高次の心理的欲求─┘
            生理的欲求
            ↑食料など
```

出所) Dessler (1980), p.333, Figure 12-3.

している (Porter, Lawler and Hackman, 1978, p.45) など，多くの批判がある。

〔経営実践へのインプリケーション〕しかし，欲求階層説はその有効性が実証されていないけれども，多くの管理者に受け入れられている (Bobbitt, Breinholt, Doktor and McNaul, 1978, p.142)。普通の人間は生理的欲求の85％，安全欲求の70％，帰属欲求の50％，尊厳欲求の40％を充足させているが，自己実現欲求については10％を充足させているにすぎない (Gibson, Ivancevich and Donnelly, 1979, p.105)。このことは，管理者が自己実現の欲求の充足に力点をおけば，より低次の欲求の充足を図るよりも，成功の可能性が高いことを意味している（「満足→生産性」の仮説）。

(2) X理論とY理論

しかし，すべての人々が自己実現の欲求のみを追求しているのではない。マグレガー (McGregor, 1960) は，管理の理念と方法をX理論およびY理論の二つに区分した。X理論の人間性仮説では，人間は本来怠け者なので，「飴と鞭」によって動機づけることが可能であり，経済的動機の充足が有効である (Ibid., pp.33-35)。Y理論の人間性仮説では，人間は本来みずから定めた仕事には責

任を持って取り組むものなので，自己実現の欲求を充足できるような職務を設定することが出来れば，動機づけは高まる (Ibid., pp.47-48)。このような考えを支持する欲求理論がハーズバーグによって動機づけ-衛生要因理論として提唱された。

(3) 動機づけ-衛生理論

ハーズバーグ (Herzberg, 1959, 1976) は，面接調査から，人々が職務の遂行に際して満足を感じる要因（職務に良い感情を抱く要因）と不満足を感じる要因（悪い感情を抱く要因）とは，異なった別個のものであることを発見した。

人々が良い感情を抱いている要因は，「成長し，達成を通じて心理的成長を経験しうる能力に関係し，……成長を引き起こすような仕事によって刺激され」(Herzberg, 1976, 邦訳, 86ページ) る。それは，目標の達成，達成に対する評価，仕事そのもの，責任の大きさ，昇進，成長などであり，職務それ自体 (work itself) に内在し，職務内容に関連しているものである。この種の要因は，彼らに職務満足 (job satisfaction) をもたらし，生産性を高めているので，「動機づけ要因」(motivators) となる。

人々が悪い感情を抱いている要因は，会社の方針と管理方式，監督者のリーダーシップスタイル，監督者との人間関係，作業条件，賃金などであり，主として職務を取りまく環境 (environment) に関連しているものであって，職務に外在する。この種の要因はそれが充足されても，人々を動機づけることはなく，生産性を高めることはない。しかし，充足されないと，不満足が生じ，トラブルの原因となる。したがって，この要因については，「環境からの苦痛を回避する」(同書, 85ページ) ことに意味があり，不満足を防止することが重要であるので，「衛生要因」(hygiene factors) とよばれる。

動機づけ要因が職務満足の主要な原因になり，衛生要因が職務不満の主要な原因になっている。このことについて，山口 (1992) は図表7-5のように整理している。ところで，これらの二要因は二元的な関係にある（図表7-5）。「これら感情は相互に反対ではない。職務満足の反対は職務不満ではなくて，むし

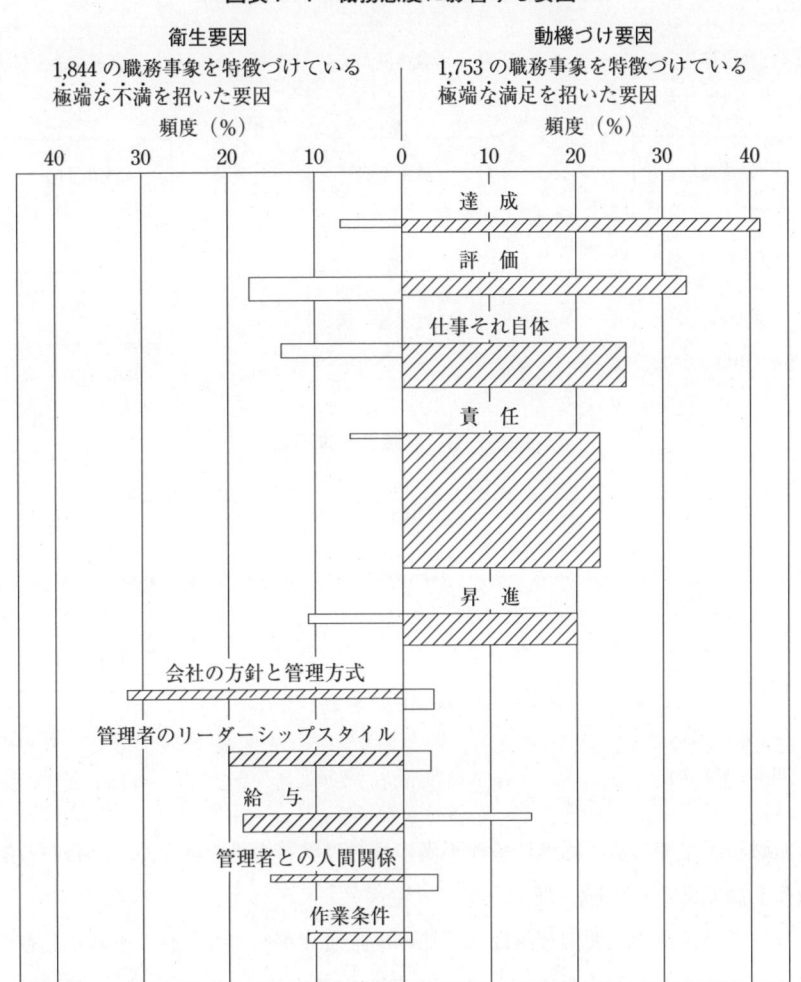

図表 7-4　職務態度に影響する要因

衛生要因
1,844 の職務事象を特徴づけている極端な不満を招いた要因
頻度（％）

動機づけ要因
1,753 の職務事象を特徴づけている極端な満足を招いた要因
頻度（％）

- 達　成
- 評　価
- 仕事それ自体
- 責　任
- 昇　進
- 会社の方針と管理方式
- 管理者のリーダーシップスタイル
- 給　与
- 管理者との人間関係
- 作業条件

出所）Herzberg, Mausner and Snyderman（1959），p.81, Figure1 を修正。

図表 7-5 職務態度の原因変数と結果変数

```
職務構造 ──────→ 職務満足 ──────→ 業績向上
                   │
                   ↓
職務環境 ──────→ 職務不満 ──────→ 業績悪化
(給与・人間              │       ╲
 関係・監督              ↓        ╲
 方式・作業       監督者・同僚      → 離職
 条件など)         に対する不満
```

出所）山口（1992），117ページ，図4-9。

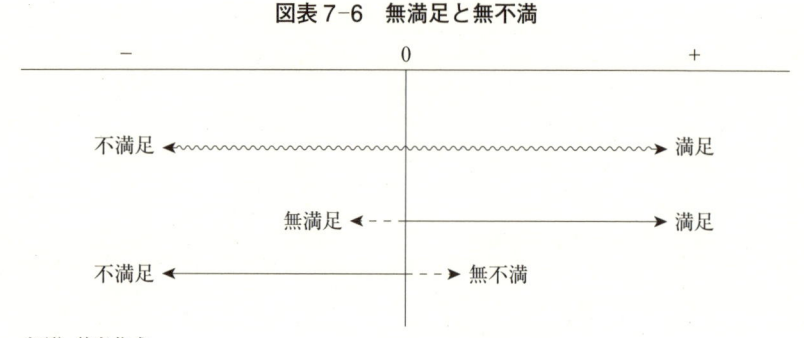

図表 7-6 無満足と無不満

```
       −              0              +
       ├──────────────┼──────────────┤
    不満足 ←～～～～～～～～～～～→ 満足

              無満足 ←---→ 満足

    不満足 ←──────────---→ 無不満
```

出所）筆者作成

ろ無職務満足である。同様に職務不満の反対は職務満足ではなくて，むしろ無職務不満である」（同書，85ページ）。

　ハーズバーグの二要因理論は，追加の実証研究が多く行われ，その正しさが確認された。しかし，他方で，多くの批判も寄せられた。例えば，「職務満足も職務不満もどちらも，職務環境に関わり，あるいは職務内容に関わり，あるいは両方に関わっている。しかも，ある要因（特に達成，責任および承認）は他の要因（特に作業条件，会社の政策，保障）よりも，満足にとっても不満足にとっても重要な要因である」（Dunnette, Campbell and Hakel, 1967, p.147）。また，この理論が追加研究によって必ずしも再現されないこと，人々の間には期待に

差異があるがこれが無視されていること，動機づけ要因はかならずしも業績にむすびつかないこと，等の批判もある（Webber, 1975, p.96）。

〔経営実践へのインプリケーション〕こうした問題点があっても，動機づけ－衛生理論は経営実践に多くのインプリケーションを与えている。管理者は動機づけ要因を積極的に充足することが重要である。また，衛生要因は少なくともゼロ水準であれば，動機づけ要因が満たされていれば動機づけを妨害することはないので，衛生要因が不充足（マイナス）になって不満足を呼び起こすことがないように配慮することが肝要である。

また，どの要因も，例えば賃金は，ある人にとっては衛生要因だが，別の人にとっては動機づけ要因になることもある点に注意する必要がある（Hodgetts, 1979, p.274）。

3-3. モチベーションの過程

人々の行動がいかにして動機づけられ，方向づけられ，継続され，また，中止されるのかは，いくつかの変数とそれらが関連する過程によって説明できる。期待理論（expectancy theory）はその一つであり，ヴルーム（Vroom, 1964）によって提唱された。動機づけは，努力（これから行おうとする行動），成果（第一段階の成果ないし第一成果としての業績，および，第二段階の成果ないし第二成果としての昇進・昇給・満足等），期待（ある水準の努力がある成果をもたらすことに関する認知された確率），誘意性（努力によって得られる成果の事前に予測された価値），および，手段性（第一成果が第二成果をもたらすことに関する主観的確率評価）によって説明される。図表7-6において，努力E（烈しい営業活動）→業績P（きわめて高い売上高）→第二成果O（昇進）の例で考えよう。

〔第1ステップ〕昇進（第二成果）がどの程度重要であるかを考え，その「誘意性」（valence）を評価するステップ。個人は第二成果に最大の関心を持っており，努力をする前に，得られる昇進が自分にとって本当に意味があるかどうかを考える。その価値が誘意性であり，行為のもたらす成果に対する個人の願望（または魅力度）の強さを反映している。誘意性が高ければ，その人は昇

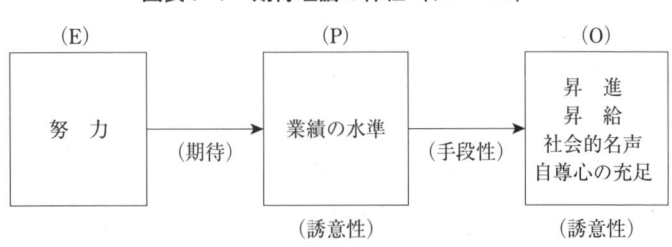

図表 7-7　期待理論の枠組（ブルーム）

```
    (E)              (P)                  (O)
  ┌─────┐         ┌─────────┐         ┌──────────┐
  │     │  (期待)  │         │ (手段性) │ 昇  進   │
  │ 努力 │ ──────→ │ 業績の水準 │ ──────→ │ 昇  給   │
  │     │         │         │         │ 社会的名声 │
  │     │         │         │         │ 自尊心の充足│
  └─────┘         └─────────┘         └──────────┘
                   (誘意性)              (誘意性)
```

出所）Gibson, Ivancevich and Donnelly (1979), p.114, Figure 5-6 を修正。

進を得るための一連の行動をしようとするだろうし，誘意性が低ければ，一連の行動をする気にはならない。

〔第2ステップ〕昇進はきわめて高い売上高（業績，第一成果）の達成によってもたらされるかどうかを考え，業績の「手段性」(instrumentality) を評価するステップ。昇進の誘意性が高ければ，それを求めようとして，その手段を考える。もし，きわめて高い売上高をあげれば昇進できると信じることができれば，その信じている度合いが主観的確率評価であり，手段性である。手段性が高ければ，きわめて高い売上高（業績）を達成しようとする。

〔第3ステップ〕きわめて高い売上高（業績）は烈しい営業活動（努力）によってもたらされるかどうかを考え，「期待」(expectancy) を評価するステップ。激しい営業活動をすることによってきわめて高い売上高を達成できると考える場合には，努力をすれば達成できるであろうという個人の信念の強さが「期待」であり，100％から0％まで幅がある。この期待が高ければ，個人は実際に烈しい営業活動（努力）を起こすことになる。

ポーター＝ローラー（Porter and Lawler, 1968）は，図表7-8のように，これをさらに発展させたモデルを展開している。「報酬として予測される価値」は「誘意性」であり，「ある努力がある報酬を生み出すと認知された確率」は「期待」であり，共に過去に経験があれば，決定し易い。この両者から「努力」が決定される。この努力は，「動機づけの強さ」と「認知された必要なエネルギー」からなり，「業績」を決定する。この業績は努力によって決まるが，同時

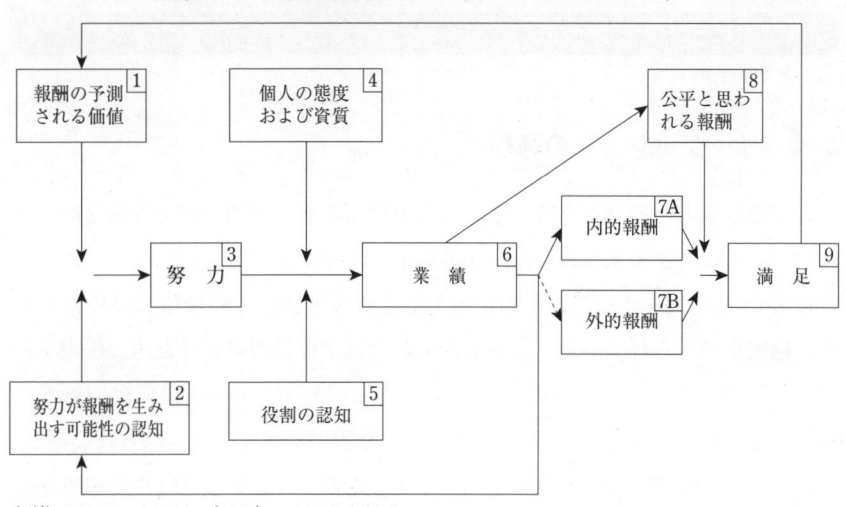

図表7-8 期待理論のモデル（ポーター＝ローラー）

```
[1 報酬の予測される価値] ──┐                [8 公平と思われる報酬]
                          ↓                        ↓
                      [3 努力] → [6 業績] → [7A 内的報酬] → [9 満足]
                          ↑                  [7B 外的報酬] ↗
[2 努力が報酬を生み出す    [4 個人の態度および資質]
  可能性の認知]           [5 役割の認知]
```

出所）Porter and Lawler（1968），p.165, Exhibit B.

に「個人の能力」と「役割認知」によって左右される。業績は，一方では認知された努力→報酬の確率を変更し，次の努力に影響を与えるとともに，他方では自己実現のような「内的報酬」と賃金のような「外的報酬」を決定する。内的報酬および外的報酬はその個人が「公平と認知している報酬」と比べられて，「満足」かどうかが決定される。満足は報酬の価値の水準を変更し，次の努力に影響を与える。

〔経営実践へのインプリケーション〕期待理論は，きわめて計算高い人間を想定した打算人モデルである。したがって，これを管理の場面に適応し，従業員を動機づけるためには，管理者は次のことに注意する必要がある。例えば，各従業員にとってどの報酬が重要であるかを知ること，どのような行動をとりどのような業績をあげることを望んでいるかを各従業員に明示すること，挑戦すべき業績の水準を確定すること，業績水準を達成すればどのような報酬が得られるかを明確に結び付けること，などである（Nadler and Lawler, 1977, pp.30-31）。

4. リーダーシップ

4-1. リーダーシップの過程

　管理者は個人の動機づけを高めることが出来ても，集団全体を目的達成の方向に向けることが出来なければ，組織目的を達成することは出来ない。ここに管理者のリーダーとしての役割が生じる。管理者は，その職位についたときに，権限を与えられている。しかし，それだけでは目的達成のために権限を効果的に行使できるとは限らない。命令に違反があれば，目的達成は困難となる。バーナード（Barnard, 1938）によれば，権限が部下に受け入れられないと，組織目的は達成されず，組織は崩壊する。したがって，管理者は権限の行使に際してそれが部下に受け入れられるような配慮をしなければならない（第6章を参照）。

　リーダーシップ（leadership）とは「目標を達成するために，集団活動に影響力を及ぼす過程」（Stogdill, 1974, p.7）であり，リーダーとは「集団において，課業指向活動を方向づけ調整する仕事を任されている個人」（Fiedler, 1967, p.8）である。

　リーダーシップの過程は図表7-8に示されている。リーダーの資質や種々の環境要因がリーダーの行動に影響を与える。この行動が状況に適合していれば（もし適合していなければ修正を試みて），部下の行動に影響を及ぼし，リーダーシップの有効性を達成することが出来る。

4-2. リーダーの資質

　有名な政治家，軍人や経営者の資質（traits）を分析し，リーダーとして成功するためには，どのような資質を持っていなければならないかが，古くから研究されてきた。しかし，成功した人たちの置かれた状況が異なっているためもあって，成功に必要な資質を完全に明らかにすることは出来ていないが，スト

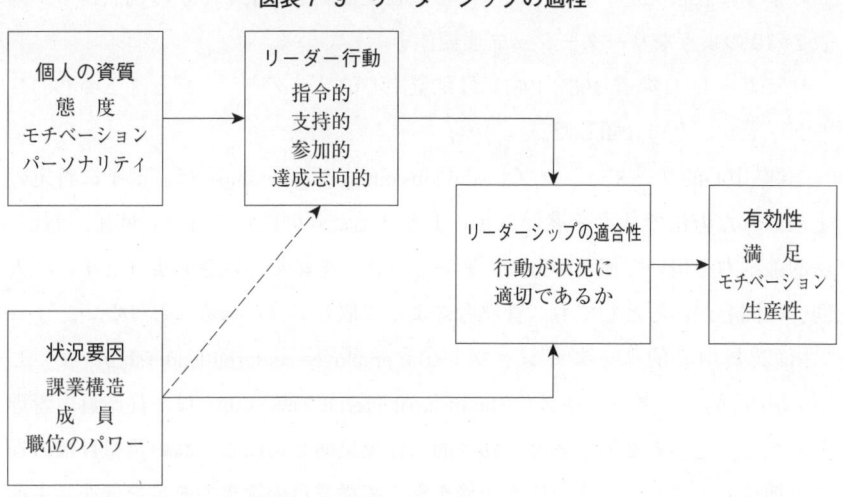

図表7-9 リーダーシップの過程

```
┌──────────────┐      ┌──────────────┐
│  個人の資質   │      │  リーダー行動 │
│   態 度      │─────▶│   指令的     │
│ モチベーション│      │   支持的     │
│ パーソナリティ│      │   参加的     │
└──────────────┘      │   達成志向的 │
                      └──────┬───────┘
                             │
              ┌──────────────▼──────┐      ┌──────────┐
              │ リーダーシップの適合性│      │  有効性  │
              │  行動が状況に        │─────▶│  満 足   │
              │  適切であるか        │      │モチベーション│
              └──────────▲──────────┘      │  生産性  │
                         │                 └──────────┘
┌──────────────┐         │
│  状況要因    │         │
│   課業構造   │─────────┘
│   成 員      │
│  職位のパワー│
└──────────────┘
```

出所）Chung and Megginson（1981），p.282, Figure 11-1.

グディル（Stogdill, 1974）は，膨大な文献を集約して，成功したリーダーがそうでないリーダーよりも多く備えていた資質を明らかにした。例えば，能力の面では，問題解決力，判断力，知性，表現力，独創性など，達成の面では，知識，運動能力など，責任の面では，独立心，独創性，自信，固執性，積極性など，参加の面では，積極性，社交性など，地位の面では，社会経済的地位などである（Tosi, Rizzo and Carroll, 1986, p.553）。

4-3. リーダーシップ・スタイル（リーダーシップ行動）

　リーダーシップが有効的であるためにはリーダーは何をすべきかという視点からは，リーダーシップ・スタイル（style of leadership）が問題になる。これはリーダーを特徴づける行動様式である。

　パワーの用い方から，古典的には，専制的，民主的，および，自由放任的リーダーシップ（White and Lippit, 1967, 邦訳, 630ページ）が区別されるが，タンネンバオムら（Tannenbaum, Weschler and Masarick, 1961）はどのリーダーシップ・スタイルが効果的であるかを決めることは困難であるので，リーダーが

どのように意思決定するか，部下にどの程度権限を委譲するかの視点から，図表7-10のようなリーダーシップ連続体を示している。

リッカート (Likert, 1961, 1967) は課業中心的リーダーシップと部下中心的リーダーシップとに分類した。

「課業中心的リーダーシップ」(the job-centered leadership) は，部下に特定の定められた方法で仕事を遂行させ，手とり足とりの監督を行う。威圧，報償，法的強制力を用いて部下の行動に影響を与え，業績をあげさせようとする。人間への関心があるとしても，管理者によって取り上げられることはない。

「従業員中心的リーダーシップ」(the employee-centered leadership) ないし「集団中心的リーダーシップ」(the group-centered leadership) は，従業員に管理者の意思決定への参加を認め，効率的な作業集団を編成して高い業績目標の達成を期待し，また，支持的作業環境を整えて従業員の欲求の充足を促進しよう

図表7-10 リーダーシップの連続体

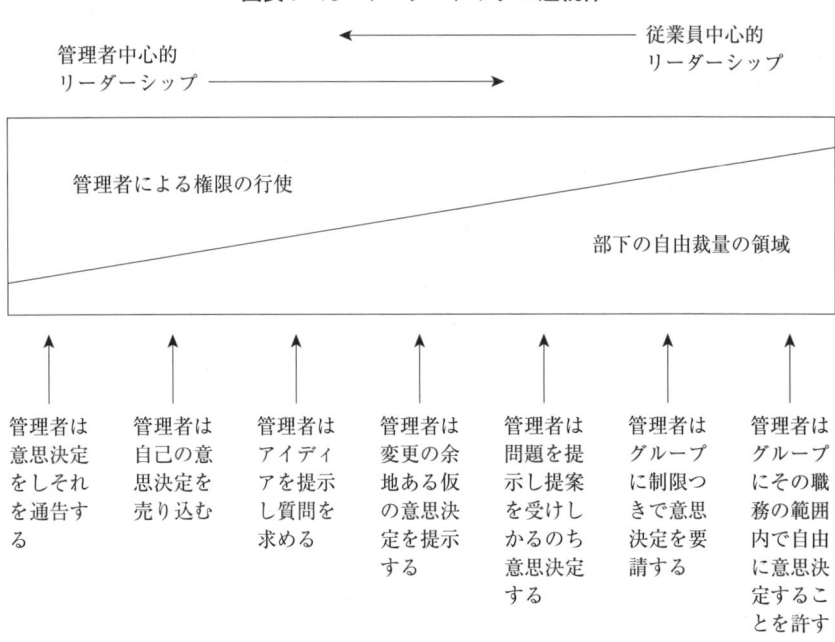

管理者中心的リーダーシップ ←――――――――→ 従業員中心的リーダーシップ

管理者による権限の行使

部下の自由裁量の領域

| 管理者は意思決定をしそれを通告する | 管理者は自己の意思決定を売り込む | 管理者はアイディアを提示し質問を求める | 管理者は変更の余地ある仮の意思決定を提示する | 管理者は問題を提示し提案を受けしかるのち意思決定する | 管理者はグループに制限つきで意思決定を要請する | 管理者はグループにその職務の範囲内で自由に意思決定することを許す |

出所) Tannenbaum, Weschler and Massarik (1961), p.69, Figure 5-1.

とする。部下の人間的成長に関心を持つ。

　リーダーシップ・スタイルは，リーダーシップの有効性に影響を与えている。生産性，欠勤率，態度，転職率は，課業中心的リーダーよりも従業員中心的リーダーのもとで良い状態になっており（第5章の図表5-11を参照），高業績をあげている作業集団の大多数では「システム4」が形成され，従業員中心的リーダーシップがとられている。リッカートは従業員中心的リーダーシップをとることを推奨している。（システム4については，第5章を参照。）

4-4. コンティンジェンシー要因

　フィードラーら（Fiedler, 1967；Fiedler, Chemers and Mahar, 1977）は，リーダーを「関係動機型リーダー」（the relation-motivated leader）（部下との関係に関心を持ち，感受性が強い。集団との良い関係を通じて仕事を遂行する。）と「課業動機型リーダー」（the task-motivated leader）（課業に対する関心が深く，仕事を組織化し，無意味な行動を排除する。集団の支持には依存しない。）とに区別したが，この二つのタイプはいずれが良いか悪いかではなく，状況との関係でその有効性が異なる。リーダーの特定の状況における制御力，影響力は次の三つの要素（リーダー－成員関係，課業構造，リーダー職位のパワー）によって決まる。

　リーダー－成員関係（leader-member relations）は，集団がリーダーに対して持っている信頼の程度，すなわち，リーダーがどれほど好まれているか，である。良好なリーダー－成員関係のもとでは，リーダーと集団との間には相互信頼があり，組織目的と個人的価値との間のコンフリクトも少なく，職務満足は高い。この場合，リーダーの制御力は高い。三つの要素の中で最も重要である。

　課業構造（task structure）は，課業（仕事）が特定化されている程度である。固定的な課業構造のもとでは，職務は明確に規定され，成員は目標やその達成方法を容易に理解できるが，自由裁量の余地はほとんどない。この場合，リーダーの制御力は高い。

　リーダー職位のパワー（position power）は，上位者から委譲された権限の強

さである。強い職位パワーのもとでは、リーダーは強力な権限を持ち、自分で資源の配分や賞罰を決定できる。この場合、リーダーの制御力は高い。ただ、三つの要素の中では重要度は最も低い。

リーダーの状況制御力は、これらの三要素の組み合わせによって決まる。この状況制御力の相違は、リーダーに異なる指向を要求する。すなわち、図表7-10のように、リーダーの指向またはリーダーの行動とリーダーの置かれた状況（の制御力）とが適合（match）した場合に、リーダーシップの有効性は高い。このことから、次の仮説が得られる。

1）弱い状況制御力は、リーダー－成員関係が険悪で、課業構造が不安定的で、職位のパワーが弱い場合に、存在する。状況制御力が弱い場合には、集団は動揺しており、また、課業の要請が理解しにくいので、課業動機型リーダーの有効性が高い。

2）強い状況制御力は、リーダー－成員関係が良好で、課業構造が固定的で、職位のパワーが強い場合に、存在する。状況制御力が強い場合には、リーダーは常に監督をしており、また、集団の業績もあがるので、課業動機型リーダー

図表7-11 リーダーシップ・スタイル、状況制御力およびリーダーシップ有効性の関係（フィードラー）

リーダーシップ有効性	低	中	高
高	課業動機型リーダー	関係動機型リーダー	課業動機型リーダー
低	関係動機型リーダー	課業動機型リーダー	関係動機型リーダー

リーダーの状況制御力

出所）Tosi, Rizzo and Carroll (1986), p.563, Figure 15-4.

の有効性が高い。

3) 中間の状況制御力は，状況の特徴が混在している場合（例えば，リーダー－成員関係は良好だが，課業構造が不安定的で，職位のパワーが弱い場合）に存在する。中間の状況制御力の場合には，成員を動機づけ，良い協働状況を作り出すためには，関係動機型リーダーのほうが有効性が高い。

5. 結

　管理者は経営目的を達成するための合理的な仕組みとして管理組織を設計しなければならない。しかし，組織が真に活性化するためには，管理者の指導機能が必要である。

　管理者は成員のモチベーションを高揚し，目的達成行動を引き出さなければならない。現代では自己実現の欲求を満たすことの重要性が指摘されている。

　さらに，管理者は個人の動機づけを高めることが出来ても，集団全体を組織目的達成の方向に向けることが出来なければ，成果は上がらない。ここにリーダーシップの重要性が理解できる。課業中心的（課業動機型）リーダーシップと従業員中心的（関係動機型）リーダーシップが代表的なスタイルである。後者が理想的であるとの見解もあるが，その有効性は状況によって左右される。

　管理者は計画策定，組織設計および統制の機能に加えて，指導機能を適切に遂行し，状況にふさわしい組織行動の管理を行い，組織の活性化に努めなければならない。

第3部

組織と環境の理論

～マクロ・パースペクティブ～

第8章 組織と環境

1. 序

　近年，経営学や組織の研究は，組織内部の活動だけでなく，組織と環境との関係に注意が向けられている。内部活動の充実だけでは十分な成果が得られない。組織の活動は，物的な環境と利用可能な資源によって制約されるからである。組織は，外部環境から人間，資本，原材料，情報などの経営資源を獲得して，自己のエネルギーとしていることが注目されたのである。マクロ組織論（macro perspective; macro approach; macro theory）とよばれる分野である。

　環境は一般環境として存在する。それが存在しているだけでは，特定の組織にとっては意味がないし，また，すべての環境がかかわるわけではない。環境のある部分が組織にはっきりとした圧力をかけたとき，組織はそれに気づき，対応する。あるいは，組織が自己の必要から，例えば新製品の販売先を求めて，環境に接近する。これがタスク環境である。

　しかし，タスク環境は組織にとっては不確実性を帯びており，とらえがたい。本章では，組織に対する環境の影響を考察する。

2. オープンシステムとしての組織

2-1. 対境関係

　山城（1954, 1961 など）は，経営体と環境との関係について「原理」としての「対境関係」を主張している。経営体は「仕事と人が一体となって活動する制度的存在としての組織体」であり，その目的は物やサービスの生産と提供のために生産性を向上させることである。この経営体は，利益の一部を内部留保して，「自らの成長・発展を期する」とともに，「利害関係を持つ社会の，いわゆる利害者集団のために」機能している。利害者集団には，株主，労働組合，政府，顧客，地域社会などがあり，それぞれ自己の利害を要求している。この関係が「対境関係」である。現実の対境関係は各利害者集団の要求によって必ずしも均整は取れていない。「すべての利害者集団の利害が調和ある均衡を保っている」状態が，対境関係の「原理」であり，経営体はその実現を目指して対境活動を行うのである（山城，1957，56-59 ページ）。

図表 8-1　対境関係（山城）

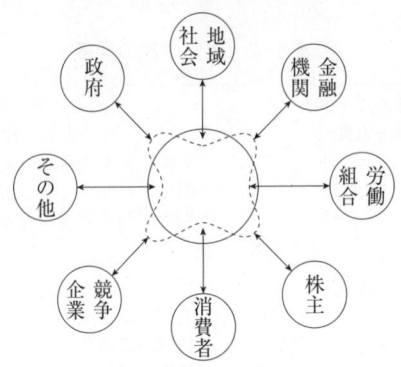

実線は原理としての対境関係
点線は実際の対境関係の例
出所）山城（1970），58 ページ，第 5 図などより作成。

組織論における「オープンシステム」や「ドメイン」，あるいは，戦略論における「業界構造」の概念の原型がここに見いだされる。

2-2. 組織観の変遷

岸田（2006）は，「クローズドシステム－オープンシステム」および「合理的モデル－自然体系モデル」という2軸を用いて，図表8-2のように，経営学説の分類を試みている。組織の概念は，一般的には，1) クローズドシステムで合理的モデル，2) クローズドシステムで自然体系モデル，3) オープンシステムで合理的モデルをへて，4) オープンシステムで自然体系モデルへと展開している。

2-3. オープンシステムとしての組織

経営体／組織体を外部環境から隔絶されたものとして，内部の管理の問題として把握すれば，それをクローズドシステムとして理解することになる。前章までは，暗黙のうちに，こうした立場をとってきたことになる。そこでは，環境あるいは環境との境界を意識していない。

しかし，現代の経営体／組織体は，複雑で多様な外部環境にさらされており，外部環境から影響を受けると同時に，外部環境にも影響を与える。したが

図表8-2　経営学説の変遷

《closed＆合理的モデル》 環境→組織→人間 人間：科学的管理論（テイラー） 組織：経営管理過程論（ファヨール） 環境：官僚制理論（ウェーバー）	《closed＆自然体系モデル》 人間→組織←環境 人間：人間関係論（レスリスバーガー） 組織：バーナード学説（バーナード） 環境：制度理論（セルズニック）
《open＆合理的モデル》 環境→組織→環境 人間：技術と組織構造（ウッドワード） 組織：課業と組織デザイン（トンプソン） 環境：課業環境と組織過程（ローレンス＆ローシュ）	《open＆自然体系モデル》 人間→組織→人間 人間：ゴミ箱的意思決定（マーチ） 組織：組織化の進化論（ワイク） 環境：資源依存理論（フェッファー）

出所）岸田（2006），12ページ，表1。

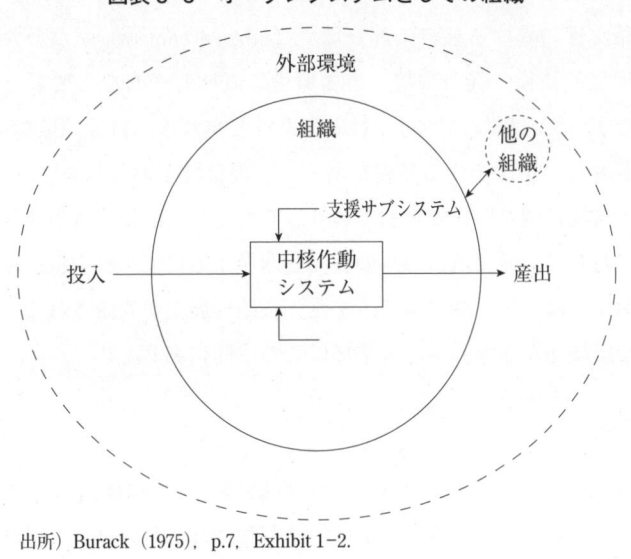

図表8-3　オープンシステムとしての組織

（図：外部環境の中に組織があり、投入→中核作動システム（支援サブシステム付）→産出の流れ、他の組織との相互作用を示す）

出所）Burack（1975），p.7，Exhibit 1-2.

って，環境と相互作用を行う組織体は，図表8-3のように，オープンシステムとして理解される。組織の管理者は環境を意識し，したがって環境との境界を意識している。

3. 環境と組織設計

　ローレンス＝ローシュ（Lawrence and Lorsch, 1969）は，実証研究をもとに「環境の属性→組織の分化と統合→組織の業績」のダイヤグラムを設定して，環境の不確定性が組織設計に影響を与えることを明らかにした。「高業績組織は環境条件に適応している」という組織のコンティンジェンシー理論・「環境対応理論」（contingency theory）を提唱した。

3-1. 部分環境

　研究所，工場および営業部を持つ職能別部門組織の企業が変動的な環境に置

かれている場合を考えてみよう。これらの3つの単位組織（subsystem）はそれぞれ不確実性の異なる独自の部分環境（subenvironment）すなわちそれぞれ科学技術環境，技術－経済環境，市場環境に直面し，異なる要求を受けている[1]。したがって，環境に適切に対応しようとすれば，自分の環境を予測し，それにふさわしい組織を作る必要がある。工場は特定の製品を生産するので，技術－経済環境は相対的に安定しており，したがって，組織は構造化されている。これに対して，研究所は将来の製品を開発するので，科学技術環境は技術－経済環境よりは不確定的であり，また，長期的展望が要請される。この場合には柔軟な組織がふさわしい。営業部はこの中間にある。

3-2. 分化

このように，環境の確定性が強ければ強いほど，組織構造はより構造化され，固定的になる。逆に，環境の不確定性が強ければ強いほど，組織構造はより柔軟になる。すなわち，異なる部分環境に置かれている各単位組織は，それぞれの環境に適切に適応しようとすれば，異なる組織構造をつくり出すことになる。

そのため，各単位組織の管理者や成員はそれぞれ独自の行動様式をとるようになり，単位組織間に指向性と組織構造の「分化」（differentiation）がみられるようになる。指向性の分化とは，「異なる職能部門の管理者の間にみられる認知的，情緒的指向性の相違」（Lawrence and Lorsch, p.11），すなわち，部分環境の特徴から，① 目標指向性（例えば，品質の向上か，コスト削減か，売上高の増大か），② 時間指向性（長期的か，短期的か），③ 対人関係指向性（仕事中心か，人間関係中心か），および，④ 組織構造の形式性（厳格な統制か，自由裁量か）に相違がみられることである。

このように，分化とは職能の分化そのものではなく，それを含んだ管理者の行動様式の相違である。環境の要求が異なれば異なるほど，単位組織間の管理者の指向性には，大きな分化がみられる[2]。

3-3. 葛藤

しかし，このことは各単位組織が異なる目標を持ち異なる行動をすることを意味するので，全体としての行動の一致が困難になる。すなわち，各単位組織間の分化が大きければ大きいほど，各単位組織間の「葛藤」は大きくなる。また，それだけ葛藤の解決は難しくなる。この葛藤が大きければ，企業全体の目標の達成が困難になる。単位組織内の葛藤解決者としては，例えば，環境が比較的に安定している工場では上位の管理者が，環境の不確実性の高い研究所では研究の担当者か直接の上司が，ふさわしい。しかし，両単位組織間の葛藤解決は，彼らの間では相当に困難である。

3-4. 統合

したがって，企業目標の達成のためには，単位組織間の葛藤の解決が必要である。そのためには，規則の適用，強制，妥協によるのではなく，問題を直視し，最良の解決を捜し求めて，相互調整する以外に適切な方法はない。葛藤の解決の担当者は，中立的な立場で解決を図る必要がある。葛藤が解決されると，分化した各部門は「統合」(integration) されることになる。統合とは，「環境の要求によって努力の統一を達成するために必要とされる各部門間の協働の状態の質」(Lawrence and Lorsch, pp.9-10) である。

このようにして，分化と統合が達成されれば，それは環境に適応した有効な組織なので，高業績が達成されることになる。部門間の統合の質が高いと，すでに分化の達成で環境に適応しているので，企業の業績は高くなる。

3-5. コンティンジェンシー理論の特徴

ローレンス＝ローシュは，環境の不確実性に適応している組織は，単位組織ごとに異なる指向性を持って分化するとともに，組織全体も統合していることを明らかにした。彼らの研究からは，次の命題が得られる。

〔命題〕分化の程度が高くてしかも統合の質が高い企業は，高業績をあげて

いる。分化の程度が低くてしかも統合の質も低い企業は，低業績に留まっている。

しかし，環境適応理論では，「環境が組織に影響を与える」ことが強調されているが，「組織が環境に影響を与える」ことが忘れられているようにみえる。環境要因特性（環境の不確実性）がさらに分析されなければならない。

4. タスク環境の多様性

4-1. 環境の階層

組織は環境のなかに存在しているが，環境全体（一般環境 generel environment）のすべてに関わっているわけではない。組織は環境のある特定部分と関わりを持つにすぎない。組織は，それがなんらかの関わりを持っている部分環境を，タスク環境（task environment）[3]として意識する。それは環境を

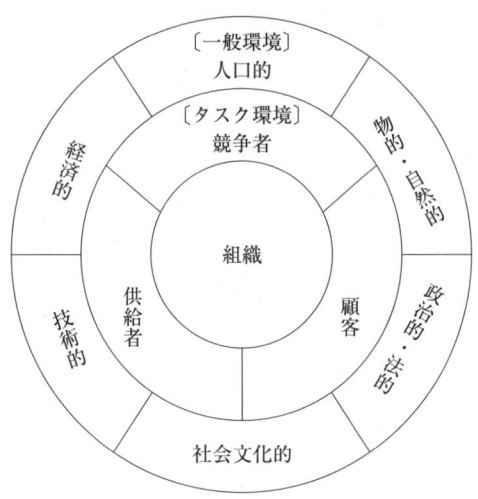

図表 8-4　組織と環境

〔一般環境〕人口的／物的・自然的／政治的・法的／社会文化的／技術的／経済的

〔タスク環境〕競争者／顧客／供給者

組織

出所）Hodgetts and Altman (1979), p.235, Figure 11-1.

選ぶことでもある。ディル（Dill, 1958）によれば，タスク環境とは，組織の「目標設定および目標達成に関連しているあるいは潜在的に関連している，環境の特定の部分」であり，それは，1)顧客（流通業者およびユーザー），2)原材料の供給業市場，労働市場，資本市場，技術市場，土地建物市場，3)販売市場および資源供給市場での競争業者，および，4)行政機関，労働組合，業界団体を含む規制組織から成り立っている。

4-2. タスク環境の特徴

タスク環境を特徴づける主要な次元は，ショダーベック＝ショダーベック＝ケファラス（Schoderbek, Schoderbek and Kefalas, 1980）によれば，不確実性，変化，および，複雑性である。しかし，論者によって，その把握の基準は微妙に異なっており，また，多様である。例えば，ロビー（Robey, 1982, p.311）は，不確実性の下位概念として，高変化率と複雑性を挙げ，さらに予測困難性を加えている。われわれは，多くの論者の所論を検討した結果，依存性（稀少性）および知覚を加えることにし，図表 8-5 に取りまとめた。

(1) タスク環境の不確実性（environmental uncertainty）

① Schderbek et al.（1980）および Duncan（1972）

環境の主要な次元の一つは，不確実性（environmental uncertainty）である。ショダーベック等は，ダンカンに基づいて，環境の不確実性の原因を，1)環境要因が特定の意思決定に与える影響に関する情報の欠如，2)環境要因が特定の意思決定単位の成功または失敗にどのように影響するかに関する確率を算出する能力の欠如，および，3)間違った意思決定や行動の結果として発生するコストに関する情報の欠如，に求めている。第一項は環境に関する「情報」の問題であり，第二項は環境と組織との間の「因果関係」の問題である。第三項は「情報」とも「因果関係」ともいえる。したがって，不確実性の指標は二つになる。

図表 8-5　環境の特徴

著者	年	①不確実性	②変化	③複雑性			④稀少性/依存性	⑤知覚/スキャニング
				範囲	数の増大/多様性	異質性		
Aldrich	1979						依存性	創造される
Child	1972	情報不足		範囲	数の増大	多様性		
Duncan	1972	決定への影響不明	動態			異質性		スキャニング
Emery and Trist	1965	◇→	変化率			◇新技術の影響	環境内正当性	
Hannan and Freeman	1989	情報利用困難						
Jukovich	1974	情報信頼性	※→ ※不安定					
Lawrence and Lorsch	1967	情報不確実 因果関係不確実						
Lawrence and Dyer	1983				情報の複雑性		稀少性	
Osborn et al.	1980		☆→ #→ #爆発性 ☆不均衡性					創造される
Osborn and Hunt	1979			リスク量		*→関係不都合性	*依存性	
Pfeffer and Salancik	1978		爆発性				依存性	
Robbins	1990	予測困難性	▽→△→ ▽高変化率		(複雑性)		稀少性	スキャニング
Robey	1986				(△複雑性)		依存性	知覚される
Schderbek et al.	1980	情報不足	因果関係不明			異質性		スキャニング
Thompson	1967	因果関係不明					*依存性	モニター
Weick	1979	因果関係欠如 *→						創造される
Zey-Ferrll	1979		変化率 変化性	不安定 不安定性				

出所）筆者作成

② Lawrence and Lorsch (1967)

ローレンス＝ローシュは，環境の不確実性を，1)情報が明確さを持っていないこと，2)因果関係が不確実であること，3)環境のどの部分が組織の成果に影響しているのかについて明確にフィードバック出来ないことの3指標で測定しようとした。管理者がこれらの要因をどのように知覚するかで，環境は異なって現れる。異なる環境は異なる組織行動を要求するのである（Schoderbek et al. による）。第一項は環境に関する「情報」の問題であり，第二項は環境と組織との間の「因果関係」の問題であり，第三項は両者に関わっている。さらに，各項は管理者の「知覚」に左右される。

③ Jukovich (1974)

不確実性の指標は，1)意思決定に必要なクリティカルな情報が獲得できないこと，2)情報の重要な部分についての信頼性に疑問があること，3)必要な情報の全体像が不確実であることである。これらの場合には，環境は非常規的であって，確定できない。ここでは，環境の不確実性の原因は「情報」の問題である。

④ Thompson (1967)

不確実性の源泉は，1)一般的な不確実性（文化においては因果関係を理解することが難しいこと），2)コンティンジェンシー性（組織活動の成果は一部は環境の諸要素の作用によって決定されるという依存性），および，3)内部構成要素の相互依存性である（pp.159-161）。第二項のコンティンジェンシー性は，他の論者も依存性ないし稀少性として論じているので，その項にまわす。第3項は内部環境の問題であり，タスク環境に基づくものではない。

⑤ Osborn, Hunt and Jauch (1980)

オズボーン等は，不確実性の原因として爆発性および不均衡性を挙げているが，それらは「変化」の内容をなしているので，その項で取り上げる。

⑥ まとめ

環境の不確実性は，因果関係の不明確性と情報の不足によって決定される。結局は，情報の正確性と因果関係の明確性に関する「確率」の問題となる。

(2) タスク環境の変化 (environmental change)

① Zey-Ferrell (1979)

環境の主要な次元の第二は,環境の「変化」(environmental change) である。その原因について,最大の 3 項目を提示しているのは,ツェイ-フェレルである。それは, 1) 変化率 (適切な環境活動における変化の頻度), 2) 変化性 (おのおのの変化に含まれる差異の程度), および, 3) 不安定性 (変化の全体的なパターンにおける不規則性の程度) である。

② Osborn, Hunt and Jauch (1980)

オズボーン等は,環境の不確実性の原因を不均衡性と爆発性に求めたが,これらはショダーベック等の分類では,「変化」の内容をなしていると考えられる (pp.184-188)。

不均衡性 (disparity) は,ある組織がいくつかの他の組織と接触することから生じる。これらの外部組織がタスク環境のコアをなしており,その数が増加して異質性が強まれば,不均衡性は増大する。関連する各組織の目標,製品とサービス,技術,組織の構造と規模,構成員が異なるからである。不均衡性は組織のリスクを増加させる。環境の不均衡性が高まるにつれて,それはタスク環境に影響を及ぼす組織の能力を減退させ,外部組織の行動を予測する能力も減退させる。不均衡性は,ツェイ-フェレルの不安定性に相応する。

また,多くの組織はタスク環境の爆発性 (volatility) に対応するのが困難なことが多い。図表 8-6 は変化の三つのタイプを示している。図(a)の場合に

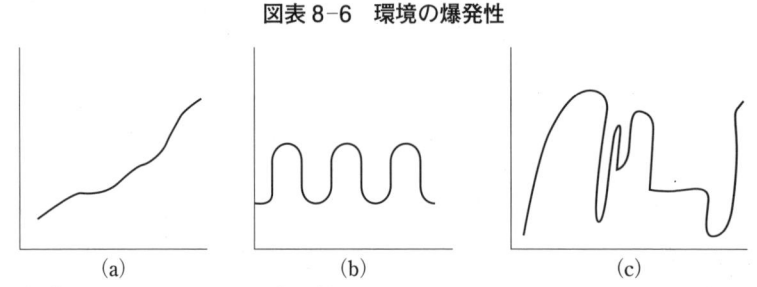

図表 8-6 環境の爆発性

(a)　(b)　(c)

出所) Osborn, Hunt and Jauch (1980), p.186, Figure 6-1.

は，変化はあるにしても，爆発性はほとんど無いので，不確実性もほとんど無い。図(b)の場合には，方向性と程度に変動はあるにしても，変化のサイクルは予測可能である。図(c)の場合には，速度，加速度および方向はランダムに現れ，一定の傾向が無い。この場合，タスク環境は爆発的である。爆発性はすべての組織にとって敵である。それは既存のコントロール・パターンを損ね，経営資源の価値を弱める。既存の専門化した組織形態や現在の製品やサービスはもはや適切でなくなるからである。爆発性は，ツェイーフェレルの不安定性に相応する。

③ Emery and Trist（1965）

エメリー＝トリストは，新技術の影響によって，環境コンテキスト（タスク環境）の変化率は絶えず増加し，その複雑性が増大する点を重視している。

④ Jukovich（1974）

ジュコヴィッチは，「安定－不安定」という次元で，1)構成要素が安定的（あまり変化しない）で，変化率も低い環境，2)構成要素が安定的（あまり変化しない）であるが，変化率は高い環境，3)構成要素が不安定的（変化する）であるが，変化率は低い環境，4)構成要素が不安定的（変化する）で，変化率も高い環境の四つのタイプに類型化している（後述）。すなわち，「安定－不安定」という次元で，「不安定」を取り上げている。

⑤ Thompson（1967）および Duncan（1972）

タスク環境の類型化にさいして，両者は共に「不安定」および「動態」を座標軸として取り上げている。

⑥ まとめ

変化の指標としては，ツェイーフェレルの 1)変化率，2)変化性，および，3)不安定性が支持されている。

(3) タスク環境の複雑性（environmental complexity）

① Osborn and Hunt（1979, p.325）

オズボーン＝ハントは，環境の複雑性を，1)組織―環境関係に含まれるリス

クの量，2)環境依存性（組織が自らの生存と成長のために環境のなかの諸要素に依存する程度），および，3)組織間関係の不都合さの程度，の3変数で定義する。第二項は多くの論者によって「依存性」の指標とされている。

② Duncan（1972, p.325）

環境の複雑性は，1)焦点環境における諸要素の数が増大する程度，および，2)それらの諸要素が相互に異質である程度の2変数で決まる。

③ Child（1972）

環境の複雑性は，1)環境の諸要素の範囲，および，2)諸要素の多様性で決まる。

④ Lawrence and Dyer（1983）

ローレンス＝ダイアは，タスク環境の類型化（図表8-11）のなかで，情報の複雑性を軸としている。なお，もう一つの軸は，資源稀少性ないし資源依存性である。

ダンカン，チャイルド，およびローレンス＝ダイアの第一項は環境の「要素数」の問題であり，第二項はエメリー＝トゥリストの「新技術の影響」を加えて，「異質性（多様性）」の問題である。

⑤ まとめ

環境の複雑性の主要な指標は，1)環境要因の数の増大，および，2)その異質性である。「関係の不都合さ」は，オズボーン＝ハント以外では取り上げられていない。

(4) タスク環境への依存性・タスク環境の稀少性
　　　（environmental dependence or rarity）

① Robbins（1990）

ロビンズは，環境の特性を不確実性として総括し，環境の稀少性を環境の直接の次元の一つとして理解している。稀少性は，彼の用語では「環境の容量（処理能力）」（capacity）である。豊富で成長している環境は，組織を相対的な稀少性から守る超過資源（excess resources）を生み出す。環境容量が稀少であ

れば，組織はそれらを奪い合い，存続できない組織が出てくる。環境の容量は組織の成長を左右する。なお，環境の次元としては，爆発性と複雑性が加えられており，この点ではショダーベック等と同一である（pp.218-220）。

② Robey（1986）

環境に内在する資源（例えば，稀少な素材，労働力，土地，資本，経営能力）が好意的であっても，他の組織と競争している場合には，それを獲得する組織の能力が必要である。したがって，環境の構成要素が稀少な場合には，それに依存せざるを得ない（pp.314-316）。

③ Lawrence and Dyer（1981）

ローレンス＝ダイアは，1)不確実性すなわち情報の複雑性（information complexity）と 2)資源稀少性すなわち資源依存性による9セルのマトリックス（図表8-11）を作成し，アメリカの産業を位置づけて，資源依存性を重視している。

④ Osborn and Hunt（1979）

オズボーン＝ハントは，環境の複雑性の指標の一つとして，環境依存性（組織が自らの生存と成長のために環境のなかの諸要素に依存する程度）を挙げている（p.325）。

⑤ Thompson（1967）

不確実性の指標の一つとして，コンティンジェンシー性（組織活動の成果は一部は環境の諸要素の作用によって決定されるという依存性）を挙げている（pp.159-161）。

⑥ Aldrich（1979, 1999）および Pfeffer and Salancik（1978）

オルドリッチおよびフェファー＝サランシックは資源依存モデルの視点から環境依存性を，中核概念としている。第10章で詳論する。

⑦ Hannan and Freeman（1989）

ハナン＝フリーマンは組織生態学の視点から環境の制約性（constraints）を，1)法的障壁，2)資金的制約，3)情報の利用可能性に関する障害，4)存在の正当性に関する制約としている。第四項は，「環境は正当性制約を課している。正

当性は環境からの資源の流入を持続させるための資産である。これは環境への依存である。」なお，第三項は，不確実性である。第一項の法的障害は可視的であり，対応可能である。第二項の資金的制約は内部環境である (pp.68-69)。

⑧ まとめ

組織にとって必要な環境の諸要素が稀少であれば，各組織はそれを求めて競合する。それを獲得できるかどうかが，企業の存続を左右する。

(5) 管理者の知覚 (a manager's perception)

① Robey (1986)

ロビーは，「不確実性は，基本的には知覚の問題である」としている。「企業内にいる管理者が強みの観点から何を見るかである。しかし，彼らの知覚は，多数の個人的なあるいは組織的なフィルターによって影響される。そのフィルターは環境のある部分を露わにするが，他の部分を隠してしまう。図表8-7は，管理者の価値観，認知の限界，および過去の経験が環境の知覚に影響を与えていることを示しているし，逆に，既存の組織構造と組織過程が環境に対する管理者の知覚を制約していることを示している」(p.313)。

② Weick (1979)

この視点を強調したのがワイクである。環境は管理者の「注意の過程」によって創造される。組織は創造された環境にのみ反応する。したがって，組織はタスク環境のすべてに反応するのではなく，その一部分に反応するにすぎないのである。

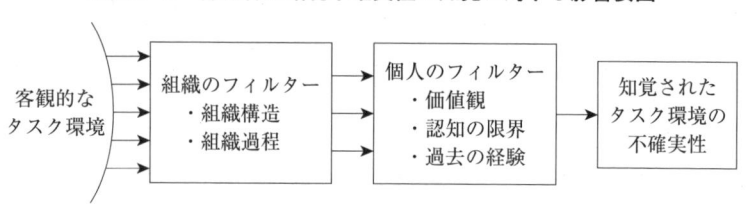

図表8-7 管理者の環境不確実性の知覚に対する影響要因

客観的なタスク環境 → 組織のフィルター（・組織構造 ・組織過程）→ 個人のフィルター（・価値観 ・認知の限界 ・過去の経験）→ 知覚されたタスク環境の不確実性

出所) Robey (1986), p313, Figure10-5.

③ Hodgetts and Altman（1979）および Robbins（1990）

これに対して，タスク環境の特性とは別に，「環境をスキャニングすること」を管理者の機能の一つとして把握している論者も多い。これは内部環境の問題である。例えば，ホジェット＝オルトマン（pp.230-233）は，管理者の知覚を，規模および従業員特性とともに，内部要因としている。ロビンズ（p.364）も，環境スキャニングは，管理者の環境管理の一環であり，組織の運営に打撃を与えるかもしれない競合企業，行政機関，労働組合などの活動を把握するために，環境を綿密に調べる必要があるとしている。

④ Porter（1960）

こうした視点を強調しているのが，経営戦略論である。ポーターは，企業とその環境との関連を把握することが競争戦略策定の出発点であるとし，環境を業界構造として理解している。

⑤ まとめ

環境スキャニング機能や資源依存モデルに代表される環境の理解は，「管理者の知覚→環境の創造→不確実性の発生→環境の制約（圧力）」のダイヤグラムとして成立している。このことは，環境の圧力の重要性と管理者が環境を読み違えることの危険性を警告しているといえよう。このことについては，第10章で検討する。

経営戦略論における環境の理解は，「環境→管理者のスキャニング→不確実性の発見→不確実性に対処」のダイヤグラムとして成立している。ここでは，管理者の不確実性に対処する活動に焦点が置かれる。経営戦略については第9章で検討する。

(6) まとめ

ショダーベック等は環境特性として，1)不確実性，2)変化，3)複雑性を挙げたが，その基準は必ずしも明確ではない。われわれはさらに 4)依存性ないし稀少性，および，5)管理者の知覚を追加して検討した。しかし，二つの問題が残っている。

第一は，不確実性についてである。「不確実性は複合組織の基本問題として現れる。したがって，不確実性の処理は管理過程の本質である。完全な不確実性やランダム性は組織や組織の目的と対立するものであるが，完全な確実性は空想の産物にすぎない。組織の合理性という規範（norms）が満たされなければ満たされないほど，確実性を獲得するための組織のエネルギーはそれだけ多く必要である」(Thompson, p.159)。すなわち，管理は環境に対する組織の適応の過程であり，環境の特性（不確実性，変化，複雑性，依存性ないし稀少性，管理者の知覚）は不確実性に帰せられる。つまり，不確実性は環境特性の一つの次元ないし構成要素ではなく，総称となっている。

　第二は，管理者の知覚の位置づけである。「管理者の知覚を環境特性に含める，すなわち，環境の構成要素とする」との理解については異論もある。管理者が「環境特性を把握する」と理解すれば，環境特性と知覚は対立する概念となる。後者では，環境の不確実性を知覚した管理者は，それに対処しなければならない。戦略論は管理者の主体的役割を強調する。このことについては，第9章で検討する。前者については資源依存モデルが代表的であるが，そこでは，管理者の役割は明確でないように見える。果たしてそうだろうか。このことについては，第10章で検討する。

4-3. タスク環境の類型

(1) 一次元モデル

① Emery and Trist (1965) のモデル

　エメリー＝トリストは，環境の変化を基準にして，環境の四つの理念型を提示している。環境の構成要素が相互作用を深めるにつれて，環境は複雑性を高め変化していくが，そのことは組織に対する環境の影響力が変わることを意味する。ボビット等（Bobbitt, Breinholt, Doctor and McNaul, 1978, p.431）が図表8-8を作成している。

　1) 穏当でランダムな環境（the placid, randomized environment）

　最も単純な環境である。図表8-8の図（a）のように，「善玉」(goods) =

図表 8-8　環境の類型（エメリー＝トリスト）

(a) 穏当でランダムな環境

(b) 穏当で密集した環境

(c) 不穏で反作用する環境

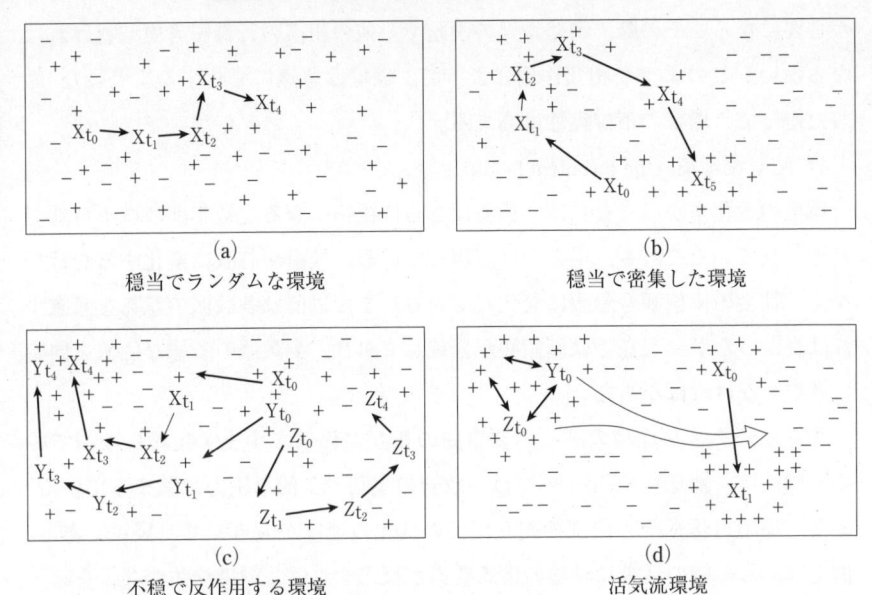

(d) 活気流環境

注：X，Y，Zは競合する組織であり，t_0地点から時間経過とともに移動する様子を示している。
出所）Bobbitt, Breinholt, Doktor and McNaul（1978），p.431, Figure 15-3.

目標（goals）と「悪玉」（bads）＝不安（noxiants）＝有害要因がランダムに配置されている。組織は試行錯誤で善玉に到達できれば，存続できる。

2）穏当で密集した環境（the placid, clustered environment）

やや複雑な環境である。善玉と悪玉は時とともにゆっくり変化するので，複雑性はそんなに高くないが，善玉と悪玉がそれぞれ密集しだすと，環境はさらに複雑になる。これは組織にとって不利な要素であり，長期的な計画を立てにくくなる。ただ，特定のローカルな状態に到達すれば，ある程度の集中処理が可能である。目標指向性，役割規定性，階層組織などが重要になる。

3）不穏で反作用する環境（the disturbed-reactive environment）

組織が環境に対してあるいは環境内の他の組織に対して影響を与えるようになる段階である。環境は善玉あるいは悪玉が密集しているが，類似の組織が相互に影響を与え合う動態的な環境となる。競争者は相互に妨害しあう。市場で

の脅威に迅速に反応するために，短期的には柔軟性が必要だが，長期的な計画が必要になる。その際，戦略策定の段階で，他の組織の行為を考慮しなければならない。このような相互作用によって，環境は急速に変化するようになり，したがって，環境の不確実性は高まる。

4) 乱気流環境 (the turbulent fieldk)

環境の変化率が高くなれば，環境はさらに複雑になる。数年前には不可能だと思われていたことも，現在では実現している。技術が急激に変化するだけでなく，社会の価値観も急激に変化している。また以前は多数派の意見を考慮すれば良かったが，現在では価値観が分裂しており，少数派の多様な価値を同時に考慮しなければならない。

さらに，タスク環境の多くの要素間の相互関係はますます複雑になっている。例えば，地球環境問題[4]では，政府の規制や公的な圧力は強まっている。また，環境自体やその内部の相互関係の変化の速度が大きくて，複雑である。例えばある組織の活動に環境の構成要素が反応すれば，環境全体が共振を起こすかもしれない。これは環境を激変させ，組織に大きな影響を与える。すなわち，環境は組織と一連の因果関係で結びつく。1)組織にとって環境の不確実性は急速に増大する。したがって，2)環境の構成要素（組織）間のおよび環境との間の相互作用は環境に混乱をもたらし，その結果，組織を予期しない大きな混乱に陥れる。したがって，3)組織の活動は妨害されるか，目的の達成が大きく損なわれる。

図(d)では，組織YとZはタスク環境の善玉下位環境（いわばニッチ）のなかで直接的に相互作用をしており（厳しい競争関係にあり），また下位環境とも相互作用をしている。その環境から経営資源やエネルギーを得ているが，環境から反作用（例えば，規制の強化）を受ける。同じ時に，別の下位環境 t_0 点にいた組織Xは，その影響を受けて，t_1 点に移動し，新しい活動を行う。

② Jukovich (1974) のモデル

ジュコヴィッチも，環境の変化を基軸にして，1)構成要素が安定的（あまり変化しない）で，変化率も低い環境，2)構成要素が安定的（あまり変化しない）

であるが，変化率は高い環境，3)構成要素が不安定的（変化する）であるが，変化率は低い環境，4)構成要素が不安定的（変化する）で，変化率も高い環境の四つのタイプに類型化して，一次元モデルを提示した。

しかし，彼は変化を「変化率が低い－高い」および「変化の要素の安定性－不安定性」の二次元で取り上げているので，実質的には二次元モデルと見なすことが出来る。

(2) 二次元モデル

① Thompson（1967）のモデル

トンプソンは，「同質の環境－異質の環境」および「安定した環境－変動する環境」を二次元にして，図表8-9のように，環境に対する組織適応を類型化した（p.72）。

タスク環境が安定的（セル1・2）から変動的（セル3・4）に移ると，組織は環境のコンティンジェンシー要因に直面するので，標準化された環境適応ルールでは対応できなくなってくる。組織は，タスク環境から手がかりをつかみ，いつ，いかに適応するかを決定しなければならない。

タスク環境がより異質的であればあるほど（セル2→セル4），組織にとって

図表8-9 環境の類型と組織の適応（トンプソン）

	同質の環境	異質の環境
安定した環境	セル1 ① 組織構造は単純である。 ② 標準化されたルールで適応する。	セル2 ① 職能部門別組織を編成する。 ② 地理的にあるいは下位に分割される。 ③ 標準化されたルールで適応する。
変動する環境	セル3 ① 職能部門別組織を編成する。 ② 分権化される。 ③ 適応を計画化する。	セル4 ① タスク環境の各部分に対応して組織を分化する。 ② 分権化される。 ③ 単位組織が環境をモニターし，適応する。

出所）Thompson（1967），p.72。なお，X軸とY軸を置き換えた。

図表 8-10　管理者によって知覚された環境の不確実性（ダンカン）

	単純な環境	複雑な環境
静態的環境	セル1 知覚された不確実性は低い ① 環境要因の数は少ない。 ② 環境要因は相互に類似している ③ 環境要因は基本的には同じであり，変化しない。	セル2 知覚された不確実性はやや低い ① 環境要因の数は多い。 ② 環境要因は相互に類似していない。 ③ 環境要因は基本的には同じである。
動態的環境	セル3 知覚された不確実性はやや高い ① 環境要因の数は少ない。 ② 環境要因は相互に類似している。 ③ 環境要因はいつも変化する。	セル4 知覚された不確実性は高い ① 環境要因の数は多い。 ② 環境要因は相互に類似していない。 ③ 環境要因はいつも変化する。

出所）Duncan（1972），p.320.

の制約条件はより大きくなる。タスク環境がより変動的であればあるほど（セル3→セル4），組織にとってのコンティンジェンシー要因はより大きくなる。したがって，環境が異質的であっても変動的であっても，組織がそれに合理的に適応しようとすれば，ローカル化された単位組織を設置して，環境をモニターし，対応を計画化する権限を与えなければならない。

② Duncan（1972）のモデル

ダンカンは，環境の複雑性を，「単純−複雑」と「静態的−動態的」との二次元にして，図表8-10のように整理した。彼の調査研究では，製造部門では，単純で静態的な環境（セル1）で事業を行っているものが多く，不確実性の知覚は少ない。研究開発部門では，複雑で動態的な環境（セル4）で事業を行っているものが多く，複雑性を多く知覚している（p.320）。

③ Lawrence and Dyer（1983）のモデル

ローレンス＝ダイアは，ロビー（Robey, pp.315-316）によれば，図表8-11のように，「不確実性（情報の複雑性）」と「資源稀少性（資源依存性）」による9セルのマトリックスを作成し，アメリカの産業を位置づけている。

例えば，鉄鋼産業は，1960年にはエリア4にいたものが，1980年にはエリア6に移動している。この期間は日本の鉄鋼産業が勃興した時期である。エリ

ア6には自動車などの成熟産業が含まれ，資源は敵対的である。これよりやや好意的な環境にいるのは，コンピュータ産業（エリア5）や電子部品産業（エリア8）である。病院（エリア4）は，政府の規制の変化が不明確である。

図表8-11　資源依存マトリックスと1980年のアメリカ産業

情報ドメイン	高	エリア1	エリア2	エリア3
競争要因			建設業	
技術要因	情報の複雑性		大学　　交通機関	手動計算機
		エリア4	エリア5	エリア6
顧客要因		病院		
		小型コンピュータ		自動車
製品要因		コンサルタント		炭鉱
			大型コンピュータ	鉄鋼
政府規制要因		エリア7	エリア8	エリア9
			電気機器	鉄道
				倉庫
	低	行政機関		ドライクリーニング
		低	経営資源の稀少性	高

資源ドメイン	原材料，人的資源，資本の利用可能性
	資源利用可能性に対する顧客要因の影響
	資源利用可能性に対する競争要因の影響
	資源利用可能性に対する政府要因の影響
	資源利用可能性に対する労働組合の影響

出所）Lawrence and Dyer (1983), cited in Robey (1986), p. 316, Figure 10-6.

(3) 三次元モデル

Robbins（1990）のモデル

ロビンズは，環境の特性を不確実性として総括し，環境の容量（処理能力），爆発性，および，複雑性の三次元で類型化している（pp.218-220）。

1）環境の容量ないし処理能力（capacity）は，多くの論者の用語では依存性ないし稀少性である。豊富で成長している環境は，組織を相対的な稀少性から守る超過資源（excess resouces）を生み出す。環境容量が稀少であれば，組織はそれらを奪い合い，存続できない組織が出てくる。環境の容量は組織の成長を左右する。

2）爆発性（volatility）は，環境の不安定性を意味している。変化が予測できない場合には，環境は動態的である。その場合には，管理者は意思決定の代替案に関する確率を予測することが困難である。

3）複雑性は，環境の諸要素が異質性（heterogeneity）を持つか密集性（concentration）を持つかで決まる。単純な環境は同質的で，密集している。複雑な環境は異質的で，分散（散乱）している。

このモデルでは，稀少的，動態的，複雑的と特徴づけられる環境において活

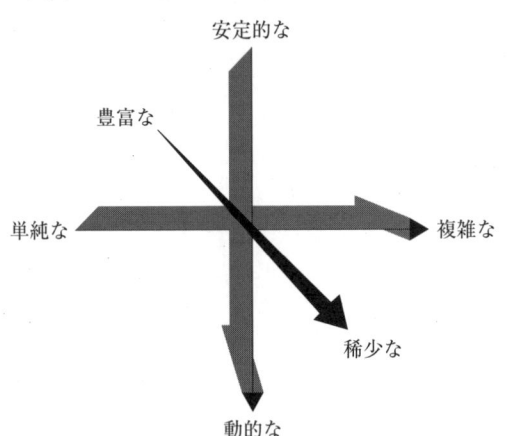

図表 8-12 環境の 3 次元モデル（ロビンズ）

出所）Robbins（1990), p. 219, Figure 8-2.

動している組織は，高度の不確実性に直面することになる。

5. 環境スキャニング

5-1. 環境スキャニング

　外部環境には無数の変数（環境要因，データ，情報などとよばれる）が存在する。しかし，組織は物理的・時間的・経済的などの理由でそのすべてに接近することは出来ないので，「接近可能な変数」に対処することになる。この接近可能な変数もそのすべてが有効なものではなく，その一部が有効な変数である。このことは，スキャニングが重要であることを示している。

　オープンシステムとしての組織では，図表8-3のように，インプットおよびアウトプットの二つのチャンネルをとおして外部環境と関連を持つ。前者がスキャニング・システムであり，「環境－組織の相互作用」システムである。ここでは，システムのパフォーマンスや環境適応がスキャニング・システムに依存している。管理者は不確実な環境についてのデータあるいは情報を探索し，不確実性を減少しようとする。

　システムの意図された状態と現実の状態との間には差異がある。スキャニング・システムはこの差異を感知し，その方向性および大きさをミスマッチ・シグナルとしてシステムに伝達する（Schoderbeck et al., p.210）。このことはシステムの環境適応のための活動に影響を与える。

　管理者は価値のある外部情報を求めて，環境をスキャンする。しかし，必要な情報が常に得られるわけではない。管理者は環境の不確実性のもとで意思決定をしなければならない。

5-2. タスク環境とドメイン

　消費者，供給者，販売者，競争者，政府機関などはタスク環境の重要な構成単位であり，これらは少なくとも組織の短期的生存に影響を与える（Osborn,

Hunt and Jauch, p.179)。逆に，組織は環境に対して要求を持っている。組織がタスク環境を明確にするということは，組織が自己の「ドメイン」(domain)を確定することである。組織がドメインを設定することは，「組織が自己の生存のために，提供する製品やサービスおよび各市場に求めるものの範囲」(Robbins, 1990, p.206)，すなわち，「事業の範囲」を定めることである。組織は自己が設定した事業の範囲すなわち生活空間の特性によって，その生き方が左右されることがあるので，ドメインの設定は重要である。

　ドメインは，組織が環境に対峙した時に，組織の方向性を明らかにするために必要である。環境が良好な場合でも，ドメインを誤認すれば，企業は衰退する。その典型的なものはアメリカの鉄道会社の事例である（榊原，1992，23-27ページ）。アメリカ鉄道会社はかつては巨大企業の代表であったが，今日ではほとんど見る影もないほどに凋落している。その原因は，市場が衰退したからではない。人の移動や物の移送の需要は増加していた。しかし，鉄道会社は自らの事業を「鉄道会社」と規定し，ドメインを限定したために，「顧客より鉄道を愛し，機関車を愛し，二本のレールを愛」するという組織文化を創ってしまった。そのため，自動車やトラックという代替輸送手段に目を向けることが出来ず，「自分の顧客を他に追いやってしまった」のである。鉄道会社が，「鉄道」（物理的定義）でなく「輸送」（機能的定義）をドメインとしていれば，輸送会社としての新たな展開が可能であった。

　ドメインは，組織あるいは事業の特徴を生み出す。アサヒビールとキリンビールは，あるいは，エプソンとキャノンのプリンター事業は，共に類似のドメインを設定しているので，同一市場できびしく競合している。パナソニックのパソコン事業は，東芝・NEC・富士通などの大手メーカーとは異なった，ビジネスマンに特化したノートパソコンというドメインを設定しており，ニッチ市場を獲得している。

　タスク環境を管理者がいつどのように知覚し，どのようなドメインを設定するかが重要である。

6. 結

　われわれは，組織理論を中心にして，「環境」とは何であり，組織にどのように影響を与えるかを検討した。

　組織が環境を意識するということは，組織がオープンシステムとして機能していることを意味する。環境は組織が「タスク環境」として意識したときに意味を持つ。

　タスク環境は，単純な環境から激動的な環境まで幅がある。激動的な環境において活動している組織は，高度の不確実性に直面する。タスク環境は，不確実性，変化，複雑性，依存性（稀少性）および管理者の知覚性という属性を持っている。包括的には不確実性としてまとめられる。

　タスク環境の不確実性は組織に圧力を加えるので，組織は大きな影響を受ける。組織のタスク環境への関わりは，スキャニングである。組織は環境を知ることが出来れば，それに対応できる。コンティンジェンシー理論は，組織が直面する部分環境が異なれば，それぞれ対応する単位組織を形成して適応することの重要性を明らかにした。

　組織がタスク環境を明確にすることは，自己のドメイン（生活空間）を設定することを意味する。ドメインの適否は，企業の盛衰を方向づけてしまうことがある。

　ところで，組織論におけるスキャニングは「知る」あるいは「探索」に重きを置いている。しかし，組織はたんに環境を知るだけでなく，環境に対して主体的な活動を行う必要がある。組織は環境に適応するための活動を行うだけでなく，積極的に「環境を管理」しようとする。しかし，組織論では，コンティンジェンシー理論にみられるように，「環境管理」の概念は弱い。

　ロビー（Robey, 1986, p.310）は，「環境→戦略→組織構造」のフレームワークにより，環境と組織との接点を戦略に求めている。われわれは次に戦略を検討しよう。

・・・・・・・・・・・・・・・・・・・・・・・・・・・・・・ 注 ・・・・・・・・・・・・・・・・・・・・・・・・・・・・・・

1) 環境の不確実性は，①情報の明確性，②因果関係の不確実性，および③フィードバックの時間幅の三次元で測定される。
2) 管理者の指向性の相違については，「その分化の程度がそれ自体組織体の業績にとって意味を持つわけではない」（田島，1997，117ページ）との批判がある。このような指向性の相違は，「環境の不確定性という表現が伝えるようなものに対応しているのではなく，各部門の特定のタスクに対応しているのだと考えられる」（同上）からである。
3) タスク環境は，特定環境（Osborn et al, 1980），焦点環境（Schderbak et al., 1980），関連環境（Bobitt et al., 1978），中間環境（Hodge and Anthony, 1988），組織セット（Evan, 1966）などともよばれる。
4) 地球環境問題は，環境管理論などにおいて個別課題として取り上げられているが，その「深刻な現状意識に基づくならば，個別課題として研究する段階から，全体的・総合的な最高経営の課題として研究する必要がある」（柿崎，2009，174ページ）。

第9章 組織の戦略

1. 序

　経営体／組織体／企業は，環境に適応することによって，組織維持を図ることを，コンティンジェンシー理論は明らかにした。しかし，このことは，自動的に達成されるのではない。企業は，環境とどのような方法で，どのような関わりを持つのかが問われなければならない。

　組織論では，組織は環境スキャニングを行ってタスク環境を切り出して，組織と環境との間の適切な関わりを構築するとされた（Hodge and Anthony, 1988, p.201）。組織論に戦略概念を取り入れた視点からは，戦略は環境と組織構造を結びつけるものであり，「環境の不確実性と資源問題を管理する過程」（Robey, 1986, pp.309-310）である。

　これに対して，戦略論では，外部環境の分析が重視される。その課題として，例えば，環境と業界の分析，組織の分析，市場と競争状況の評価，組織の成長要因の分析，国際化や新規参入の可能性の分析，戦略選択の評価，戦略の実行（Jeffs, 2008, pp.8-9）などである。これらは，業界における競争を勝ち抜くために必要である。したがって，「競争戦略とは，業界内で防衛可能な地位をつくり，5つの競争要因（競争業者，新規参入者，供給業者，買い手，代替品）にうまく対処し，企業の投資収益を大きくするための，攻撃的または防衛的アクションである」（Porter, 1980, 邦訳，55ページ）。

　これに対して，企業の内部の経営資源すなわち経営能力が戦略を左右すると

いう視点がある。戦略とは「競争優位を持続的に獲得するために，ユニークな経営資源やケイパビリティを利用する」(Jeffs, p.16) ことである。

このような定義における戦略は，バーニーによれば，「個々の状況に応用したさまざまな例」にすぎない。戦略の実行が常に不完全な情報と知識に基づいていることを理解させるためには，戦略を個々の技法ではなく「企業が考えた競争を成功させるためのセオリー」であると定義するほうがよいのである (Barney, 2002, 邦訳, 28-29 ページ)。この考え方は，山城 (1966, 41-43 ページ) の経営の「原理」に通じるものがある。われわれは，まず環境分析から検討しよう。

2. 環境の分析

企業の置かれた戦略的状況を把握するための古典的な方法に，SWOT 分析がある。これは，内部の経営資源と外部の状況がうまく適合すれば，戦略は効果的になるという前提に立って，企業の強みと弱みおよび環境の機会と脅威を分析する。適切な戦略は企業の強みと機会を大きくし，弱みと脅威を和らげることが出来る。

企業の強み (strengths) とは，「経済価値を（そして場合によっては，競争優位を）創出する，経営資源とケイパビリティ (capability)」のことである (Barney, 2002, 邦訳上, 47 ページ)。これは，顧客の欲求に満足を与えることによって，競争相手よりも優位な立場をもたらすような，企業がコントロールしているあるいは利用可能な経営資源とケイパビリティのことである (Pearce and Robinson, 2009, p.159)。例えば，小型化技術，ユーザーフレンドリーな技術対応力，ブランド力など。

企業の弱み (weeknesses) とは，「その企業の強みがもたらす経済価値の実現を困難にするような経営資源とケイパビリティ，もしくは戦略実行のために実際に用いられると，企業の価値を減じてしまうような経営資源とケイパビリティである」(Barney, 邦訳上, 48 ページ)。例えば，財務基盤の弱さ，技術力

の弱さなど。

　環境の機会（opportunities）とは，「企業がその競争上のポジションや経済的パフォーマンスを向上させるチャンス」（Barney，邦訳上，48ページ）のことであり，予測できる場合もあるが，突然現れる場合もある。例えば，製品のデジタル化，オンライン市場など。

　環境の脅威（threats）とは，「企業の外部にあって，その企業の経済的パフォーマンスを減殺する働きをする全ての個人，グループ，組織」のことである（Barney，邦訳上，49ページ）。例えば，競争相手の出店，政府による新たな規制など。

　この分析は，図表9-1のように，とるべき戦略の方向を示唆している。環境の機会に恵まれ企業に強みがある場合（セル1）には，攻撃戦略が有効である。環境に脅威があるが企業に強みがある場合（セル2）には，多角化戦略が有効である。環境の機会に恵まれていても企業に弱みがある場合（セル3）には，戦略の変更が必要である。環境に脅威があり企業にも弱みがある場合（セル4）には，防衛戦略が必要である。われわれは環境の分析から始めよう。

図表9-1　SWOT分析

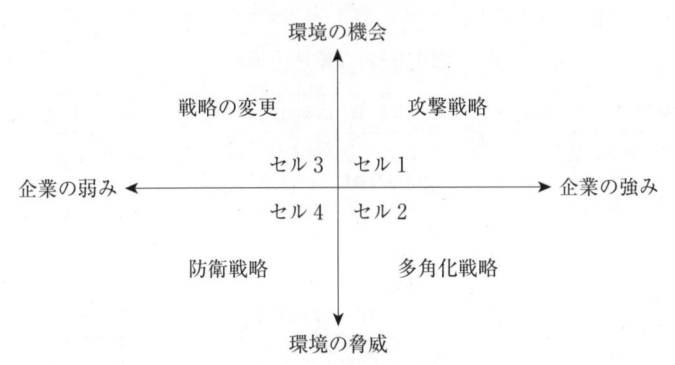

```
                    環境の機会
                       ↑
          戦略の変更        攻撃戦略
                    セル3 | セル1
  企業の弱み ←─────────────┼─────────────→ 企業の強み
                    セル4 | セル2
          防衛戦略         多角化戦略
                       ↓
                    環境の脅威
```

出所）Pearce and Robinson（2009），p. 161, Exhibit 6.2.

3. 外部環境の分析

3-1. SCP モデル

外部環境を分析する方法として，バーニーはSCPモデルを活用している。これは，「企業の置かれた環境-企業行動-企業パフォーマンス」という3要素間の関係を分析するもので，「企業の置かれた環境」は「業界構造」で代表される。

「業界構造」(structure) は，その業界に存在する競争企業の数，製品差別化の度合い，参入コスト，退出コストなどで測定される。「企業行動」(conduct) は，業界において特定の企業がとる行動であり，市場価格の変動に適応するための自社の価格の変更 (price taking)，製品差別化，談合，市場占有力などを背景とした行動である。「パフォーマンス」(performance) には2つの意味があり，個別企業のパフォーマンスと業界全体のパフォーマンスである。その理論的枠組みは，図表9-2のようになる。(Barney, 邦訳上, 116ページ)。

3-2. 脅威の分析

競争優位を獲得し維持するためには，外部環境に起因する脅威の削減が必要

図表9-2　SCP モデル

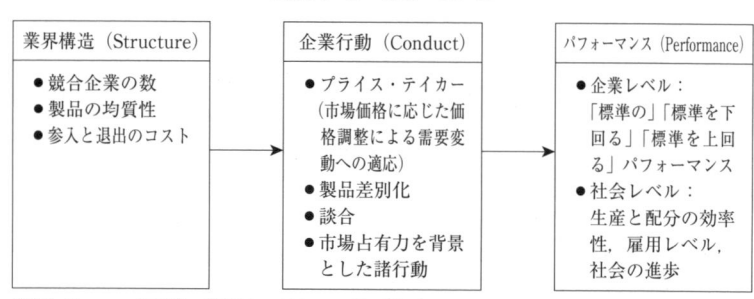

業界構造（Structure）	企業行動（Conduct）	パフォーマンス（Performance）
●競合企業の数 ●製品の均質性 ●参入と退出のコスト	●プライス・テイカー （市場価格に応じた価格調整による需要変動への適応） ●製品差別化 ●談合 ●市場占有力を背景とした諸行動	●企業レベル： 「標準の」「標準を下回る」「標準を上回る」パフォーマンス ●社会レベル： 生産と配分の効率性，雇用レベル，社会の進歩

出所) Barney (2002), 邦訳上, 116ページ, 図3-1。

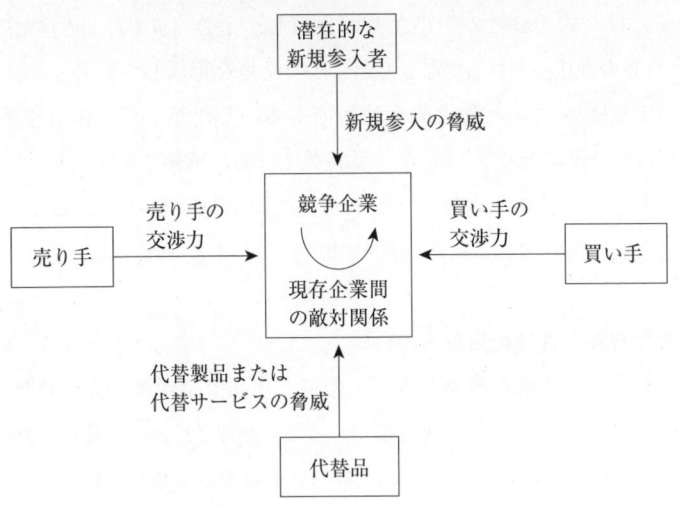

図表9-3　業界構造：利益を左右する5つの競争要因（ポーター）

```
                    ┌──────────┐
                    │ 潜在的な  │
                    │ 新規参入者 │
                    └──────────┘
                         │ 新規参入の脅威
                         ↓
┌──────┐  売り手の    ┌──────────┐   買い手の   ┌──────┐
│売り手│ ──交渉力──→ │ 競争企業  │ ←──交渉力── │買い手│
└──────┘              │   ⌒      │              └──────┘
                      │ 現存企業間│
                      │ の敵対関係│
                      └──────────┘
                         ↑ 代替製品または
                           代替サービスの脅威
                    ┌──────────┐
                    │  代替品   │
                    └──────────┘
```

出所）Porter（1985），p. 5, Figure 1-1.

である。環境の脅威とは，SCPモデルの視点では，「業界の競争レベルを上昇させ，企業のパフォーマンスを標準レベルに押し下げようとする力」（Barney，邦訳上，119ページ）である。この力が何であるかが明らかになれば，経営者は脅威を削減し無力化させる戦略を策定できる。

外部環境の脅威は，ポーターによってモデル化された。ポーターによれば，企業の利益を決定する第一の決定因子は「産業の魅力度」（industry attractiveness）である（Porter, 1985, p.4）。これはSCPモデルでは，業界構造である。ある企業が業界の標準を上回る利益を獲得できる能力を維持できれば，その産業の魅力度は高い。しかし，その能力は，図表9-3のように，業界構造の5つの属性，すなわち，5つの競争要因によって弱められる。

3-3. 手袋産業の競争要因の分析

業界構造について香川県東かがわ市の手袋産業[1]の事例で検討しよう。

(1) 既存業者間の競合の脅威

2009年には，約100社の中小企業が集積し，手袋（軍手などの作業用手袋および厚い皮革の野球のグローブなどを除く）の産地を形成している。しかも，全国シェアで90％を占める独占的な産地である。したがって，競争相手は産地内企業ということになる。しかも，製品が比較的に単純であるため，デザインなどの模倣も容易であり，先発企業にとっては脅威となっている。（なお，産地成長期においては，模倣は産地の成長要因の一つでもあった。）

(2) 潜在的参入者の新規参入の脅威

前項のように，産地内競争が厳しいので，現在では新規参入は皆無に近く，その脅威は少ない。（産地成長期までは，企業で熟練労働者に成長した者が，独立して下請企業になる事例が多くみられたが，これは産地生産力を拡充し，産地の成長要因となった。）

しかし，現在の問題点は，海外企業の日本市場への新規参入である。産地企業などが委託生産や専属工場として活用してきた海外企業あるいは独自にアメリカ市場などに進出していた海外企業が，特に量販店（第4項を参照）と直接に取引する例がみられる。これが拡大すると，いわば海外にライバル産地が生まれることになる。

(3) 代替品提供者の／代替品・代替サービスの脅威

手袋は特定の機能に限定されているため代替製品はない。しかし，温暖化傾向や自動車通勤の増加などで，手袋の需要が少なくなっており，防寒手袋にとっては環境変化が脅威となっている。（ゴルフ手袋にとっては利点である。）

(4) 供給者の交渉力の脅威

製品の供給は，海外生産（自社の海外工場，合弁工場，委託生産）に頼っており，そのコスト上昇は脅威となっている。

(5) 購入者の交渉力の脅威

　当産地は下請型産地であり，直接の購入者・発注者はブランド製品メーカー，量販店，問屋などである。現段階では，発注者の価格引き下げ圧力は強く，利益を圧迫している。一部には，海外企業に直接発注する（中抜き）こともある。発注者の戦略の変更は脅威となる。

4. 経営資源の分析

　企業の強みと弱みは，企業が所有する内部経営資源および利用可能な外部経営資源によって決定される。現在の経営戦略論は，リソース・ベースド・ビュー（resouce-based view of the firm，経営資源に基づく企業観，RBVと略称）とよばれるフレームワークに基づく研究が成果を挙げている。「1990年代に入って，戦略分析の焦点は，外部環境への対応による利益の獲得から，企業内の問題に移った。特に，企業の経営資源とケイパビリティは競争優位の主要な源泉であり，戦略策定の基盤であると見なされるようになった」（Grant, 2008, p.16）。「このフレームワークは，企業ごとに異質で，複製に多額の費用がかかるリソース（経営資源）に着目する。そして，こうした経営資源を活用することによって，企業は競争優位を獲得できると考える」（Barney，邦訳上，242ページ）という立場である。

　われわれはこのような研究を「経営資源重視型戦略モデル」ないし戦略論の「経営資源学派」[2] としてとらえることが出来る。バーニーも「リソース・ベースト・モデル（経営資源に基づく（戦略）モデル）」（Barney，邦訳上，251ページ）とよんでいる。このような研究成果は，バーニー，グラント，ピアース＝ロビンソン，トンプソン＝スティックランド＝ガムブル（Thompson, Stickland and Gamble, 2009）[3] などにまとめられている。われわれも通例にしたがってRBVとよぶことにする。

4-1. RBV の前提

(1) 経営資源の特徴
RBV は,次の2つの前提を置いている (Barney,邦訳上,242-243 ページ)。
① 経営資源の異質性 (resouce heterogeneity):「企業は生産資源の集合体 (束) であり,個別企業ごとにそれらの生産資源は異なっている」こと。
② 経営資源の固着性 (resource immobility):「経営資源のなかにその複製コストが非常に大きかったり,その供給が非弾力的なものがある」こと。

このような特徴を持つ経営資源は,1) 財務資本,2) 物的資本,3) 人的資本,4) 組織資本に区分される (Barney,邦訳上,47 ページ,243 ページ)。

(2) 経営資源とケイパビリティ
グラントは,バーニーとは視点を変えて,経営資源を,1) 有形の資源,2) 無形の資源,3) 人的資源に区分している (Grant, pp.130-134)。しかし,「経営資源はそれ自体では意味を持たない。名医の頭脳も X 線技師,麻酔医,看護師,手術用機器,超音波測定器などの経営資源と結びつかなければ,眠ったままである」(Grant, p.135)。それゆえ,グラントは経営資源とケイパビリティ (capabilities) を区別することが重要であるという。経営資源は企業が所有する「生産財」(the productive assets) であり,ケイパビリティは企業の「実行力／実行可能性」(what the firm can do) である。個々の資源は競争優位を生み出さないが,それらが結合すれば,組織ケイパビリティが創造されることになる (Grant, pp.130-131)。図表9-4は経営資源とケイパビリティと競争優位の関係を示している。「組織のケイパビリティは,望ましい成果を得るために経営資源を配備し活用する企業の能力である」(Grant, p.135)。ケイパビリティが競争優位の基盤になる。

(3) 経営資源・ケイパビリティ・コンピテンス
経営資源とケイパビリティはグラントでは区別されているが,バーニーでは

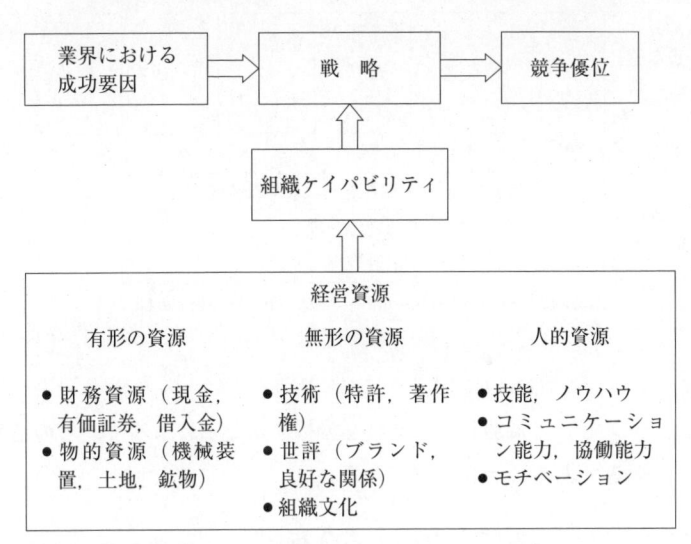

図表9-4　経営資源・ケイパビリティ・競争優位の関係

```
┌──────────┐      ┌──────┐      ┌──────┐
│業界における│ ──→ │戦  略│ ──→ │競争優位│
│成功要因  │      └──────┘      └──────┘
└──────────┘          ↑
                      │
              ┌──────────────┐
              │組織ケイパビリティ│
              └──────────────┘
                      ↑
┌─────────────────────────────────────────┐
│                経営資源                  │
│  有形の資源      無形の資源      人的資源 │
│ ●財務資源（現金, ●技術（特許, 著作 ●技能, ノウハウ│
│  有価証券, 借入金）  権）        ●コミュニケーショ│
│ ●物的資源（機械装 ●世評（ブランド,  ン能力, 協働能力│
│  置, 土地, 鉱物）   良好な関係）  ●モチベーション│
│                  ●組織文化              │
└─────────────────────────────────────────┘
```

出所）Grant（2008），p. 131, Figure 5.4.

同義語として扱われている。ほかにもコア・コンピタンス（core competence）も用いられている（Hamel and Prahalad, 1994，邦訳，134ページ）し，「経営資源やケイパビリティ」としている論述も多くみられる。本書では細部の区別には言及しないので，経営資源，ケイパビリティ，コンピタンスを同義語として扱うことにする。

経営資源やケイパビリティの内容を明らかにするには，二つの方法がある。第一は，伝統的な管理論や組織論で開発された職能分析である。第二は，ヴァリューチェーン分析であり，企業の活動を連続するチェーンとして把握するもので，戦略論の中核概念の一つである。

4-2. バリューチェーン分析

バリューチェーン分析は，ポーター（Porter, 1985）が追求した中心課題である。彼は基本的活動と支援的活動を区別した。バリューチェーンは企業のこれ

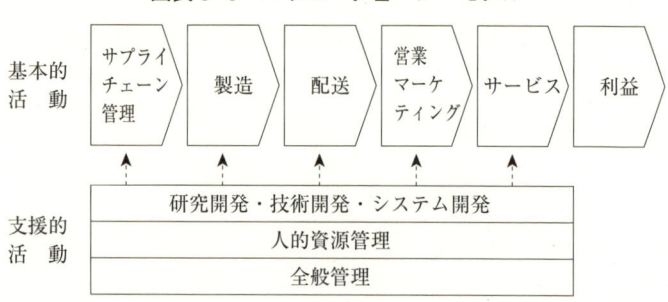

図表 9-5　バリューチェーン・モデル

| 基本的活動 | サプライチェーン管理 → 製造 → 配送 → 営業マーケティング → サービス → 利益 |
| 支援的活動 | 研究開発・技術開発・システム開発 / 人的資源管理 / 全般管理 |

出所）Thompson, Strickland and Gamble（2009), p. 118, Figure 4.3.

らの活動（および各活動に対応するケイパビリティ）を，図表9-5のように，連続するチェーンとして識別しそれぞれを分析することによって，どの活動が強みであり，弱みであるのかを判定できる。

4-3. VRIOフレームワークによる分析

VRIO 分析は，企業の強みと弱みを分析するための RBV の中核概念として，バーニーによって開発された（Barney, 邦訳上，294ページ；Jeffs, p.57)。VRIOフレームワークは，「企業が成功を期待できる方法を記述する」(Barney, 邦訳上，294ページ）ために利用される。

「ある企業の経営資源やケイパビリティが強みであるためには，企業がそれらを活用することによって外部環境における機会をうまくとらえることが出来るか，もしくは外部環境における脅威を無力化することが出来なければならない。逆に，企業が機会をとらえたり脅威を無力化することをより困難にするような経営資源やケイパビリティは，その企業の弱みである」(Barney, 邦訳上，251ページ)。

このフレームワークは，経済価値 (value)，稀少性 (rarity)，模倣困難性 (inimitability)，組織 (organization) に関する問いで構成され，それに対する答えによって，その企業の経営資源やケイパビリティが強みなのか弱みなのかを判断するのである。以下では，バーニーの主張を紹介しよう。

(1) 経済価値に関する問い

これは「その企業の保有する経営資源やケイパビリティは，その企業が外部環境における脅威や機会に適応することを可能にするか」という経済価値に対する問いである。ここでは，第3節で論じたSCPロジックに基づく外部環境の脅威と機会のモデルを利用する。

多くの企業では，この問いに関する答えは「イエス」である。例えばソニーは，超小型化エレクトロニクス製品をデザインし，製造し，販売することに関して膨大な経験（これが経営資源であり，ケイパビリティである）を有しており，それを活用して多くの市場機会をとらえた（例えば，ウォークマン）。この経済価値の問いへの答えが「ノー」の企業もある。

ある経営資源やケイパビリティに経済価値があるかどうかは，その企業がそれを保有していなかった場合と比較して（実際には，成功している他の企業と自社を比較して），企業の正味コストが減少するか，もしくは，企業の売上げが増大するか，で判定できる。

注意しなければならない点は，過去に経済価値を有していた経営資源やケイパビリティが，そのままいつまでも価値を持ち続ける保証はないということである。顧客の趣向，業界構造，技術，規制などの変化により，経済価値を失うことは常に生じている。これに直面した企業は，強みを失った経営資源やケイパビリティをまったく新しい方法で活用し直す（別の分野で活用する）か，経済価値を有するものを新たに獲得するか，で対応しなければならない。（家電メーカーでは，生活家電の大量生産方式の経験で得た経済価値が，現在では海外企業との競争激化などのため，経済価値を失い，事業の再構築が進んでいる。）

しかも，これらの経営資源やケイパビリティがおびただしい数の競合企業によって保有されている場合には，もはやどの企業にとっても競争優位の源泉にならないことに注意する必要がある。つまり，これらの経営資源やケイパビリティは，経済価値を失っているのではない。経済価値はあるが広く普及している経営資源やケイパビリティは，「競争均衡」（compettitive parity）[4]の源泉となるのであり，「企業の生存を保証する」（Barney，邦訳上，255ページ）にすぎな

い[5]。したがって，競争優位を獲得するためには，稀少性および模倣困難性に関する問いが重要になる。(Barney，邦訳上，251-254ページによる。)

(2) 稀少性に関する問い

「その経営資源を現在コントロールしているのは，ごく少数の競合企業だろうか。」「どのくらい多くの競合企業が，その特性の価値ある経営資源やケイパビリティをすでに保有しているだろうか」という問いは，重要である。ある経営資源やケイパビリティが競争優位を生み出すためには，どの程度まで稀少でなければならないのだろうか。それは状況によって異なるが，次の二つの場合がある。

1) 経営資源やケイパビリティが経済価値を持っていて，他の既存もしくは潜在的な競合企業がそれをまったく保有しておらず，自社だけが保有するユニークなものである場合には，競争優位を獲得できる。

2) ある特定の経営資源やケイパビリティを保有する企業数が，その業界を完全競争の状態にするほどには多くない場合，それらはいまだ稀少であると考えられるので，競争優位の源泉となり得る。この場合には，同一業界のなかで，少数だが複数の企業が競争優位を獲得できる。

しかし，この稀少性に基づく優位性は，その源泉となった経営資源やケイパビリティが模倣されれば，崩壊してしまうという脆さを持っている。すなわち，多くの経営資源やケイパビリティは「不完全に模倣可能」(imperfectly imitable)である。したがって，模倣困難性に関する問いが重要性を帯びてくる。(Barney，邦訳上，254-256ページによる。)

(3) 模倣困難性に関する問い

「その経営資源を保有していない企業は，その経営資源を獲得あるいは開発する際にコスト上の不利に直面するだろうか」，「ある経営資源やケイパビリティを保有しない企業は，その獲得に際し，それをすでに保有している企業に比べて，コスト上不利であるか」という問いである。

価値があって稀少な経営資源が持続可能な競争優位（sustainable competitive advantage）の源泉となり得るのは，その資源を保有する企業と比べ，それを保有しない企業がそれらの経営資源を獲得する際にコスト上の劣位にある場合のみである。持続的競争優位は，他企業による戦略の模倣を通じて失われることのない競争優位であり，究極の目標である。

　ある企業の模倣戦略は，成功している企業の経営資源を複製して似たような戦略を実行しようとすることである。それには，成功した製品などを模倣する「直接的複製」のほかに，競争優位にある企業が保有する経営資源やケイパビリティを別の経営資源で代替する「代替による模倣」がある。

　しかし，模倣は常に可能ではない。その複製または代替に際して，コスト上の不利が存在しない場合に可能となる。模倣する際のコスト上の不利をもたらす下記のような要因が存在するからである。

1）独自の歴史的条件

　ある企業がその業界で最初に特定の機会に気づき，特定の経営資源を活用したとすると，「最初である」ことによって，その企業は先行者優位（創業者利得）を獲得することになる。その1社が先んじてその機会をとらえようと試みた時には，その経営資源が将来どれほどの価値を持つのかは判然としないことが多いので，低いコストで獲得できる。しかし，それが成功した後に，他の企業がそれを模倣しようとしたときには，模倣の希望（需要）が多くなっているので，場合によっては最大価値を反映したコストを支払わなければならなくなる。

　企業が特定の経営資源やケイパビリティを獲得，開発，活用する能力は，しばしばその企業が「いつどこにいたか」に依存する。いったんその時点や歴史が過ぎ去ってしまうと，その獲得が空間と時間に依存する経営資源を持っていない企業は，著しいコスト上の不利にさいなまれることになる。なぜならば，その経営資源を獲得するには，過ぎ去った歴史をもう一度再生しなければならないからである。この種の経営資源には，時間圧縮の不経済（time compression diseconomy）が存在するし，経路依存性（path dependence）が認められる。

2) 因果関係の不透明性

模倣困難の第二の要因は，模倣しようとする企業にとって，模倣対象の企業が保有する経営資源やケイパビリティと，その企業の競争優位との関係がよく理解できない場合である。すなわち，他の企業は，模倣しようとしても，何を模倣して良いのかが曖昧で分からないのである。

例示1　企業の内部者にとってはあまりにも当然なもので，日々の業務に染み込んだ「空気」のような存在。

例示2　複数の経営資源が有力だが，どれかに確定できない場合，あるいは，それ以外の要素も重要な役割を演じている可能性が高い場合。

例示3　少数の経営資源やケイパビリティによって競争優位がもたらされるのではなく，文字通り何千という組織属性が一体となって競争優位を形成する場合。偉大な経営者の数少ない大きな意思決定（big decisions）ではなく，無数の小さな意思決定（numerous small decisions）に依存している場合。無数の小さな意思決定を上手に行う能力は，その企業の外からはほとんど目にすることは出来ない。なぜなら，それらの無数の意思決定の一つ一つは，外部から見えたとしても，単独ではなんら大きな成果を生むわけではないから，模倣意欲をかきたてない。しかし，それらの決定が寄り集まったとき，全体としては模倣コストの高い競争優位をもたらすのである。（日本的経営が高度経済成長期までは強みを発揮したのはこの例である。）

3) 社会的複雑性

ある企業の経営資源やケイパビリティが社会的に複雑な現象であり，その現象が時の経過とともに自然発生的に醸成されていった場合には，企業がそれをシステマチックに管理したりコントロールしたりする能力の限界を超えている。こうした現象を，他の企業が人為的にコントロールしようとすると，そのコストは法外に高くなる可能性がある。

例えば，管理者間の質の高い人間関係や相互コミュニケーション能力，企業文化，サプライヤーや顧客の間での自社の評判などである。他の企業は，これらがその企業の効率性や企業活動の効果を高めることが理解できても，それに

よって，ただちにそれを自社内でつくり上げたり，低コストの代替品を見いだせるわけではないからである。

4）特許

特許を取得すれば，法的に模倣から守られるが，他方では，その取得に際して，その情報が公開されるので，逆に模倣を容易にする危険がある。（Barney，邦訳上，256-269 ページによる。）

(4) 組織に関する問い

「企業が保有する，価値が稀少で模倣コストの大きい経営資源を活用するために，組織的な方針や手続きが整っているだろうか」という問いである。公式の命令・報告系統，マネジメント・コントロール・システム，報酬体系などが整備されているかどうかである。

これらの経営資源やケイパビリティは，それぞれ単独では競争優位を生み出す力が大変限られているため，補完的な経営資源やケイパビリティとよばれる。これらは他の経営資源やケイパビリティと組み合わされたときには，競争優位につながる可能性が生まれるのである。（Barney，邦訳上，269-271 ページによる。）

(5) 検　討

バーニーは，経営資源やケイパビリティが強みを持っているかどうかを判断する要因として，四つをあげた。しかし，経済価値（第1問）は企業にとっては自明の前提であり，組織（第4問）は補完的である。したがって，競争優位にとっては，稀少性（第2問）および模倣困難性（第3問）が固有の意味を持ち，一時的競争優位をもたらす。しかし，多くの場合，稀少性は時とともにその効果が消滅する。したがって，究極的には，図表9-6のように，模倣困難性のみが持続的競争優位をもたらす要因である。

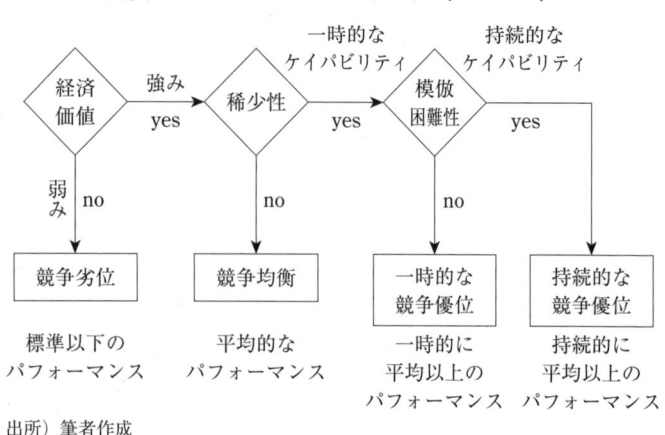

図表9-6　BRIOフレームワーク（バーニー）

```
                    一時的な           持続的な
                    ケイパビリティ      ケイパビリティ
  ┌経済┐ 強み ┌稀少┐     ┌模倣┐
  │価値│ yes  │性  │ yes │困難│ yes
  └──┘      └──┘     └性 ┘
   │弱         │no       │no        │no
   │み no      ↓         ↓          ↓
   ↓        ┌────┐  ┌────┐  ┌────┐
  ┌────┐ │競争均衡│  │一時的な│  │持続的な│
  │競争劣位│ └────┘  │競争優位│  │競争優位│
  └────┘           └────┘  └────┘
  標準以下の  平均的な    一時的に    持続的に
  パフォーマンス パフォーマンス 平均以上の  平均以上の
                          パフォーマンス パフォーマンス
```

出所）筆者作成

(6) 手袋産業のVRIOフレームワークによる分析

VRIOフレームワークを東かがわ手袋産地における海外進出企業の事例に適用してみよう。

1) 経済価値　東かがわの手袋産業は，中小企業が集積して手袋という同種の製品を製造する産地を形成している。したがって，各企業が保有する経営資源やケイパビリティは，類似のものにならざるをえないので，大きな経済価値を生むことは難しく，競争均衡を生み出している。（別の見方をすれば，こうした事態が生じているから，産地が形成され発展してきたともいえる。）

2) 稀少性　稀少性のある経営資源やケイパビリティを保有する企業の多くは，業界における革新者であり，先駆的企業として先行者優位を獲得できる。この産地の海外生産進展期には，先駆的企業が海外に直接投資を行い，工場を運営した。この場合，海外の自社工場や合弁企業の工場をマネジメントする能力，投資資金，および経営者の決断力がケイパビリティであり，製品原価の低減と品揃えの多様化を可能にして，競争優位を生み出した。

しかし，現在ではほとんどの企業がなんらかの海外生産（少なくとも委託生産）を行っている。海外生産は模倣により経済価値を失い，競争均衡の源泉へ

と転落したのである。

3) 模倣困難性　手袋は製品構造が比較的簡単であるので，模倣を防止するのはかなり困難である。（模倣は産地の発展要因の一つである。）新素材の先行入手，新分野商品の先行開拓，立体縫製技術などの稀少性に頼らざるをえない。

4) 組織　熟練工の縫製技術のマニュアル化，情報技術の活用などの努力が行われている。

(7) RBVの経営実践へのインプリケーション

RBVは，経営者・管理者に経営資源やケイパビリティの重要性を認識させ，その開発育成を行わせる。例えば，1) RBVは，経営資源やケイパビリティは稀少であるか，欠如していないか，複製されないか，代替されないか，価値は低下していないかなどに関心を向けさせる。2) RBVは，顧客のニーズを満足させるために必要な経営資源やケイパビリティが，競合企業のものよりも優れているかを，意識させる。

(8) RBVの問題点

ベセラ（Becerra, 2009, pp.64-70）は，RBVの問題点を3点に整理している。

1) RBVはトートロジーに陥っているのではないか，という批判がある。持続可能な競争優位の源泉は「稀少な」経営資源である，また，持続的な競争優位のポジションは「稀少で価値がある」と定義されている。それゆえ，「競争優位をもたらす稀少な経営資源を所有すれば，稀少な競争優位をもたらす」という用語上のトートロジーに陥っている。

2) RBVは管理者にとって有用な応用性のある理論なのか，という議論がある。企業は経営資源の固有の結合体であるが，経営資源と競争優位との間の因果関係があいまいであり，また，事後的な説明に終わっている。経営資源の属性を操作するのに限界がある。

3) RBVは企業の存在理由や活動の機会を明らかにしているのか，という議論がある。資源の結合体という概念は，企業の成長や業績差異の原因を説明す

るのには有効であるが，企業の範囲すなわち企業の境界を説明できない。したがって，どの経営資源が企業を構成している管理フレームワークに含まれているのかを説明できない。

5. 戦略の策定と実行

5-1. 戦略の策定と実行の過程（戦略策定プロセス）

戦略の策定と実行の過程は，図表9-7のように，5つの下位過程に分けられる（Thompson, Strickland and Gamble, 2009, pp.24-49）。

① 戦略ビジョンの開発

戦略ビジョンは，企業が未来においてどのような製品・顧客・市場・技術に焦点を当てるべきかを明らかにし，企業が事業の強みを獲得しようとするルートを記述する。それは企業の将来の事業範囲（何を目指すのか，どこへ行くのか）を描き，未来を実現する戦略コースを示す。ミッションは，現在の事業と目的（われわれは誰なのか，何をするのか，なぜここにいるのか）を示す。これら

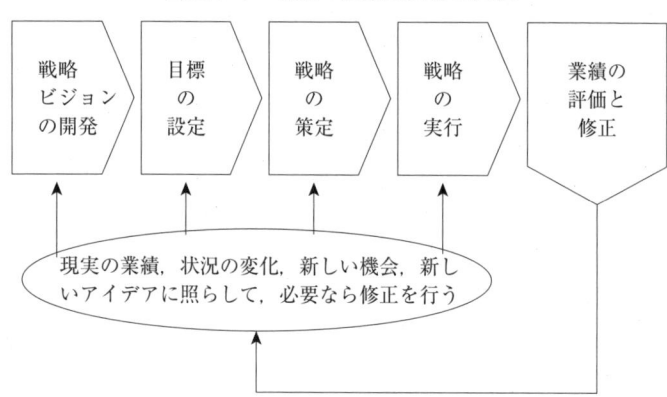

図表9-7　戦略の策定と実行の過程

戦略ビジョンの開発 → 目標の設定 → 戦略の策定 → 戦略の実行 → 業績の評価と修正

現実の業績，状況の変化，新しい機会，新しいアイデアに照らして，必要なら修正を行う

出所）Thompson, Strickland and Gamble（2009）, p. 24, Figure 2.1.

は共に企業価値（メンバーが事業を指揮したり戦略ビジョンや戦略を追求する際に期待されている信念，資質，および行動規範）の基盤となり，職員の活動を動機づける。したがって，戦略ビジョンは，その記述が組織メンバーの心にすり込まれ，現実の目標や戦略に具体化された場合にのみ，実現可能になる。

② 目標の設定

企業は目標を設定し，それを企業の業績と進歩を評価する基準として利用する。目標は企業の業績ターゲット，すなわち，マネジメントが達成しようと望んでいる成果ないし産出であり，財務目標（組織が達成すべき財務的な業績ターゲット）や戦略目標（企業が市場地位，競争活力，将来の事業方向を示すターゲット産出）などで具体的に表明される。

図表9-8　ミッション・ステートメントの例（帝国製薬）

From　東かがわ・三本松

私たち帝國製薬は、小さくともユニークな会社でありたいと考えています。
瀬戸内海の自然の中で、「痛みからの解放」「経皮吸収技術の応用」に真剣に取り組んでいます。
代表取締役社長　村山 昇作

[経営理念]

狭い分野であってもその分野における世界一を目指し、世界に冠たる企業となる。
信用を重んじ、社会から尊敬される企業となる。
個人の個性を尊重し、仕事に貴賎はないとの考えのもとに従業員が尊敬しあい、
ひとりひとりが目を輝かせて働くことのできる企業となる。

[社 是]

初心を忘れず、信用を重んじ、人を愛し、仕事を愛し、社会の発展に貢献する。

[社 訓]

誠意、熱意、努力、創意工夫

出所）帝国製薬（香川県東かがわ市）のホームページより。

③ ビジョンと目標を達成するための戦略の策定

企業は，目標を達成し，戦略コースにしたがって企業を運営できるように，戦略を策定する。高レベルのマネージャーのみが戦略を策定し実行するのではなく，すべてのマネージャーが役割を持っている。戦略計画（strategic plan）は，戦略ビジョン（将来の方向性），目標（業績ターゲット），および戦略を示している。

④ 戦略の実行

選ばれた戦略を有効的にかつ能率的に実行することが必要である。そのためには，熟練した専門家を組織に配置して，戦略支援能力（strategy-supportive competencies）および競争能力（competitive capabilities）を意図的に強化するとともに，重点となる活動には経営資源を傾斜配分する。戦略の実行を成功させるような企業文化（Davis, 1984）や組織風土（Litwin and Stringer, 1968）を醸成する。

⑤ 業績の評価および修正の実行

企業の長期的方向性，目標，戦略，戦略の実行について，現実の生産高（エクスペリエンス），状況の変化，新しいアイデア，新しい機会に照らして，業績を評価し修正を行う。企業のビジョン，目標，および戦略策定と実行には終わりはない。戦略を管理することは継続的な過程である。

5-2. 戦略の階層性

企業における戦略の実行は，トップだけで行われるのではない。組織階層に対応して，企業戦略（全社戦略）と事業戦略とに区別されることが多い[6]。

（1）事業戦略（business strategy）

ポーター（Porter, 1980）は，業界で優位に立つ（平均以上の収益を上げる）ための戦略を競争の「基本戦略」としてとらえた。これは個々の事業において競

争優位を獲得するための戦略であり，したがって，一企業内でも事業ごとに戦略が異なることがある。なお，単一事業の企業では，事業戦略と全社戦略とは同じであり，二つの内容を含むことになる。

① コスト・リーダーシップ戦略

コスト・リーダーシップ戦略は「コスト面で最優位に立つ」戦略である。そのためには，事前に効率のよい最優秀な生産設備を積極的に設置して，エクスペリエンス（累積生産量）をふやすことによるコスト削減を追求するとか，市場シェアを確保するために当初は赤字覚悟の攻撃的な価格政策をとるとかが必要である。その結果，相対的に高い市場シェアを獲得したり，原材料を有利に購入できるなどの体制が作られる。これに成功して，業界で低コストの地位を占めることが出来れば，五つの競争要因に対応できるので，平均以上の収益を生むことが出来る。例えば，同業者が利益を捨てて低価格で攻撃してきても，こちらにはまだ利益が出るからである（Porter, 1980, 邦訳, 56-59ページ）。

コスト優位の源泉としては，規模の経済や技術上の優位性がある。規模の経済（economies of scale）が効果を持つのは，図表9-9にみるように，最適生産規模（x点）に到達するまでは，生産規模が増大するにつれて製品1単位あたりの平均コストは減少するからである[7]。この場合，その企業が業界で最大の

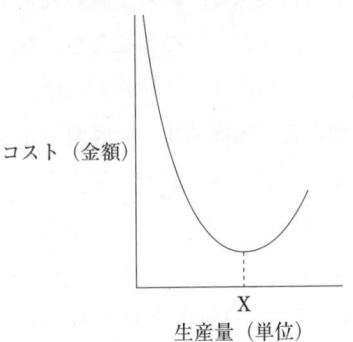

図表9-9　規模の経済

出所）Barney（2002），邦訳中，67ページ，図7-1。

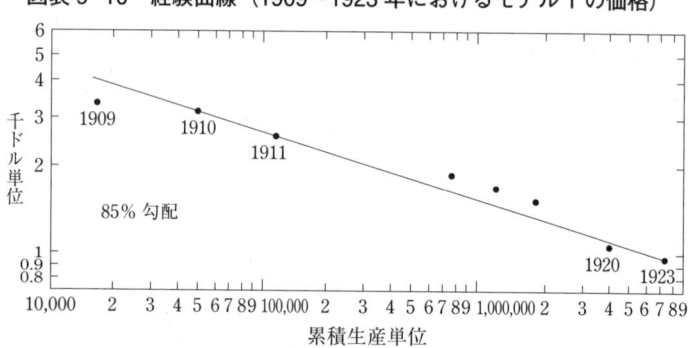

図表9-10　経験曲線（1909～1923年におけるモデルTの価格）

縦軸：千ドル単位（0.8, 0.9, 1, 2, 3, 4, 5, 6）
横軸：累積生産単位（10,000 ～ 1,000,000）

データ点：1909, 1910, 1911, 1920, 1923
85％勾配

注：1958年のドル価格基準による平均表示価格
出所）Aacker（1984），邦訳，263ページ，図表10-4。

生産量を上げていれば，コスト優位を獲得できる（Barney，邦訳中，67-78ページ）。

経験曲線（学習曲線）がもたらす規模の経済は，図表9-10のように，累積生産量の増大によって製品1単位あたりの製造コストが低下するので，コスト優位が可能である（Barney，邦訳中，75-80ページ）。これが最も鮮やかに現れた事例は，1908年から1923年のフォード・モーターのそれであり，85％の経験曲線を示している（Aaker，1984，邦訳，262-263ページ）。

生産要素（労働力，資本，土地，原材料など）のうちのどれかに，他企業にはない差別的で低コストにアクセス出来る企業は，低い生産コストを実現できる。例えば，東かがわ手袋産業では，海外生産の成立期には，海外での低コストの労働力がコスト・リーダーシップの源泉となった。また，企業の独自の技術も競争優位をもたらす。この広義の「技術」には，機械などの技術的ハードウェアだけでなく，管理の質，組織文化，投資関係などの技術的ソフトウェアが含まれている（Barney，邦訳中，82-83ページ）。

コスト・リーダーシップについて，バーニーはRBVの視点から，持続的競争優位を持ちうるかを検討している。稀少性については，学習曲線がもたらす規模の経済（累積生産量の増大）は稀少性の源泉となるが，単なる規模の経済では無理である。また，模倣困難性については，「生産要素への差別的で低コ

図表9-11 コスト・リーダーシップの直接的複製

	コスト優位の源泉	複製コストを大きくする基盤		
		歴史	不確実性	社会的複雑性
低コストでの複製が可能	1. 規模の経済	—	—	—
	2. 規模の不経済	—	—	—
複製コストが高い場合もある	3. 学習曲線の経済性	＊	—	—
	4. 技術的ハードウエア	—	＊	＊
	5. 経営政策の選択	＊	—	—
通常は複製コストが大きい	6. 生産要素への排他的で低コストのアクセス	＊＊＊	—	＊＊
	7. 技術的ソフトウエア	＊＊＊	＊＊	＊＊＊

— 模倣コストの大きい源泉ではない
＊ ある程度は模倣コストが大きい源泉となる可能性がある
＊＊ 模倣コストの大きい源泉となる可能性がある
＊＊＊模倣コストの大きい源泉となる可能性が高い

出所）Barney（2002），邦訳中，92ページ，表7-7。

ストのアクセスや技術的ソフトウェアは，歴史依存的で不確実性があり，かつ社会的に複雑な経営資源やケイパビリティを土台として成り立っているため」，複製コストが大きいので，模倣困難である（図表9-11）（Barney，邦訳中，91-100ページ）。

② 製品差別化戦略

製品差別化戦略は「自社の製品やサービスを差別化して，業界のなかでも特異だと見られる何かを創造しようとする戦略」である。そのためには，製品設計の差別化，ブランド・イメージの差別化，テクノロジーの差別化，製品特徴の差別化，顧客サービスの差別化，ディーラー・ネットワークの差別化などの方法がある。その際，コストを無視してもよいのではなく，コストが第一の目標ではないという点に注意する必要がある。差別化に成功すると，業界の平均以上の収益を上げることが出来る。例えば，顧客からはブランドへの忠誠心を獲得できるし，他社から同じものを買うことが出来ないので，価格敏感性が弱くなり，マージンも増える。このことは，参入障壁を作るし，代替品に対しても有利になる（Porter，1980，邦訳，59-60ページ）。

図表 9-12 製品差別化の源泉と複製コスト

	製品差別化の源泉	複製コストが大きい源泉		
		歴史的経路依存性	因果関係不明性	社会的複雑性
低コストの複製が可能	1. 製品の特徴や機能	―	―	―
複製コストが大きい可能性がある	2. 製品の品揃え	＊	＊	＊
	3. 他企業との連携	＊	―	＊＊
	4. 製品のカスタマイゼーション	＊	―	＊＊
	5. 製品の複雑性	＊	―	＊
	6. 消費者マーケティング	―	＊＊	―
通常は複製コストが大きい	7. 機能横断的なリンケージ	＊	＊	＊＊
	8. タイミング			
	9. ロケーション	＊＊＊	＊	―
	10. 評判	＊＊＊	―	―
	11. 流通チャネル	＊＊＊	＊＊	＊＊＊
	12. アフターサービスとサポート	＊＊ ＊	＊ ＊	＊＊ ＊＊

― 複製コストが大きい源泉となる可能性は低い
＊ ある程度は複製コストが大きい源泉となる可能性がある
＊＊ 複製コストが大きい源泉となる可能性がある
＊＊＊ 複製コストが大きい源泉となる可能性が高い

出所）Barney（2002），邦訳中，140 ページ，表 8-4。

　差別化戦略では，稀少性は「個々の企業の創造性を発揮する能力」（Barney，邦訳中，139 ページ）に依存するが，差別化された新製品や新サービスについては，それが販売されたとたん，差別化の源泉を明らかにし，模倣の道筋を教えることになる。したがって，差別化については，模倣困難性が意味を持つことになる。すなわち，なによりも模倣コストが高いことが重要である（図表 9-12）。例えば，東かがわ手袋産業では，「人工皮革」が開発されたとき，天然皮革に変わる素材としての優秀性に着目し，いち早く素材メーカーと契約した企業は，それが大量生産されるまで，製品差別化の源泉を獲得した。

（2）企業戦略／全社戦略（corporate strategy）

　企業戦略ないし全社戦略は，事業部制組織などを採っている企業において，

図表 9-13　製品-市場マトリックス

	製品	
	既存	新
市場　既存	市場浸透	製品開発
市場　新	市場開拓	多角化

出所) Ansoff (1965), 邦訳, 137 ページ, 第 6-1 表を修正

企業全体の将来を方向づける戦略である。単一事業の企業では，全社戦略は事業戦略と同じになる。全社戦略には，戦略的提携，多角化戦略，合併買収戦略，国際戦略などがあるが，ここでは多角化戦略を検討する。

　多角化戦略　単一事業で発展してきた企業がさらなる展開を図るときの方向性は，アンソフ (Ansoff, 1965) の製品-市場マトリックス（図表 9-13）が参考になる。市場浸透（例：競争企業から顧客を奪う），市場開拓（例：今まで対象にしていなかった地域で販売する）および製品開発（例：既存製品よりも高品質な製品を製造する）は，製品または市場のいずれかは既存のものなので，活動の手がかりは多くある。しかし，多角化は新製品を開発し，それを新市場に持ち込むのであるから，困難が多い。多角化は，1) 関連型多角化，非関連型多角化，あるいは，2) 水平的多角化，垂直的多角化，集中型多角化，コングロマリット型多角化に区分できる。

　多角化した企業は，多種多様な性質を持った事業の集合体である。「それらの事業はそれぞれが異なる業界の特定の製品市場セグメントと関係しており，取り扱う製品のライフ・サイクル上の位置や資金需要や損益状態が相互に異なるために，厳密には，相互に異なる戦略的対応を必要としている」（冨田，1994, 158 ページ）。各事業は戦略的事業単位 (strategic business unit; SBU) とよばれ，それぞれ独自の競争相手を持っている。

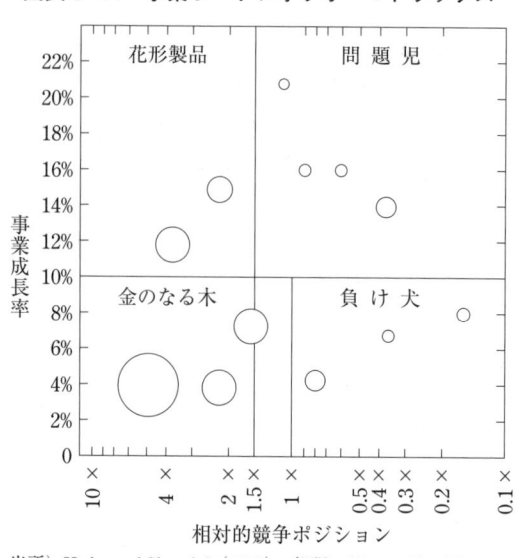

図表 9-14　事業ポートフォリオ・マトリックス

（縦軸：事業成長率　0〜22%、横軸：相対的競争ポジション　10×〜0.1×）

左上：花形製品　右上：問題児
左下：金のなる木　右下：負け犬

出所）Hofer and Shendel（1978），邦訳，37ページ，図2.1。

　SBU は，事業ポートフォリオ・マトリックス（PPM）のどこに位置しているかによってその特徴が異なるので，それぞれの取る戦略は異なる。図表9-14 は，複数の SBU の企業内の位置づけを示している。
　花形製品　高成長分野でしかも競争相手に対する相対的シェアが高い製品または事業。これを維持するためには，多額の現金流出が必要である。成長が鈍化したときには，金のなる木になる。
　金のなる木　相対的シェアが高いが，成長率が低い製品または事業。シェア維持に必要な再投資資金以上の現金流入があるので，他の事業への資金供給源となる。
　問題児　高成長分野ではあるが競争相手に比べて劣勢で相対的シェアが低い製品または事業。これを改善するには多額の資金が必要であるので，花形製品を目指すか，撤退するかの決断が重要になる。
　負け犬　成長率も低く，相対的シェアも低い製品または事業。
　PPM 分析は，図表9-15 のように，ある一時点の状況，ライフサイクル上

図表 9-15　PPM 分析

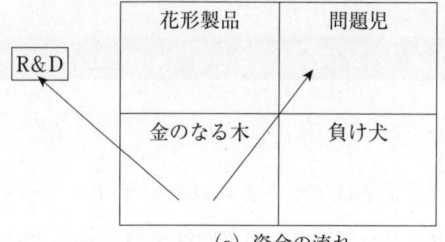

(a) 資金の流れ

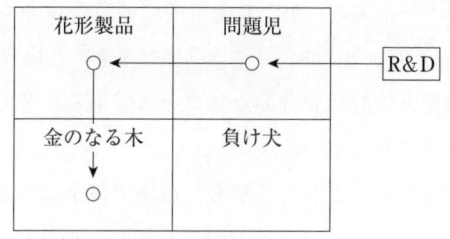

(b) ある製品の成長の流れ

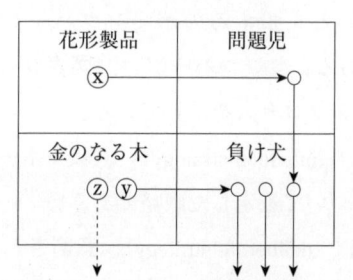

(c) ある製品の撤退の流れ

(d) 競争企業との位置関係

出所）筆者作成

6. 戦略策定のジレンマ

(1) 戦略策定プロセス

前節まで，われわれは「企業はよく考えられたセオリー（戦略）に基づいて事業を開始し，市場がセオリー（戦略）の有効性を検証し，その結果を受けて経営者はセオリー（戦略）がより効果的に競争優位をもたらすように修正を加える」(Baeney, 邦訳上，43ページ，括弧は筆者) というシナリオを想定していた。戦略の策定と実行は合理的なプロセスである。多くの企業の戦略策定プロセスの根幹はこうなっている。

しかし，事前に策定された戦略も，市場で競争にさらされると，修正を余儀なくされ，場合によっては，元の姿をとどめなくなることもある。いや，現実はむしろこの方が多いと主張するのがミンツバーグ（Mintzberg, 1987; 1989; 1994a; 1994b; 1988）である。ミンツバーグは，図表9-16のように，五つの下位概念を用いて戦略策定プロセスを示している。

① 「意図された戦略」(intended strategy) 上級マネージャーやプランナーが合理的な分析に基づいて策定した戦略である。

② 「計画された戦略」(deliberate strategy) 意図された戦略の中から選ばれて現場で実行に移されている戦略である。「戦略計画」。

③ 「実行されなかった戦略」(unrealized strategy) 「計画された意図が期待通りの行為を生み出さないときには，組織には実行されない戦略が残ることになる」(Mintzberg, 1989, 邦訳, 46ページ)。

④ 「創発された戦略」(emergent strategy) 「明瞭な意図なしに，あるいは意図に反して，現れてくる戦略」である（Mintzberg, 1989, 邦訳, 48ページ)。

⑤ 「実行された戦略」(realized strategy) 意図された戦略は，実際に追求され，実行されるが，実行されないこともある。こうした追求が反映された

第9章 組織の戦略　201

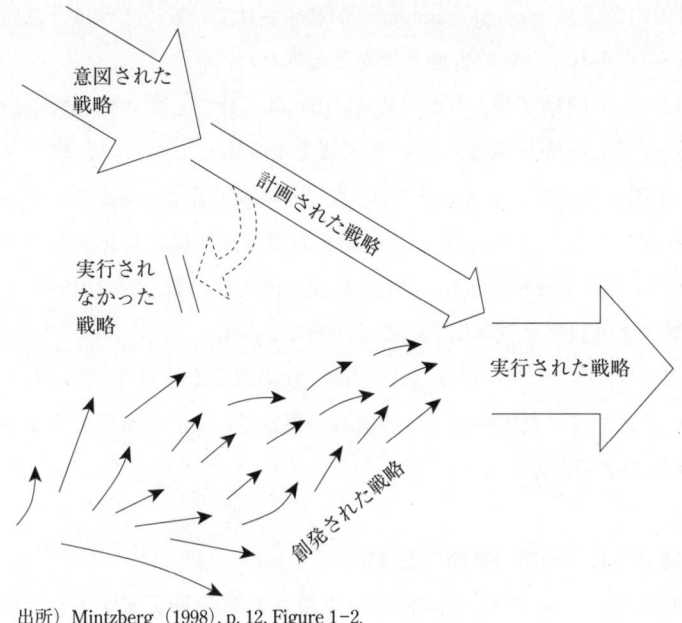

図表9-16　計画された戦略と創発された戦略

意図された戦略
計画された戦略
実行されなかった戦略
実行された戦略
創発された戦略

出所）Mintzberg（1998），p. 12, Figure 1-2.

「過去の行為のパターン」が実行された戦略である（Mintzberg，1998，邦訳，42ページ）。

（2）意図された戦略（戦略概念 1a）

　ミンツバーグは戦略策定について二つの場面を設定し対比している。場面Aでは，「上級マネージャーが1人またはグループでオフィスに座って，やがてスケジュールに合わせて残りの全員が実施することになる進路を編成している。その基調は理性である。そこでは，合理的統制，競争相手と市場についてのおよび会社の長所と弱点（強みと弱み）についてのシステマティックな分析がおこなわれ，そして，これらの分析を結合することによって明瞭で，明示的で，網羅的な戦略が策定される」（Mintzberg，1989，邦訳，39ページ，括弧は筆者）。「まず考えて，その後で行動する。計画を立てて，その後で実施する」

(Mintzberg, 1989, 邦訳, 45 ページ) のである。ここでのミンツバーグの戦略は「戦略計画の策定」(strategic planning) が意味されている。これは「意図された戦略」から導かれた「戦略計画」であると思われる。

しかし, この戦略プラニング (戦略計画) は, 分析し総合化を図るので, 戦略を創造することが出来る, という誤解を生み出している。戦略プラニングは, 1) 予測は可能であるという誤謬, 2) 戦略策定者は戦略課題の実行とは別世界で存在できるという誤謬, 3) 戦略策定プロセスは定型化できるという誤謬に基づいているからである。(Mintzberg, 1994b, 邦訳, 233-243 ページ)。戦略プラニングは戦略を生み出すことは出来ない。

このように, ミンツバーグにおいては, 戦略策定の場面A, すなわち, 戦略計画ないし意図された戦略は, その意義が否定される。これがミンツバーグの「戦略概念 1a」である。

(3) 創発された戦略 (戦略概念 1b)

場面Bでは, ミンツバークは陶芸家を例示する。「陶芸家が工房で粘土を練り, ウェファース状の彫刻をつくろうとしている。粘土がのし棒にくっつき, 丸い形が現れる。円筒形の壺はどうだろう。アイデアが次々に浮かんでは消え, やがて新しいパターンが形を結ぶ。行為が思考を駆り立てたのである。戦略が形を現したのである。」(Mintzberg, 1989, 邦訳, 45 ページ)。「ネコのつもりだった形がろくろの上で崩れて, われらの陶芸家は粘土のなかに牝牛が姿を現すのをみる」(Mintzberg, 1989, 邦訳, 50 ページ)。ここでのミンツバーグの戦略は,「創発された戦略」である。

ミンツバーグは, 創発された戦略の代表的な例として, ホンダのアメリカ二輪車市場への参入の成功を挙げている。当時, アメリカ市場では, 大型二輪車が売れ筋であったので, それを輸出しようとした。これはアメリカの有力メーカーの戦略と同じであったので, 既存企業の力が参入障壁となり, この戦略は事実上失敗であった。しかし, 試行錯誤のなかで, 小型の50ccのスーパーカブがヒットした。小型二輪車の成功は, 合理的な分析の結果ではなかった。

「ホンダのマネージャーたちはあれこれとへまをしでかしている。結局のところ，市場が正しい道を教えてくれたのだった。ホンダのマネージャーたちがアメリカで自社製品を乗り回したことだけが唯一正しかった。このおかげで，彼らは市場の反応を偶然つかめた。つまり，第一線で学習したのである」(Mintzberg, 1987, 邦訳, 204 ページ)[8]。

すなわち，戦略の多くは，事前によく分析され練られていようといまいと，それが市場で実行に移されると，環境要因の影響を受けて，元の姿とは似ても似つかないものに変わって行く，あるいは，まったく意図しなかったものが現れることがある。これが成功をもたらすのである。ミンツバーグは戦略策定の本質を「創発された戦略」の形成に求めている[9]。これがミンツバーグの「戦略概念 1b」である。

〔まとめ〕ミンツバーグにおいては，意図された戦略（戦略計画）と創発された戦略とはあれかこれかの対立する表裏の存在である。場面 A と場面 B とは併置されている。そして意図された戦略は捨てられ，創発された戦略のみが生き残る。「戦略概念 1」では，両者は併置されているが，共存は出来ない。

(4) 戦略は 2 本足で歩く（戦略概念 2）

「すべての戦略策定は二本の足で歩く」(Mintzberg, 1989, 邦訳, 49 ページ)のである。あらかじめ完全に対策を講じておき，途中での学習を無視できるだけの知識を持ち合わせている組織はどこにも存在しないのであるから，計画の足と創発の足とが共に必要である（Mintzberg, 1989, 邦訳, 49 ページ）。戦略家としての管理者は「戦略が（そしてビジョンが）計画的に構想されることもあれば，創発的に形成されることもあり得るような一つの過程をマネージするパターン認識者」(Mintzberg, 1989, 邦訳, 58 ページ) である。

意図された戦略と創発された戦略とはここでは和解され，併置されて同時に存在している。これがミンツバーグの「戦略概念 2」である。それではミンツバーグは，彼が批判した一般的な見解に帰ったのだろうか。戦略実行中のある時点では，図表 9-15 の各戦略はすべて存在していることになる。とはいえ，

両者の位置関係は明確にはされていないのではないだろうか。

(5) 検　討
① 併置かステップか

彫刻家も，粘土に向かうときには，「ビーナスを創ろう」「花瓶を創ろう」あるいは「仏像を創ろう」という意思がある。ビーナスでも，花瓶でも，仏像でも，何でも良いわけではない。とすれば，そこには目標・計画・戦略がある。細部については明瞭なことは決まっていなくても。これは第一ステップである。

ミンツバーグの「彫刻家」は，この場面の後の話なのだ。場面が切り替わっている。「ネコのつもりだった形がろくろの上で崩れて，われらの陶芸家は粘土のなかに牝牛が姿を現すのをみる」というとき，場面は第二ステップへ移っている。「ネコのつもりだった」は第一ステップの意図された戦略であり，「牝牛が姿を現す」は第二ステップの創発された戦略である。つまり，意図された戦略が無いわけではない。

ホンダの事例でも，同様である。意図された戦略はあった，そして実行された（計画された戦略）が，失敗した（実行された戦略となったが，戦略の「内容」は実現されなかった）。偶然的に創発された戦略が現れ，そして実行され（計画された戦略），成功した（実行された戦略となり，戦略の「内容」は実現された）。

いみじくもミンツバーク自身が認めるように，「すべての戦略策定は二本の足で歩く」のである。しかし，ミンツバーグの場面Ａと場面Ｂとは，併置されているのではなくて，連続した存在である。

② 戦略プログラミング

「プラニングは戦略を生み出しえない。しかし，効果的な戦略が生み出されれば，それをプログラミングすることは可能だ。プログラミングは戦略を実行できるものへと変える。……プログラミングとは，リーダーが描いた戦略ビジョンを言語化し，公に明らかにし，委細に渡って練り上げること」である

(Mintzberg, 1994b, 邦訳, 242ページ)。すなわち, 戦略プランニングは「戦略プログラミング」として意味があるとミンツバーグは主張しているのである。いわゆる戦略プランナーは戦略ビジョンをプログラミング化（記号化, 精緻化, 転化）してマネージャーを支援することが本当の役割なのである。

われわれは, ミンツバーグの「戦略」が階層化していることに気づく。上層の「戦略ビジョン」と下層の「戦略プログラミング」である。後者はプランナーとしての戦略計画スタッフが担当するのである。

③ 戦略ビジョン

戦略計画すなわち意図された戦略は, ミンツバーグにとっては「戦略」ではないことが明らかになったが, その上層にある「戦略ビジョン」とは何であろうか。

「組織を成功に導く戦略は, やはりビジョンであって, けっして計画ではない」(Mintzberg, 1994b, 邦訳, 228ページ)。ビジョンは「あまり細部まで踏み込まない, ややあいまいな言葉で表現された方向性」であり,「いつでも, どこからでも自由に生まれてくることが大切」(Mintzberg, 1994b, 邦訳, 230ページ) なのである。

「戦略を創造することは極めて複雑なプロセスであり, 時には知らず知らずのうちに生まれてくるという側面すらある。……社内のさまざまな施策が複合されて, 自然に一つのパターンがかたちづくられることがある。意識的に考えた結果ではなく, その学習プロセスから自然発生的に生まれてくる場合がよくあるのだ」(Mintzberg, 1994b, 邦訳, 238ページ)。

このような論述から,「戦略ビジョン」は「戦略」であり, 自然発生的に生まれてくる「創発された戦略」が意味されていることが明らかである。ホンダには「二輪車でアメリカ市場を開拓する」というビジョンがあったから,「小型二輪車」という創発された戦略にたどり着くことが出来たのである。

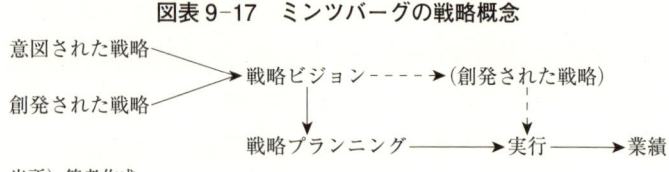

図表9-17　ミンツバーグの戦略概念

```
意図された戦略 ─┐
               ├→ 戦略ビジョン ----→ (創発された戦略)
創発された戦略 ─┘        ↓                  ┆
                   戦略プランニング ──── 実行 ──→ 業績
```

出所）筆者作成

④ 戦略，戦略策定のプロセス

このようにみてくると，戦略は「戦略策定プロセス」として意味を持つ。ミンツバーグは，「私のテーマは単純である。工芸制作のイメージを用いる方が効果的な戦略が生まれ出てくる過程をとらえやすいというものである」(Mintzberg, 1989, 邦訳, 40ページ)。彼の意図は，「実効性の高い戦略が生まれてくるプロセス」(Mintzberg, 1987, 邦訳, 188ページ) すなわち「学習プロセスによる戦略策定」の過程 (Mintzberg, 1994b, 邦訳, 240ページ) を解明することである。そのため彼は，戦略策定プロセスの「結果」から「正しかった戦略」を選択しているのであって，「事前に」戦略策定の指針としての「原理」(山城) あるいは「セオリー」(Barney) を示してはいない。

第二のホンダはどうすればいいのだろうか。偶然に成功（変異）が現れるまで試行錯誤を続けるしかないのか。偶然に恵まれなければ，最悪の事態になってしまうのだが。

⑤ ミンツバーグ理論の特徴

1) ミンツバーグの関心は戦略策定の「プロセス」に向けられている[10]。戦略策定プロセスの結果としての戦略の「内容」には関心が向けられていない。

2) 戦略は「戦略ビジョン」である。それは「創発」にゆだねられて，もし複雑な要因がうまく絡み合えば「創発された戦略」が花開く。そして「戦略プログラミング」として実を結び，具体化される。

3) したがって，戦略の本質は「創発された戦略」である。「意図された戦略」としての戦略計画は戦略ではなく，プログラミングのレベルに落とされて

いる。

4）戦略が成功した後の,「後から」の「原因－結果」の記述である。「原因－結果」の関係は,「手段－目的」の関係に転化されうる。「実践理論」への具体化がわれわれに残された課題である。

⑦ 管理実践へのインプリケーション

1）企業にとっては,戦略技法よりも,「戦略ビジョン」が重要であることを示唆している。「原理」としての戦略論といえる。

2）戦略ビジョンは「創発される」という主張は,経営者・管理者に「現場での創発」の重要性を理解させる。現場での「改善」を重視した日本的経営の手法を,戦略レベルに適応すべきことを示唆している。

7．結

オープンシステムとしての企業は,自己の存続のために,環境に対して積極的に関わりを持つ。環境は一方では成長の機会を与えてくれるが,他方では敗退を生み出す脅威の源泉でもある。それゆえ,戦略の成功を左右するのは環境であるから,それを代表する市場で競争優位の立場をしめることが重要になる。外部環境の分析はその出発点である。外部環境を分析することで,市場での競争に有利な条件を獲得できるとする戦略論は,「ポジショニング論」である。ポーターによれば,業界構造が競争要因を生み出しているから,業界構造の分析を基礎にして,競争優位を追求するのが戦略の基本である。事業戦略や全社戦略が展開される。

しかし,環境の機会に恵まれても,それだけでは競争優位のポジションを獲得できるわけではない。競争要因を克服して競争優位を獲得するためには,企業はそのための能力（経営資源やケイパビリティ）を持たなければならない。企業ごとに経営資源やケイパビリティは異質でありまた固着性を持っているから,それが競争優位の源泉となる。「資源ベース論」がこれである。経営資源

の分析には，バリューチェーン分析や VRIO 分析などが活用される。バーニーによれば，経営資源やケイパビリティが稀少性を発揮した場合には一時的な競争優位が得られるが，持続的な競争優位を獲得するには模倣困難性が必要である。

このような意図された戦略に対して，それは市場にさらされると，修正を余儀なくされる。成功した多くの戦略は，現場の試行錯誤のなかから生まれた創発戦略である，というミンツバーグの主張がある。これは「創発論」である。

本章において，われわれは基本的には資源ベース論の枠組みによりながら，ポジショニング論の成果を導入し，創発論に耳を傾けている。経営実践においては，いずれの理論が正しいかという問題ではない。統合が必要である。

・・・・・・・・・・・・・・・・・・・・・・・・・・・・・注・・・・・・・・・・・・・・・・・・・・・・・・・・・・・

1) 手袋産業については，第10章の「5. 事例分析　手袋産地のパラダイム転換」，および，細川・元家（1980），細川（1993, 1977, 2008, 2010b 近刊）を参照のこと。
2) ミンツバーグ（1998）は「戦略サファリ」として，戦略設計学派，戦略計画学派，市場地位学派，企業家学派，認知プロセス学派，学習プロセス学派，交渉力学派，組織文化学派，環境学派，コンフィギュレーション学派をあげて，鳥瞰しているが，それ以後の動向を代表するものとして，われわれは経営資源学派を加えることが出来る。
3) トンプソン等は端的に「Resource-based Strategy」とよんでいる（Thompson, Stickland and Gamble, p.110）。
4) 「競争均衡とは，その企業の行動が経済価値を創出するものの，他の複数の企業も同様の行動をとっているときに生じる企業ポジションである。換言すれば，特定の企業が持つ競争に関するセオリーがその業界や市場に適合はしているが，他の大多数の企業もそのセオリーを理解し，実行に移すことが出来る場合，その企業は競争均衡というポジションにいることになる」（Barney, 邦訳上，33ページ）。
5) その企業の経営資源やケイパビリティが経済価値を生み出さない場合には，その企業は「競争劣位」（competitive disadvantage）に陥り，やがては業界から淘汰されることになる。「競争劣位とは，その企業の行動が経済価値を生み出さない場合の競争ポジションである。経済価値を生み出さないとは，経済価値を破壊しているとも言える。ある企業の競争セオリーが，その業界や市場の現実

に適合していない場合，その企業は競争劣位にあることになる」(Barney, 邦訳上, 34ページ)。

6) Barney (1999), Becerra (2009) など。なお，トンプソン等 (Thompson, Stickland and Gamble, pp.37-41) は，企業戦略と事業戦略のほかに，職能部門戦略 (functional-area strategy) と現業部門戦略 (operating strategy) を加えている。

7) 最適生産規模を超えて生産量が増大すると，「規模の不経済」が現れるので，最適水準をほんの少し下回る規模で操業する，相対的に小さな企業がコスト優位を獲得できることがある (Barney, 邦訳中, 72ページ)。

8) ホンダの事例については，ミンツバーグは詳細に触れていないので，Digman (1990, p.310), Barney (2002, 邦訳上, 29-30, 33-34ページ), Grant (2008, p.23) によった。

9) このことは多くの論者によるミンツバークの所論の引用が，創発された戦略を説明するためであることからも裏付けられる。例えば，Barney (2002, 邦訳上, 43-46ページ), Carter, Clegg and Kornberger et al. (2008, p.99), Digman (1990, pp.10-13), Grant (pp.22-23) など。

10) このモデルは，次章で論じる進化モデルで説明できる。① 変異：「偶然に成功した」とすれば，事実としての変異が「見つかった」。その時，「このようにしよう」という「意図された戦略」はたしかに無かったが，「戦略ビジョン」が生まれた。② 選択：「成功とわかった偶然」を繰り返し追求した。すなわち，「創発された戦略」が発生した。それは「実行中の戦略」となった。③ 保持：「実行された戦略」が繰り返され，成功が明らかになった。

第10章 組織の進化

1. 序

　今日のように，環境変化の激しい時代には，組織体の環境適応はきわめて重要になっている。「組織-環境関係」については，コンティンジェンシー理論以来，幾多の理論やパラダイムに基づく多くの成果が提示されている。それらのなかで，組織体の生成・消滅を「変異（variation）→選択（淘汰）（selection）→保持（retention）」という進化過程から解明しようとする「進化アプローチ」（evolutionary approach），「進化パースペクティブ」（evolutionary perspective）ないし「進化モデル」（evolutionary model）は，注目すべきものの一つである。

　オルドリッチ（Aldrich, 1999）によれば，進化の概念を適用した研究には，組織生態学，制度理論，解釈論，組織学習論，資源依存論，取引費用経済学などがある（邦訳，61-108ページ）が，進化アプローチは，これらの「さまざまなアプローチから必要とするものを取り込んでいる」（同書，58ページ）いわば包括的なモデルである。

　われわれは，これらの研究のうち，管理の本質との関わりを考慮して，組織体を生態学的に分析しようとする「組織個体群生態学モデル」（population ecology model）および環境の圧力を重視する「資源依存モデル」（resource dependence model）に注目する。そのうち，キャンベル（Campbell, 1969）の「社会文化的進化モデル」（sociocultural evolutionary model）は生物の進化論モデルを社会制度に適用した最初のモデルであり，ハナン＝フリーマン（Hannan and Freeman, 1974, 1989) の「自然選択モデル」(natural selection model) とともに，純粋モデルといえる。すなわち，組織は，「変異→選択→保持」の進化過程にさらされるがゆえに，環境要因が組織の特性（組織形態）を選択し，そのため，その組織は環境にうまく適応する，あるいは，環境から排除される。

しかし，この伝統的モデルは環境決定論的であるため，例えば，「環境の創造過程」(Weick, 1969, 1979) の導入や「組織の戦略選択」(Child, 1972) の視点からの批判が行われ，その修正が試みられた。その一つがオルドリッチ＝フェファー＝サランシックなどによる「資源依存モデル」である[1]。この修正モデルは，組織体が外部環境から強い圧力を受けることを強調するが，他方で組織内部の政治的過程に注目し，特に組織体はその環境を管理し，戦略的に適応しようとする，と主張しているようにみえる。本章では，資源依存モデルの特徴を明らかにし，経営学としての意義を検討する。

2. 資源依存モデルのフレームワーク

2-1. 進化モデルの基本概念

(1) フレームワーク

変異→選択（淘汰）→保持の過程　組織の進化は，「変異→選択（淘汰）→保持」の過程の作用から生じる。変異は，「組織が従来から持つ組織的ルーチンや伝統からの新たな展開」(Aldrich, 1999, 邦訳, 30ページ) である。選択（淘汰）は，「ある種の変化が起きたことを契機に，そうした変異を選択したり，選択的にある変異を除去するような作用」（同書, 36ページ）である。保持は，「積極的に選択された変異を選択し保存する働き」（同書, 42ページ）である。

(2) 用　語

①組織個体(a population of organization)　個々の企業などの単一の組織体が組織個体である。一般には「組織」の用語が使われる。

②組織個体群(populations of organization)　共通の特性を持った組織個体の集合が組織個体群である。例えば，手袋産業，自動車産業である。なお，複数の組織個体群を内部に含んでいる上位の組織個体群は，組織コミュニティ（organizational community）と呼ばれる。

③組織形態(organizational form)　一つの組織個体群を他の組織個体群から区別する特性が組織形態である。すなわち，複数の組織個体を「一つの生態系として，似たようなものにしている中核的な諸特性」(Hannan and Carroll, 1995, p.29)である。組織形態は生物のDNAのように組織個体に組み込まれたブループリント（遺伝情報）にアナロジーされる (Hannan and Freeman, 1989, p.48)。

④ニッチ(niche)　ある組織個体または組織個体群が環境のなかで存続できる領域が，ニッチすなわち「適所」「生態的地位」である。ニッチは，「特別な形態を形づくっているような実際に機能している組織を維持することの出来る，社会的，経済的，政治的な諸条件」(Aldrich, 1999, 邦訳, 54ページ) である。すなわち，「組織個体のニッチは，複数の組織個体が誕生し生存できるような豊富な資源とそれを制約する資源の制約の組み合わせから成立している。したがって，ニッチは組織形態を規定し，組織形態はニッチを規定する」(Hannan and Freeman, 1989, p.50) という循環性を帯びている。

⑤構造慣性(structural inertia)　組織個体の特性は急速には変えられない。「組織個体は，それがある組織個体群のメンバーであることを規定する組織構造や他の特徴において慣性がある。」しかし「組織個体は組織形態を変えられない訳ではない」と仮定している (Hannan and Freeman, 1989, p.66)。

(3) 分析レベル

進化モデルや資源依存モデルは，組織個体群を分析するが，組織個体レベルにも適用される[2)][3)]。

第10章 組織の進化　213

　経営学の研究対象は，前章までにみてきたように，個々の経営体・組織体（企業，行政機関，NPO，労働組合など）である。すなわち，個々の組織に環境がどのような影響を与えるか，あるいは，個々の組織は環境の変化にどのように対応するのか，を分析した。しかし，環境の影響は個々の組織体に止まらず，例えば特定の産業全体したがってその産業に属する企業全体に影響を与えることがある。

　例えば，東かがわの手袋産業[4]（ここでの事例では縫製品などの繊維製品産業に一般化できる）は，1970年頃まではアメリカへの輸出産業として繁栄した。しかし，そのために貿易摩擦を引き起こした。1971年に貿易摩擦の解決策としてアメリカ政府は繊維製品の輸入規制を実施した。そのため，手袋産業はアメリカ市場を失い，大きな打撃を受けた（図表10-4を参照）。

　この場合，手袋（繊維製品）を製造し輸出するという共通の特性を持つ企業の全体すなわち「手袋産業」という「組織体の集合」に対して，輸入規制という環境変化が影響を与えたのである。個々の企業すなわち一つの組織体は「組織個体」として，そして，手袋産業全体すなわち組織体の集合は「組織個体群」として把握される。

2-2. 自然選択モデル（純粋モデル）の展開

　キャンベル（Champbel, 1969）は，生物有機体の進化モデルを社会的組織に適用し，自然選択モデルとしての社会文化的進化モデルを展開した。彼の主張は次のように要約される（Weick, 1979, pp.122-123による）。

　1）変異→選択→保持という三つの過程が進化をひき起こす。2）行動の変異や発生上の突然変異（mutation）は偶然的なものであるが，少しでも適応が可能な変異は選択され，保持される。3）変異過程と保持過程とは対立するものである。4）「計画」とか「外部からの指導」といった考えに頼ることは，進化の推移を説明するのには不必要である。5）存続と有利な進化のためには，適度な突然変異が必要である。6）複合システムにおいては，変異を促進するよりもむしろ，抑制するメカニズムがいつも発生している。7）秩序ある状態は

どんなものでも，選択機構の結果（hindsight）であって，望まれている変異（foresighted variations）ではない。8) 進化は，本質的には日和見主義的（opportunistic）である。すなわち，現在の優位性は長期的に存続を図ろうとするさいには不利にさえなる。9) 生物の進化においては，その生物の特徴が再生産の機会を増加させるならば，それは適応的と判断される。10) 進化は，「選り分けモデル」（winnowing model）と考えられる。

この自然選択モデルによれば，「新しい組織あるいは変化した組織は，環境制約の結果として生まれる。環境基準に適合している組織は，環境によって積極的に選択され，存続する。逆に，環境基準に適合していない組織は，消滅し，あるいは，環境要件に適合するように変化する」というのが基本命題である。

それゆえ，このモデルでは，組織の管理者に許された選択の幅は限られている。変化は，環境圧力によって強いられる。したがって，管理者は，受動的な，反応的な役割を演じるに過ぎない。組織の存続は，変異→選択→保持の過程を通じて，環境によって選ばれるか否かで決まる。このモデルは，まさに環境決定論である。

このような自然選択モデルは，

1) 結果から進化の過程を遡及的に把握する，
2) 運命論的適応，すなわち受動的適応である，
3) 超時間的（over time 超長期的）なレベルを問題にし，時間概念がない，
4) 組織個体群が問題にされるだけで，個体組織のレベルは考慮されない，

などの特徴を有するため，必ずしも実践的ではないといえよう。

2-3. 自然選択モデルに対する批判と修正

これに対して，組織の存続については，「管理者は組織変革の中心人物である。意思決定者として，管理者は，環境を予測し，具体化し，そして，組織を方向づけるという積極的な役割を担っている」（Kast and Rosenzweik, 1985, p.145）とする戦略経営（strategic management）の視点[5]がある。

この視点からは，自然選択モデルに対して運命論的すぎるとの批判がある。例えば，チャイルド（Child, 1972）は，環境影響力が組織に対する圧倒的な制約となっているという環境決定論の主張を次の三点で批判した（Aldrich, 1979, pp. 137-149 および Aldrich and Pfeffer, 1967, R: pp.13-14 による[6]。）

論点（1）　組織の意思決定者は，環境決定論が想定するよりも，はるかに自律的であり，「戦略選択」（strategic choice）を行う。例えば，意思決定者は，市場への参入あるいは市場からの撤退のように，自分が占めているニッチと調和した活動を選択している。また，組織には組織スラック（slack）が存在しており，この余裕が環境圧力の強さを弱めている。このように，組織ごとに状況が異なるので，ある環境のなかで活力のある組織構造は，一種類ではなく，多様に存在する。

論点（2）　組織は，「環境再構築力」（power to reshape the environment）を持っている。特に巨大企業は，自社製品の需要を創出し，競争相手の環境をコントロールすることが出来る。

論点（3）　環境決定論では，環境の（客観的）特性と組織内の個人による環境特性の知覚および評価との間のズレを見逃している。

このようなチャイルドの戦略選択の視点による批判は，管理者または組織内の支配的連合体（coalition）の持つパワーを強調したものである。

しかし，戦略選択については，オルドリッチ（1979, pp. 149-159）およびオルドリッチ＝フェファー（Aldrich and Pfeffer, 1976, R: p.17）がその限界を指摘している。チャイルドの論点（1）に対しては，戦略選択の自律性は環境から大きな制約を受けている，という。例えば，新環境への新規参入には，法的制約，規模の経済の障害，参入に伴うコスト負担の障害，製品差別化の困難の障害などがある。すなわち，「参入への障害が強ければ強いほど，既存企業の組織構造や活動の変更への圧力は弱くなる」という命題が成立する。

論点（2）に対しては，パワーを持たない組織が多い。巨大企業は環境再構築力を持っているとしても，中小規模の企業は環境に影響を与える力を持っているとは思われない。

論点（3）に対しては，管理者の知覚（managerial perception）は特定の組織に特異なものではなく，組織個体群の内部では，知覚の共有化（common perception）が進んでいる。そのため，成功の「模倣」が行われる。また，環境が急変する場合には，知覚の誤りを共有していない孤立した組織が，積極的に選択され，新たに有利なニッチを獲得することが出来る。

このように自然選択モデルには，問題点もあるが，戦略選択論によって否定されるものではない。

ワイク（Weick, 1979, p.123）は，戦略選択には否定的であり，基本的にはキャンベルの進化モデルを受け入れ，

1) 組織化は反復的過程である，
2) 注意過程によって，環境を創造する，
3) 組織は，柔軟性と安定性の均衡を維持できるときにだけ，存続できる，
4) 合理性は，何が行われるべきかの基準ではなく，何が行われたかを意味づけるものにすぎない，

などの観点が，組織化の理論に導入されるべきであるとしている。すなわち，ワイク（1969, 1979）は，変異と創造された環境，選択と適応，保持と文化との関連を明らかにして，社会文化的進化モデルの修正を試みている。

その基本概念は，「創造された環境」（enacted environment）である。人間は，システムが適応できるような環境を創造する。人間という行為者は，環境に受動的に反応するのではなく，環境を創造（enact）する。この環境創造（enactment）は，有機体が外部環境（生態系）と直接的な関係を持つ唯一の過程である。ワイクは，行為者の環境に対する作用を，進化モデルに導入しようとしているといえる。ワイクのフレームワークは，図表10-1のように，「環境創造→選択→保持」である。

オルドリッチ＝フェファー＝サランシックは，このような自然選択モデルをめぐる議論をもとに，組織-環境関係を説明できる概念枠組みを構築しようとする。「変異→選択→保持のモデルは，組織化の理論に強力なフレームワークを与えるものであり，組織が，直面する環境に自己をより適合させる方法で，

いかに変化するかを説明できる」(Aldrich, 1979, p.35) からである。

2-4. 資源依存モデル（修正モデル）の展開

　修正モデルの構築は多くの論者によって試みられているが，オルドリッチ＝フェファー＝サランシックは，自然選択モデルを基本として，それに組織の管理者の環境への対応力を加味した「資源依存モデル」を提唱している。その基本概念は次のようである。

　①資源(resources)ないし環境(environment)　環境は「情報の流れ」ではなく，「利用可能な資源」(the resource available) である (Aldrich and Pfeffer, R: p.15)。環境は，組織個体群が競って求め，配分し合う「稀少資源」(scare resources) から成り立っている (Aldrich, 1979, p.111)。

　②依存(dependence)　環境が「資源の蓄積」(a stock of resources)，すなわち「利用可能な資源」と考えられる場合には，基本概念は「依存」である。依存とは，ある組織が相互作用する他の組織に対して持つ「競争上の地位」(bargaining position) である (Aldrich and Pfeffer, R: p.15)。

「組織内，組織間，そして組織個体群間では，資源の稀少性があるために，個人や組織などは有効な変異を探索したり，選択する過程を始めたりする。……稀少な資源をめぐる闘争が起きる」(Aldrich, 1999, 邦訳, 45ページ) のである。資源依存は，まさに稀少な資源をめぐる「闘争」なのである[7]。

　この資源依存モデルの特徴は，

1) 生態学モデルとして，組織の存続は，「変異→選択→保持」の過程をとおして行われる，
2) 分析の対象は，組織個体群のみならず組織個体（の組織構造および管理活動）にも及ぶ，
3) 環境の偶変性および環境の制約性の重要性に注目するが，
4) 組織成員の側の戦略選択の作用する余地を認める，

などである。

　オルドリッチ＝フェファー＝サランシックの資源依存モデルにおいては，組

図表 10-1 進化の過程（ワイク）

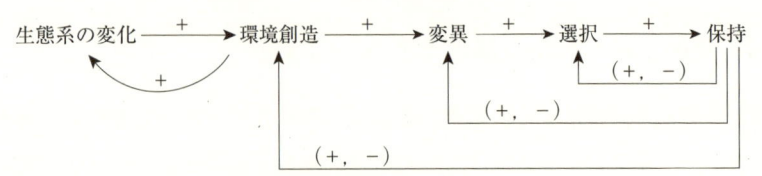

生態系の変化 ─+→ 環境創造 ─+→ 変異 ─+→ 選択 ─+→ 保持
　　　　　　　　　　　　　　　　　　　　　　　　(+, -)
　　　　　　　　　　　　　　　　　　　(+, -)
　　　　　　　　　　　　(+, -)

出所）Weick（1979），p.132に，変異を筆者が加筆した。

織の存続は，「変異→選択→保持」の過程を経て行われる。これはワイクの「環境創造→選択→保持」の過程に対応している。すなわち，オルドリッチらとワイクにおいては，環境創造と変異とが同一視されていることになる。

しかし，われわれは，社会的組織においては，環境創造が行われればただちに変異が発生する，との理解には疑問を持たざるを得ない。なぜなら，組織が環境を認知しても，それが直ちに変異を生み出すとは限らないからである。たしかに環境創造はモデル修正の重要なポイントであるので，それを変異とは独立した過程として取り上げる。したがって，われわれの修正モデルでは，図表10-1のように，「環境創造→変異→選択→保持」の過程をとおして行われる組織の存続ないし消滅を検討しよう。

3. 組織の進化の過程

3-1. 組織の環境創造過程

（1）環境創造

管理の伝統的理論においては，環境は一定不変であり，組織内部の構造や管理活動にとっては環境は与件と想定された。しかし，環境変化の激しい現在では，環境は組織に直接的に影響を与えている。環境の特性ないし変化に注目したのはコンティンジェンシー理論である。トンプソン（Thompson, 1967, pp.23-24, 27-28）は，組織目標の達成に関与する環境要因を，タスク環境（task

environment) として把握し，さらにそれを次の三つに類型化している。
  ①制約環境（constraints）とは，組織には可視的であるが，これを操作できない部分環境である。
  ②可変環境（variables）とは，組織に可視的であると同時に操作可能な部分環境である。
  ③偶変環境（contingencies）とは，組織には不可視的であり，活動の事前には予測困難な部分環境である。

偶変環境が存在する場合あるいはタスク環境に変化があった場合，それが組織または管理者にいかに知られるかが重要な問題である。

ワイク（1969,1979）は，重要な組織環境は「注意の過程」（process of attention）によって認知され，創造される（enact）という。組織は知覚したものにだけ反応する。知覚されないものは，組織の意思決定や行動に影響を与えることはない。すなわち，同一の客観的環境でも，組織が異なれば，「環境」は異なって現われることを，環境創造過程は意味している。

ダンカン（Duncan, 1972）は，「単純－複雑」および「静態的－動態的」の二次元でとらえられる「環境」と，知覚され予測された不確実性（predicted perceived uncertainty）との関連を，図表10-2のようにまとめている。セル1の単純で静態的な環境では，知覚される不確実性は少ないが，セル4の複雑で動態的な環境では知覚される不確実性は高い。彼の調査によれば，工場の多く

図表10-2　環境の二次元性と不確実性の知覚

	単純	複雑
静態的	セル1 知覚された不確実性は低い	セル2 知覚された不確実性はやや低い
動態的	セル3 知覚された不確実性はやや高い	セル4 知覚された不確実性は高い

出所）Duncan (1972), p.320. なお，図表8-10は詳細図である。

は単純で静態的な環境にあるため，不確実性の知覚は少ないのに対して，研究開発組織の多くは複雑で動態的な環境にあるため，不確実性の知覚は多い。そのため，工場は研究組織よりもより保守的な組織構造を採用する傾向にある。すなわち，高度に動態的な環境の中にいると知覚した組織と，高度に静態的な環境の中にいると知覚した組織とは，異なる組織構造を設計する。ワイクに即していえば，環境が異なれば，注意の過程が異なるからである。

(2) 組織個体レベル

「環境創造（enactment）は，有機体が外部環境と直接的な関係を持つ唯一の過程であり」，「環境創造は，組織成員が環境を創造するという積極的な役割を果たすことを意味している」（Weick, 1979, p.130）。すなわち，組織は環境の諸側面に注意し，情報を収集し，分析する。組織のこの能力が環境の認知を条件づける。環境創造過程は，組織の情報処理システムが組織の環境適応に決定的な役割を果たすことを意味している（Galbraith, 1972）。異なる組織は，注意の過程が異なるので，異なる環境知覚を生み出し，異なる環境を創造する。

(3) 組織個体群レベル（手袋産業の事例1）

東かがわ手袋産業（図表10-4参照）は1970年頃まではアメリカへの輸出産業として繁栄したが，貿易摩擦を引き起こしたため，1971年にアメリカ政府はその解決策として繊維製品の輸入規制を実施した。これは大きな環境変化であり，図表10-1では「生態系の変化」である。

そのため，手袋産業はアメリカ市場を失い，大きな打撃を受けた。このことは，組織個体としての個々の企業を窮地に陥らせたが，産業全体も存続の危機の直面した。このとき，多くの企業は今まで力を入れていなかったあるいは無関係であった国内市場に目を向けた。これが「環境創造」である。このことは多くの企業によって共有され，産地全体すなわち組織個体群の動向となった。

(4) 検討

　組織は，環境から影響を受けるだけでなく，組織の管理者の「注意の過程」を介して，環境に影響を与える。組織個体は，それぞれの環境知覚によって，環境を創造し，環境適応行動を始めることが出来るのである。「創造された環境」は組織ごとに異なる。したがって，創造された環境が環境の要求に合致していれば，組織は存続の可能性が高くなる（Miles, Snow and Pfeffer, R: pp.201-202）。

(5) 命題

　われわれは次の命題を得ることが出来る。組織個体は，重要な環境を見逃すという知覚の誤りによって，損失を被ることがあるとしても，「知覚された環境（perceived environment）が大きければ大きいほど，長期的に存続できる可能性は高くなる」（命題 1.1）。組織個体群内では，知覚の共有化が進む。「知覚の共有化が進めば進むほど，組織個体群の行動は画一化するので，その群全体の存続または消滅になる可能性が高くなる」（命題 1.2）。誤った知覚の共有化は，組織個体群にとっては致命的である。この場合，「誤った知覚を共有していなければいないほど，組織個体の存続の可能性は高くなる」（命題 1.3）。

　このようにみてくると，環境創造過程では，「資源依存」は「資源の探索」を意味すると解される。

3-2. 組織の変異過程

(1) 変異

　自然選択モデルでは，「組織は，環境の要求に適合するように，適応し変化する」（Pfeffer and Salancik, 1978, p.106）のである。その基本的な命題は，「変異の異質性が強ければ強いほど，その数が大きければ大きいほど，環境の選択基準にぴったり適合する機会は，それだけ多くなる」（Aldrich and Pfeffer, R: p.8）というものである。

(2) 組織個体レベル

しかしながら，資源依存モデルでは，組織個体群全体の存続あるいは消滅を問題にするだけでなく，それに加えて，組織構造（internal structures）および管理活動（actions）の部分的修正による組織の存続を考慮する。すなわち，修正モデルでは，生物有機体の環境変化への適応とは異なり，「社会的組織の構造変革能力」（capacity of social organization to alter structure）を考慮する。組織個体においては，例えば，1）特定の役割（例：社長）の担当者が替われば，その個人的能力に差異があるので，その活動の遂行には，変異がみられる，2）計画的な反応（a planned response）の相違によっても，リーダーシップや組織設計などの管理活動に変異が生じる，3）日常活動において予期しない誤り（random errors）が発生すれば，その組織の能力は低下することになる。すなわち，組織個体群全体（例えば，ある産業全体）をみれば，それを構成する組織個体（例えば，その産業に属する企業）間にも変異に差異がみられる。

(3) 組織個体群レベル

ところで，自然選択モデルでは，変異の結果だけが重視され，その源泉には無関心であるが，資源依存モデルでは，変異の源泉にも注目する。例えば，一つの変革的な組織個体（an innovating organization）は，自らが組織個体群の慣習的な行動様式を意識的に変更することによって自己に変異をもたらし，さらに，それが成功すれば，他の組織の「模倣」を生み出すことによって，組織個体群に変異をもたらす。あるいは，新しい組織の参入によって，組織個体群に変異がもたらされるのである（Aldrich and Pfeffer, R: pp.8-9）。

(4) 組織個体群レベル（手袋産業の事例 2）

アメリカ市場の輸入規制によって国内市場に目を向けた（環境を創造した）手袋産業においては，「変異」が発生した。輸出用手袋を国内市場向けに高級化したり，縫い手袋あるいは革手袋の技術を利用してニット衣料あるいは袋物を手がけて，成功する企業が現れた（変異）。情報の共有化が進めば，多くの

企業がこれを模倣して，手袋産業すなわち組織個体群は内需転換すなわち変異を目指した。

(5) 検討

このようにみてくると，資源依存モデルは，「変異は偶変環境への意図的・計画的反応」(Aldrich and Pfeffer, R: p.9) であり，組織はその環境を管理 (to manage its environment) しようと試みる，と主張しているといえる。「組織は，環境が組織に適合するように，環境を変えようと試みることが出来る」(Pfeffer and Salancik, pp.106-110) のである。それゆえ，組織は，環境を修正することによって，外部資源への依存を減少しようとする。それは「資源依存の回避」(avoiding resource dependence) (Pfeffer and Salancik, p.108) ないし「資源への依存性の吸収あるいは資源の不確定性の吸収」(absorb independence and uncertainty) (Aldrich and Pfeffer, R: p.10) を意味するのである。その主な活動は，

1) 環境の影響力を回避すること（例えば，情報活動によって，外部コントロールの状態は変わらないが，その影響を回避する），

2) 環境への依存性を減少させること（例えば，多角化により，単一市場への依存を避ける），

3) 環境と交渉すること（例えば，相互に依存する企業が，交渉によって，コンフリクトを減少する），

4) 法規により環境を変更・創造すること（例えば，輸入規制をする）

などである。

デスラー (Dessler, 1980, pp.403-405) は，資源依存モデルのこうした視点を環境への「攻撃的アプローチ」(an offensive approach) とよんでいる。

(6) 命題

われわれは次の命題を得ることが出来る。組織はその環境を管理しようと試みる。「組織個体の環境（資源）を管理する力が強ければ強いほど，環境への依存を弱めることが出来る」（命題2.2）。組織構造および管理活動の変異は，

環境の偶変性や不確実性に対する意図的・計画的反応である。組織個体は，自己の構造変革能力による独自の変異により，適合の機会を求める。「組織個体群の変異の異質性が強ければ強いほど，その数が大きければ大きいほど，環境の選択基準にぴったり適合する機会は，それだけ多くなる」(Aldrich and Pfeffer, R: p.8)（命題2.1）。

変異過程では，「資源依存」は「資源の獲得」ないし「資源依存の回避」を意味すると解される。

3-3. 組織の選択過程

(1) 選択

「管理者は，組織の構造や活動のもとになる意思決定に影響を与えることが出来る。これは，組織を環境の要求によりいっそう合致させるためである」(Pfeffer and Salancik, p.244)。チャイルドらによる戦略選択の強調は，パワーの重要性を再認識させたのである。

この選択過程は，次の下位過程により行われる。

① 環境は，多くの制約性（constrains），不確実性（uncertainties）および偶変性（contingencies）を課する。

② このような環境の特質は，組織内のパワーや影響力の配分に影響を与える。ある単位組織にはより大きなパワーを，別の単位組織にはより小さいパワーを配分する。

③ このパワーや影響力は，組織の社会的構造を決定する際に行使される。

④ この社会的構造が，環境の要求に合致すれば，組織は存続する。

選択過程の例としては，模倣や選択的昇進などがある。1) 模倣　組織は，積極的に環境を探索し，成功した革新を模倣することが出来る。したがって，情報が組織個体群全体に自由に行きわたるならば，組織個体の間に，革新（成功）の選択と拡散が行われる。これは，全組織の淘汰ないし除去を行わずに変化を導入する重要な選択機構である。2) 選択的昇進　ある環境のもとで最も適応的な行動をした人をリーダーに選ぶ。（選択は，保持機構によってさらに強

化される)。

(2) 組織個体レベル

資源依存モデルでは，組織個体群全体の存続あるいは消滅に加えて，全組織の除去にはいたらないような，組織構造と管理活動の「部分的な変更」(partial modification) を考慮する。すなわち，社会的組織の「構造変革能力」(capacity to alter structure) を認める。

社会的組織の選択過程は，生物有機体によって行われる恒常的変化 (homeostatic change) とは，質的に全く異なっている。生物有機体の進化は，組織個体群全体の選択的存続あるいは選択的除去の過程によって進行するのに対して，社会的組織の変化ないし存続は，組織の一部分すなわち組織構造や管理活動の部分的変更によっても可能になる。

選択過程は，「環境が社会的構造に影響を及ぼす過程」(Aldrich and Pfeffer, R: p.12) である。すなわち，組織環境は，組織内の影響力の配分に影響を与えることによって，組織構造と意思決定に影響を与えることになる。

ここでわれわれは，選択過程における組織の「戦略選択」(strategic choice) あるいは「パワー」(power) や「影響力」(influence) の重要性に注目する必要がある。ある組織の環境や他の組織への資源依存を決定する要因の一つは，その組織が「他の社会的行為者の所有する資源の配分および利用を要求できる力 (discretion) の程度」である。この資源要求力の最強のものは，「資源の配分および利用を決定する能力」である。すなわち，資源要求力は，パワーの主要な源泉であり，特に資源が稀少な場合にはそうである (Pfeffer and Salancik)。

(3) 組織個体群レベル（手袋産業の事例3）

新しい組織個体群は，「新しいニッチを創造することによってか，あるいはすでに占有されているニッチに進入することによって，組織個体群のコミュニティの内部に自分自身のための空間を切り出す」(Aldrich, 1999, 邦訳329ページ) ことが出来れば，図表10-3のように[8]，そこに出現し存続が可能にな

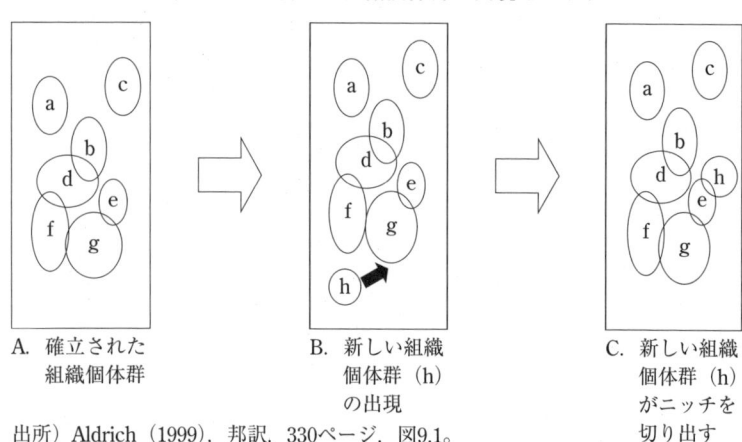

図表 10-3　新しい組織個体群の出現とニッチ

A. 確立された組織個体群

B. 新しい組織個体群 (h) の出現

C. 新しい組織個体群 (h) がニッチを切り出す

出所）Aldrich（1999），邦訳，330ページ，図9.1。

る。新しいドメインを確立したのである。

　手袋産業における先行企業の内需転換は，日本市場（組織コミュニティ）が順調であったことが幸いして，多くの企業の追随すなわち模倣が可能となり，この産業全体（組織個体群）が息を吹き返した。手袋産業は日本市場において適所（ニッチ）を獲得した。日本市場は手袋産業という組織個体群を「選択」したのである[9]。

（4）論点

　選択に関するオルドリッチ＝フェファー＝サランシックの主張は，次のようにまとめられる。

　1）環境による選択は，組織個体群レベルと組織個体レベルとで行われる。ある組織個体の衰退によって，環境の選択が明らかになる（例：競争企業間の優劣がつく）が，ある組織個体が特定の組織構造あるいは管理活動を変更する（例　多角化して新分野に進出する）という手段によって適応する場合もある。

　2）組織個体群は，どの組織個体の選択が可能かによって構造化される。すなわち，この選択は組織個体の特性によって異なる。組織個体群には，巨大企

業や公共機関のように，自己の能力に適合するように環境を変えるパワーを持っているものと，そうしたパワーの弱い組織個体から構成されているものとがあるからである。

3) 管理者の知覚や戦略選択が重要である。しかし，外的条件がそれを厳しく制約している。「戦略選択による戦略の変異は，短期的に効果がある。自然選択による変異のような環境決定論は，組織－環境関係を長期的に予測するのに有効である」(Pfeffer and Salancik, p.247)。また，組織の知覚は，環境の客観的指標と異なることがある。

4) ある所与の時点で選択されている組織個体や組織個体群は，いかなる意味でも，「最適な適応」ではない（Aldrich, 1999, 邦訳, 47ページ）。それは歴史的な経路の一時点にすぎない。

(5) 命題

われわれは次の命題を得ることが出来る。環境の偶変性に対応できる経営資源を所有していれば，管理者の適切な戦略選択が可能になる。しかし，環境がそれを厳しく制約しており，環境が組織内の影響力の配分に影響を与える。「組織個体は，環境の偶変性に対応できる資源の配分が大きければ大きいほど，選択の可能性は高くなる」(命題3.2)。また，「組織個体群は，いくつかの組織個体が環境に適合できれば出来るほど，選択の可能性は高くなる」(命題3.1)。

選択過程では，「資源依存」はまさに「資源配分」を意味すると解される。

3-4. 組織の保持過程

(1) 保持

自然選択モデルでは，保持過程は，組織個体における組織構造あるいは決定ルールの安定性，組織態様の超時間にわたる保存，環境における組織間の相互依存様式の安定性などと理解される。その結果，組織個体群全体が存続することになる。

これに対して，社会的進化における保持は概念化がむつかしいが，オルドリ

ッチ＝フェファー＝サランシックは，社会的システムにおける成功した適応の保持は「一世代から次世代への知識の伝播および保持」であるというキャンベルの純粋モデルを受容している。ここで，

　キャンベルによれば（Aldrich and Pfeffer, R: p.19 による），口頭伝播社会では，知識は口頭で伝播されるので，保持機構は作用しにくい。変異の失敗は，全社会（組織個体群）の崩壊を意味する。

　しかし，現代では，文化の客観化，環境に対する過去の成功した適応の客観化が進むので，保持機構が作用する。ある社会的組織の組織形態／存在態様（societal forms）が継続的に存在していることは，それが選択されるもととなった当初の機能を，その社会組織の組織形態／存在態様がいまだに持っていることを意味している。複雑な組織構造は，それを支持する環境圧力によってのみ維持される。突然変異の継続的発生は，それが選択的に除去されないならば，システム全体を徐々に単純な状態に変化させる。もしわれわれが複雑で長期に存続している組織を観察するならば，われわれはそれを維持している圧力の源泉を環境に求めるであろう。

　このことから，われわれは，知識の伝播は文化の継承であり，保持過程は「制度化」（institutionalization）であると理解することが出来る。

(2) 組織個体レベル

　オルドリッチ＝フェファー（Aldrich and Pfeffer, R: pp.19-21）は，キャンベルのこのモデルを拡大する。すなわち，自然選択モデルでは考慮されなかった組織構造や管理活動の側面においても，「社会的保持機構」（mechanisms of social retention）が作用している。例えば次のものは，特定の組織形態（組織態様）の維持（例えば，組織成員の行動の安定性の維持）を図る。1）官僚制組織における文書による管理，職務の専門化，権限の集中，昇進のルート，2）インフォーマル組織やインフォーマルな文化，3）組織リーダーシップの継続性や類似性，4）安定した昇進制度，教育訓練制度，5）慣習の安定性。

　このように資源依存モデルでは，環境圧力による保持だけでなく，組織内部

の管理活動にも社会的保持機構を見いだしている。この保持機構は組織個体が内蔵する構造慣性である。社会的保持機構は，配分された資源の「制度化」ないし強化を意味するといえよう。

しかし，適応が成功し，その強化が進むと，それは新たな変異（適応）を困難にする。保持過程と変異過程とは，対立するものとなる。

(3) 組織個体レベル（手袋産業の事例4）

内需転換した手袋産業は，その後の日本経済の高度成長に即応して，産地内生産による国内市場のための生産基地としてさらに発展した。これは組織個体群の変異が「保持」されたためである。しかし，産地内の労働力不足は海外生産を必要としたため，国際化の荒波が新しい環境変化として押し寄せてきた。環境変化に対応するには新しい変異が求められる。ところが，当初は，先行企業の海外生産は低価格品を輸入するものとして，産地内では拒否反応が生じた。ここでは，「保持（国内生産）は新しい変異（海外生産）を困難にする」という，命題が妥当した。

(4) 命題

われわれは次の命題を得ることが出来る。保持は，環境の圧力によって行われるだけでなく，組織内部の管理活動によっても行われる。保持機構は，いったん成立すると，それを強化する傾向があるので，一方では適応を安定化させる。「成功した選択の制度化が強ければ強いほど，組織個体群は安定化し，その環境での存続（の継続）の可能性は高くなる」（命題4.1.1）。また「成功した選択の制度化が強ければ強いほど，組織個体の管理活動は安定化し，その環境での存続（の継続）の可能性は高くなる」（命題4.2.1）。

しかし，他方では，保持は新しい環境変化への新たな変異を困難にする。「成功した選択の制度化が強ければ強いほど，組織個体群は保守化し，新しい環境への適応（新しい変異）は困難になる」（命題4.1.2）。また「成功した選択の制度化が強ければ強いほど，組織個体の管理活動は保守化し，新しい環境へ

の適応（新しい変異）は困難になる」（命題 4.2.2）。

保持過程では，「資源依存」は「資源の制度化」を意味するといえよう。

4. 資源依存モデルの性格

4-1. 資源依存モデルの命題

組織環境は，組織構造や意思決定に影響を及ぼすために，重要である。生態学的な進化モデルは，組織の安定または変化に焦点をあてた。そのうち，「自然選択モデル」は，環境の性質，特にその偶変性や制約性を問題にした。これに対して，「資源依存モデル」は，環境における資源の性質を明らかにし，その配分を問題にした。「資源依存モデルは，意思決定およびパワー・影響力関係に焦点を置いた」。なぜなら，「それらの要因は，環境を管理しようとする組織の活動や戦略に影響を与える」がゆえに，重要だからである（Aldrich and Pfeffer, R: p.23）。

われわれは，資源依存モデルの基本命題を次のようにまとめることが出来る。

（1） 環境創造過程の命題

1.1 知覚された環境が大きければ大きいほど，長期的に存続できる可能性は高くなる。

1.2 知覚の共有化が進めば進むほど，組織個体群の行動は画一化するので，その群全体の存続または消滅の可能性が高くなる。

1.3 誤った知覚を共有していなければいないほど，組織個体の存続の可能性は高くなる。

（2） 変異過程の命題

2.1 組織個体群は，その変異の異質性が強ければ強いほど，その数が多けれ

ば多いほど，環境の選択基準にぴったり適合する機会は，それだけ多くなる。
2.2 組織個体の環境（資源）を管理する力が強ければ強いほど，環境への依存を弱めることが出来る。

(3) 選択過程の命題

3.1 組織個体群は，いくつかの組織個体が環境に適合できれば出来るほど，選択の可能性は高くなる。
3.2 組織個体は，環境の偶変性に対応できる資源の配分が大きければ大きいほど，選択の可能性は高くなる。

(4) 保持過程の命題

4.1.1 成功した選択の制度化が強ければ強いほど，組織個体群は安定化し，その環境での存続（の継続）の可能性は高くなる。
4.1.2 成功した選択の制度化が強ければ強いほど，組織個体群は保守化し，新しい環境への適応（新しい変異）は困難になる。
4.2.1 成功した選択の制度化が強ければ強いほど，組織個体の管理活動は安定化し，その環境での存続（の継続）の可能性は高くなる。
4.2.2 成功した選択の制度化が強ければ強いほど，組織個体の管理活動は保守化し，新しい環境への適応（新しい変異）は困難になる。

4-2. 資源依存モデルの特徴

資源依存モデルは，次のような特徴を持っている。

1) 分析のレベルでは，組織個体群とともに組織個体を加え，それらの組織の存続を問題にする。

2) 管理者の意思決定の積極的な役割を認める。変異の源泉としては，ランダムな変異に加えて計画的変異を，選択の基準としては環境決定に加えて戦略選択を考慮する。それゆえ，単純に環境決定論とはいえない。

3）現時点での環境の知覚とそれに基づく環境適応行動を問題にする。分析の時間幅は超時間的・遡及的に加えて、現時点を視野に入れる。

4）現在の成功した適応を「最適な適応」とは見なさない。したがって、常に新しい変異を求める。

このような特徴を持つ資源依存モデルは、組織個体としての企業の管理問題の分析、および、組織個体群としての産業の分析に適用できる有効な進化モデルとして高く評価できる。

4-3. 資源依存モデルの問題点

しかし、さらに検討を要する問題点も残されている。例えば、次のようなものである。

①進化モデルとしては、ハナン＝フリーマン（Hannan and Freeman, 1974, 1989）らによる環境決定論の主張も強力であり、また、自然選択モデルと資源依存モデルが共存し、概念の相違などの混乱が生じている。そのため、進化モデルとしての視点の統一が困難になりつつある。例えば、ツェイ・フェレル（Zey-Ferrell, 1979）は、構造コンティンジェンシーモデルおよび自然選択モデルと資源依存モデルとを、ランドルフ＝デス（Randolph and Dess, 1984）は、組織個体群生態学（＝自然選択モデル）と戦略選択論とを対比している。このように、論者によって、進化モデル、生態学モデル、自然選択モデルなどの位置づけは異なっているように思われる。

オルドリッチ＝フェファー＝サランシックは、必ずしも統一的ではないけれども、組織個体群生態学モデル（＝進化モデル）を総称として用い、その純粋モデルとして自然選択モデルを、その修正モデルとして資源依存モデルを位置づけていると解される。われわれもこの立場に立っている。なお、オルドリッチ（Aldrich, 1999）では、この見解を修正し、進化モデルは、それに先行する諸研究を包摂するモデルとしている。

②オルドリッチ＝フェファー＝サランシックも認めるように、選択過程という概念を適用する際の最大の問題点は、トートロジーに陥る危険性があること

である[10]。「環境に適合していない組織はおそらく衰退するので，存続している組織は環境に適合している」。

4-4. 資源依存モデルの管理実践へのインプリケーション

資源依存モデルは，管理の実践にいくつかのインプリケーションを与えることが出来る。例えば，次のようである。

① 進化論的視点は，真に長期的な，超時間的な展望を要求するため，管理活動に超時間的指向を導入する。
② 変異は環境の偶変性に対する意図的・計画的な反応であるから，「環境管理」に目を向けさせる。たとえ環境によって選択されるとしても，選択されるための管理努力を要求する。
③ 資源依存は稀少資源の探索→獲得→配分→制度化という戦略的活動を意味するから，資源依存モデルは，環境変化に対して，組織が単に受動的，運命論的に適応するのではなく，積極的・攻撃的に適応することを要求するものであり，いわば「資源獲得モデル」として実践論的性格を持つ。

5. 事例分析 手袋産地のパラダイム転換

5-1. 資源依存モデルに基づく産地成長仮説

資源依存モデルは，企業などの組織体の存続，成長，衰退を環境の変化と関わらせて分析するモデルの一つであり，環境変化に直面する「組織個体群」としての地場産業の動向を分析するためのモデルとして有効である。われわれは，資源依存モデルに基づいて，産地成長に関する仮説を次のように設定することが出来る（細川，1992）。

◎仮説A　産地における個々の企業の環境変化への適応戦略の「変異」が大きければ大きいほど，産地が新しい環境に適応できる可能性はそれ

図表 10-4　東かがわ手袋産地の環境適応とパラダイム転換

ライフサイクル（金額ベース）	ライフサイクル（数量ベース）	環境変化	影響要因	産地への影響	産地の動向	先駆的企業の経営戦略	パラダイム
成長期 第1期	成長期 第1期	輸出市場 海外生産の模索 海外生産の胎動	1962～1970 アメリカ・カナダ市場	輸出で成長	日本商社・海外バイヤー（元請）からの受注生産 産地内の下請生産が拡大	生産指向、低コスト指向 下請企業・家庭内職者の囲い込み	パラダイムⅠ ①国内生産 ②元請・下請 ③単一少数製品 ④大きな市場 ⑤模倣 ⑥生産志向 ⑦仮説Ⅰ
最盛期 第2期 第一転換期	成長期 第2期 第一転換期	貿易摩擦 好景気 海外生産の胎動	1971～1979 1971年ニクソン声明 1971年円の大幅切上 1973年変動相場制	輸出減少	内需転換 品種転換（カバン、ニット） 海外生産に産地内で反発	新製品への取組み 販売ルートの開拓 先駆的企業が海外生産	
成長期 第3期	成熟期 第1期	生産力低下 需要停滞 海外生産の進展	1980～1985 昭和50年代中後半 高賃金時代 生活様式の変化 暖冬	従業員の不足 防寒用減少 在庫増	ゴルフ、スキー、ブランド品 生産抑制、低価格競争 △産地海外生産による輸入 海外生産・輸入に産地内で反発	多角化 専業化	
最盛期	成熟期 第2期	受注好調 生産力不足 海外生産の容認	1986～1990 昭和60年代 円高基調 バブル、高価格	産地内生産力の縮小 輸入品の増加	海外生産力への取組み強化 △産地海外生産による輸入拡大 企業グループ化（生産力確保）	国際化 商社化	
成熟期 第1期 第二転換期	成熟期 第3期	国際分業の定着	1991～1998 平成3年以降 バブル崩壊 円安基調・乱高下 オーバーストア	産地内生産力の崩壊の危機 在庫増	主体的な海外生産の進展 91年、手袋の海外生産30％を越える 各品目で上位企業による寡占化	国際化 開発・企画自社ブランド 新分野商品への取組み （電話ケース、帽子など）	パラダイムⅡ ①海外生産 ②多様な変異 ③小ロットの多様な製品 ④小さな市場 ⑤模倣困難 ⑥企業者精神 ⑦仮説Ⅱ
成熟期 第2期 再離陸期？	成熟期 後傾期	国際分業の拡大	1999～ 平成11年以降 円安傾向 原材料費高騰 販売価格据置	海外生産中心へ	99年、手袋の海外生産60％を越える 2006年、70％ 2008年、90％	国際化 新分野商品の拡大	

出所）細川（2008）．42ページ，図表 3。

だけ高くなる。
◎仮説B　ある企業の成功した戦略を他の企業が「模倣」することが容易であればあるほど，産地の存続の可能性はそれだけ高くなる。

東かがわ手袋産地は120年の伝統を持ち，日本の手袋生産のほぼ90%を占める産地である。したがって，日本の手袋産業＝東かがわ手袋産地とみなすことが出来る。手袋産地は，第二次世界大戦後長らく産地内生産を行い，地域経済の中核を担ってきた。この間，この産地も幾多の環境変化に直面したが，その都度，その危機を乗り越え，変容してきた。この変容を資源依存モデルの産地成長仮説に基づいて検討しよう。動向については，図表10-4に示している。

5-2. 成長期・最盛期（第一転換期以降）の分析

導入期から成長期・最盛期にかけて，産地では，先駆的企業のいくつかが新しい経営戦略を試みてきた。まず，海外生産について見てみよう。

その先駆けは成長期第1期におけるスワニー，ヨークス，ウルシハラで，海外での委託生産を開始している。当時の産地は商社などからのアメリカ・カナダへの輸出品の受注で活況を呈し，産地内労働力だけでは足りず，多くの企業は独身寮建設による県外労働者の受け入れ，あるいは，県内各地や徳島県等の産地外への工場進出（例えば，県内に満濃工場，徳島県に鳴門工場など）により，問題解決を図ろうとしていたが，海外への委託生産はその延長線上の試みであった。とすれば，それは「変異」ではないかも知れない。しかし，新しい発見とみれば，小さな「変異」かも知れない。

しかし，成長期第2期に入ると，ナイガイ，レガン，クロダ，キャスコが委託生産で参入し，ヨークスも委託生産を拡大している。さらに，スワニーが韓国に直接投資による海外子会社を設立し，海外生産を軌道に乗せている。白鳥繊維も委託生産を試行している。これは「変異」の断片的な発生である。だが，当時，このような「変異」としての企業行動は，低価格品の輸入を促進

し，産地を空洞化するものとして，産地内では厳しく批判された。

　成長期第3期には，スワニーが韓国から中国へ工場をシフトさせた。レガンがベトナムで工場管理に取り組んだが，有力企業の多くは，例えば，ハシセン，中虎，松岡手袋は，国内生産を強く指向していた。

　しかし，最盛期に入ると，様相は一変した。ナイガイがスリランカで，クロダが中国で，レガンがベトナムで，キャスコがタイで本格的な海外工場運営（海外子会社または合弁企業の経営）に入った。また，国内指向型だったハシセン，中虎，松岡手袋が新たに委託生産を開始し，ヨークスも委託生産の充実を図った。この時期には，海外生産は産地の重要な機能の一つとなってきた。産地では，産地内生産力だけでは需要に追いつけなくなり，低コストの要請とも合致して，海外生産容認の方向に進んだ[11]。「組織個体群」としての産地において，「変異」の「選択」が始まっている。

　他方，国内生産の品種面をみると，成長期第1期には，ゴルフ手袋にハシセンなどが，スキー手袋に中虎などが，ボーリング手袋にキャスコなどが進出した。これらのスポーツ手袋の「変異」は，第一転換期において多くの産地企業の追随すなわち「模倣」を招き，品種転換の先駆けをなした。

　このように海外生産はごく一部の企業のいわば異端的試みであったが，特に委託生産についてはその後多くの産地企業の追随を招き，拡大してきた。また，各種のスポーツ手袋分野でも，先駆的企業の試みが産地における品種転換の母胎となった。このことから，われわれは，成長期から最盛期にかけての，産地成長に関する資源依存モデルの仮説を次のように具体的に規定することが出来る。

　　◎仮説ⅠA　いくつかの先駆的企業がそれぞれの経営戦略を展開し，成功する，すなわち，「変異」する。
　　◎仮説ⅠB　産地企業の大多数が先駆的企業の経営戦略を「模倣」し，成功する。したがって，産地は「変異」の「選択」によって成長を遂げることが出来る。

5-3. 成熟期・第2転換期以降の分析

　成熟期第1期には，新たにヨークスが中国で，レガンがフィリピンで，国内指向型先駆的企業であったハシセン，中虎が中国で海外工場を設立して，本格的に海外生産に入った。手袋産地という「組織個体群」において，中国を中心にした「変異」が「選択」されている。

　成熟期第2期では，産地の海外生産比率が90％にも達して，生産の中核になるとともに，その再編成が始まっている。組織個体群において，中国を中心にした「変異」が「保持」されている。

　しかし，新しい「変異」が芽生えていることを見逃してはならない。クロダ＝「中国・プラス・ワンとしてのインドを視野に入れる。」ハシセン＝「中国については，将来の限界を考慮すれば，海外生産の再構築を図らねばならない。ベトナム等へのシフトをも検討している。数年先が予測できなくなったので，今後の直接投資は厳しいのではないか。」白鳥繊維＝「国内生産力が大幅に減少しており，将来は海外生産のみになると思われる。新興国を中心に再度リサーチをしながら，生産基地について勉強をしていきたい。」(2008年3月面談)

　他方，国内生産に目を向けると，新規商品の開発も先駆的企業によって行われている。UV製品，小型旅行カバン，健康衣料，帽子，PDA用ケース，スノーボード手袋などが新しい「変異」として開発された。例えば，UV商品は市場の拡大が見込まれるが，これらの商品の多くはPDA用ケースのように市場規模すなわち「ニッチ」が小さい。帽子や小型旅行カバンのような既存の商品の場合には，既に有力企業が存在しているために，当産地からの新規参入には限界がある。したがって，新しい「変異」には多数の企業の追随すなわち「模倣」は不可能である。

　このように，この段階の産地は，一部の先駆的企業にその他の多くの企業が追随した過去とは状況が大きく異なっている。われわれは，こうした事態から産地は成熟期に入っていると理解することが出来る。この期の動向は，成長

期・最盛期の仮説では説明できない事態が生じている。すなわち，先駆的企業の成功すなわち「変異」を多数の産地企業がもはや「模倣」できない事態にある。生存できる「ニッチ」が小さいからである。それゆえ，われわれは産地成長の仮説を次のように修正せざるを得ない。

- ◎仮説ⅡA　いくつかの先駆的企業が多様な経営戦略を展開し，成功する，すなわち，「変異」する。
- ◎仮説ⅡB　多くの産地企業は，先駆的企業の経営戦略を模倣することが困難である。したがって，産地全体は「変異」を「選択」できず，画一的な「生産基地」の再構築が困難になる。各企業は個々の「変異」を追求せざるを得ない。

5-4. 産地パラダイムの変容

このようにみてくると，われわれは産地がすでに成熟期に入っており，産地パラダイムが変容していることを伺い知ることが出来る。それは図表10-5のようにまとめられる。

5-5. 産地の課題

新しい経営環境のもとでは，企業規模の大小を問わず，先駆的な試みをする企業の「変異」のみが生き残れる。産地は，多様で異質な企業行動により，従来とは異なる多元的な産地作りを指向せざるを得なくなっている。異なる遺伝子を持つ企業から構成される産地は，新しい道を歩むことになろう。

ところで，このような歩みによって，産地はすでに第三転換期に入っているのかも知れない。先駆的企業にとって海外生産がほとんど全てとなる事態が到来し，産地にとってもそれは間近い。画一的な「生産基地」ではない，「グローバル企業」の集積，それは新しいビジネスモデルを要求している。例えば，発注者との関係では，やはり生産者なのか，それとも海外生産基地との仲介者なのか。企業者としては，工業資本家として機能し続けることが出来るのか，

図表10-5　産地パラダイムの変容

	成長期・最盛期	成熟期
生産力	生産の中核は国内生産、すなわち、産地内生産であり、海外生産が補完する。	海外生産が産地内で認知され、その比重が増加する。やがて、海外生産が中核となり、産地内生産が補完する。
生産構造	商社・繊維問屋・衣料品メーカー、（途中からは、量販店）からの元請受注と産地内下請再生産が主流である。海外生産が始まる。	左記も残るが、自社ブランド品の販売、海外生産の定着など多様になる。
製品－市場	産地の意識としては、手袋（防寒手袋、ファッション手袋、ゴルフ手袋、スキー手袋などに区分したとしても）、ニット衣料、カバン袋物に区分して、単一製品として扱い、巨大な市場を相手にしている。これに新分野商品が加わる。	例えばオート手袋といってもその内部ではロットが小さくなり、PDA用ケースでは市場規模は小さく、したがって、各社は多様な品種ないし品目を扱わなければならない。
企業行動	産地企業の多くは問屋などからの元請または下請による受動的生産、あるいは、先駆的企業の模倣による生産である。	模倣では市場獲得が困難となる。先行性や独創性が重要になる。
指向性	生産指向であり、低コストを追求する。	企業者指向で、危険負担と創造性が求められる。
仮説	仮説ⅠA、ⅠB。	仮説ⅡA、ⅡB。

出所）筆者作成

それとも商業資本家としての発想が必要なのか。唯一の答えがないとすれば、それぞれの企業が新しい「変異」を求めて行動せざるを得ないだろう。グローバル企業の集積としての産地が新しい第三のパラダイムを構築できれば、産地は新たな離陸期を迎えることになる。

・・・・・・・・・・・・・・・・・・・・・・・・・・・・・・　注　・・・・・・・・・・・・・・・・・・・・・・・・・・・・・・

1) ここでは Aldrich and Pfeffer（1976），Pfeffer and Salancik（1978），Aldrich（1979），Aldrich（1999）の所論を中心に検討する。
2) 進化モデルは十分に一般的なので、個人、作業集団、部門、組織（個体）、組織個体群、組織コミュニティ（複数の組織個体群の集合）のようにさまざまな

異なる分析水準の単位での変異やその選択と保持について包括的に扱うことが出来る (Aldrich, 1999, 邦訳, 50ページ)。
3) 「組織ポピュレーション・エコロジーすなわち個体群生態学は組織の個体群レベルを対象とする。各組織レベルは確かに生態学的分析対象ではあるが、生態学に個体生態学と個体群生態学があるように、組織のポピュレーション・エコロジーはまず単位体としての組織を対象外とする」(鈴木, 1986, 198ページ) という見解もある。
4) 手袋産業の沿革については、本章の「5. 事例分析」を参照のこと。
5) 戦略経営については、第9章を参照のこと。
6) 「R: pp.13-14」の「R:」はリプリント版の意味である。以下同様。
7) オルドリッチ (Aldrich, 1999, 邦訳, 45-46ページ) は、この著書において、進化の過程を「変異→選択→保持→闘争」としているが、「闘争」は同書の全体では必ずしも独立した過程としては扱われていない。われわれは、「闘争」はその内容から「変異→選択→保持」の過程のすべてに関わるものと理解している。
8) 桑田・田尾 (1998, 112-113ページ) の図5-1(b)も参照のこと。
9) 「ある属性を持つ個体群が環境変化に対応してその純再生産率を高めるとき、それは『選択された』(selected for) という。それゆえ、個体群が高い純再生産率である場合、その個体群は、環境によって選ばれて『適所』(niche or niche width) を得ている、あるいは環境に『適合』(fit) していると解される」(鈴木, 1986, 200ページ)。
10) 「環境に適合しているから、存続している」、「存続しているから、環境に適合している」というトートロジーの問題については、山城 (1961, 106-108ページ) の次の見解が参考になる。山城は、「経営自主体の原理は、現代企業から導き出せる」、「現代企業は、経営自主体の原理を体現しつつある」の間のトートロジーについて、次のように論じている。
「現代企業のうちから、企業の原理を把握しようとする」分析手法は、例えば、「もっとも健康な人の状況とは何かをみるのに、人々の中で代表的な健康人をあつめ、その健康人を分析して、どうあるのが健康の在り方であるかを決めるやり方である。…これは一種の循環論法におちいる。現代を代表するもっとも企業らしい企業をえらび、これを分析することによって企業らしさの原理を把握するのであるが、企業らしいとはどんな企業であるのか、つまり企業の在り方がまずわかっていなければ、企業をえらび出し得ない道理である。」「この循環論法は厳密にはいかんともしがたいのであるが」、企業の在り方を解明するという分析の目的は達せられる。
11) しかし、日本手袋工業組合が海外生産の集計を始めたのは、成熟期の1992年度からである。

引用文献・参考文献

Aaker, D. A.（1984），野中郁次郎ほか訳『戦略市場経営―戦略をどう開発し評価し実行するか―』ダイヤモンド社，1986（*Strategic Market Management*, Wiley.）
Aldrich, H. E.（1979），*Organization and Environments*, Prentice-Hall.
――――（1999），若林直樹・岸田民樹ほか訳『組織進化論―企業のライフサイクルを探る―』東洋経済新報社，2007。（*Organizations Evolving*, Sage Publications.）
Aldrich, H. E. and Pfeffer, J.（1976），"Environments of Organizations," *Annul Review of Sociology*, 2. pp.79-105. Reprinted in Zey-Ferrell, M. ed., *Readings on Dimensions of Organizations: Environment, Context, Structure, Process and Performance*, Goodyear, 1979, pp.3-27.
Allen, L.（1964），小山八郎訳『専門経営者』ダイヤモンド社，1968。（*The Management Profession*, McGraw-Hill.）
Andrews, K. R.（1971），*The Concept of Corporate Strategy*, Dow Jones-Irwin.（山田一郎訳『経営戦略論』産業能率大学出版部，1977）
Ansoff, H. I.（1965），*Corporate Strategy*, McGraw-Hill.（広田寿亮訳『企業戦略論』産能大出版部，1969）
Applewhite, P. B.（1965），*Organizational Behavior*, Prentice-Hall.
Barnard, C. I.（1938），*The Functions of the Executive*, Massachusetts.（山本安次郎・田杉競・飯野春樹訳『新訳 経営者の役割』ダイヤモンド社，1986）
――――（1948），*Organization and Management: Selected Papers*, Harvard University Press.
Barney, J. B.（2002），岡田正大訳『企業戦略論 上・中・下』ダイヤモンド社，2003。（*Gaining and Sustaining Competitive Advantage*, 2nd ed., Pearson Education.）
Bartlett, C. A. and Ghoshal, S.（1989），吉原英樹監訳『地球市場時代の企業戦略―トランスナショナル・マネジメントの構築―』日本経済新聞社，1990。（*Managing Across Borders: The Transnational Solution*, Harvard Business School Press.）
Becerra, M.（2009），*Theory of the Firm for Strategic Management: Economic and Analysis*, Cambridege University Press.
Bendix, R.（1960），折原浩訳『マックス・ウェーバー―その学問の全体像―』中央公論社，1966。（*Max Weber: An Intellectual Portrait*, Doubleday and Company.）
Bennis, W. G.（1966），*Changing Organizations: Essays on the Development and Evolution of Human Organizations*, McGraw-Hill.

Bergquist, W. (1993), *The Postmodern Organization: Mastering the Art of Irreversible Change*, Jossey-Bass.

Blau, P. M. (1956), *Bureaucracy in Modern Society*, University of Chicago Press.

Blau, P. M. and Scott, W. R. (1963), *Formal Organizations: A Comparative Approach*, Routledge & Kegan Paul.

Bobbitt, H. R., Breinholt, R. H., Doktor, R. H. and McNaul, J. P. (1978), *Organizational Behavior: Understanding and Prediction*, Prentice-Hall.

Brown, A. (1947), *Organization of Industry*, Prentice-Hall. (安部隆一訳『経営組織』日本生産性本部, 1963)

Brown, J. A. C. (1945), 伊吹山太郎・野田一夫訳『産業の社会心理―工場における人間関係―』ダイヤモンド社。(*The Social Psychology of Industry: Human Relations in the Factory*, Penguin Books.)

Brown, W. B. and Moberg, D. J. (1980), *Organization Theory and Management: A Macro Approach*, Willey.

Burack, E. (1975), *Organization Analysis: Theory and Applications*, Dryden Press, 1975.

Burns, T. and Stalker, G. M. (1961), *The Management of Innovation*, Tavistock. Excerpted and Reprinted in Tosi, H. L., *Theories of Organization*, Sage, 2009, Chapter 8, pp.103–108.

Burrell, G. and Morgan, G. (1979), 鎌田伸一・金井一頼・野中郁次郎訳『組織理論のパラダイム―機能主義の分析枠組―』千倉書房, 1986。(*Sociological Paradigms and Organizational Analysis: Elements of the Sociology of Corporate Life*, Heinenmann.)

Campbell, D. T. (1969), "Variation and Selective Retention in Sociocultural Evolution," *General Systems*, 16, pp.69–85.

Campbell, J. P., Dunnette, M. D., Lawler, E. E. and Weick, K. E. (1970), *Managerial Behavior, Performance, and Effectiveness*, McGraw-Hill.

Carter, C., Clegg, S. R. and Kornberger, M. (2008), *A Very Short, Fairly Interesting and Reasonably Chearp Book About Studying Strategy*, Sage.

Cartwright, D. and Zander, Z. (1968), *Group Dynamics: Research and Theory*, 3rd ed., Harper and Row. (三隅二不二・佐々木薫訳『グループ・ダイナミックスⅠ・Ⅱ』誠信書房, 1959)

Chandler, A. D. (1962), 三菱経済研究所訳『経営戦略と組織』実業之日本社, 1962。(*Strategy and Structure*, MIT Press.)

―――― (1977), *The Visible Hand: The Managerial Revolution in American Business Markets and Hierarchies*, Free Press.

Child, J. (1972), "Organization Structure, Environment and Performance: The Role of Strategic Choice," *Sociology*, 6, pp.1–22.

Chung, K. H. (1977), *Motivational Theories and Practices*, Grid.
Chung, K. H. and Megginson, L. C. (1981), *Organizational Behavior: Developing Managerial Skill*, Harper & Raw.
Dale, E. (1965), *Management: Theory and Practce*, McGraw-Hill.（木川田一隆・高宮晋監訳『経営管理―その理論と実際―』ダイヤモンド社，1967）
Davis, K. (1957), *Human Relations in Business*, McGraw-Hill.
——— (1967), *Human Relations at Work: The Dynamics of Organizational Behavior*, 3rd ed., McGraw-Hill.
——— (1977), *Human Behavior at Work: Organizational Behavior*, 5th ed., McGraw-Hill.
Davis, R. C. (1951), *The Fundamentals of Top Management*, Harper & Row.（大坪檀訳『管理者のリーダーシップ　上・下』日本生産性本部，1962）
Davis, S. M. (1984), 河野豊弘・浜田幸雄訳『企業文化の変革―社風をどう管理するか―』ダイヤモンド社，1985。(*Managing Corporate Culture*, Harper & Row.)
Dessler, G. (1977), *Management Fundamentals: A Framework*, Reston.
——— (1980), *Organization Theory: Integrating Structure and Behavior*, Prentice-Hall.
Digman, L. A. (1990), *Strategic Management: Concept, Decisions, Cases*, 2nd ed., Irwin.
Dill, W. R. (1958), "Environment as an Influence on Managerial Autonomy," *Administrative Science Quarterly*, 2, pp.409-443.
Donnelly, J. H., Gibson, J. L. and Ivancevich, J. M. (1978), *Fundamentals of Management : Functions, Behavior, Models*, 3rd ed., Business Publications, 1978.
Drucker, P. F. (1974), *Management: Tasks, Responsibilities, Practices*, Harper.
Duncan, R. B. (1972), "Characteristics of Organizational Environments and Perceived Environmental Uncertainty," *Administrative Science Quaterly*, 17, pp.313-327.
Duncan, W. J. (1981), *Organizational Behavior*, 2nd ed., Houghton Mifflin.
Dunnette, M. D., Campbell, J. P. and Hakel, M. D. (1967), "Factors Contributing to Job Satisfactions and Job Dissatisfactions in Six Occupational Groups," *Organizational Behavior and Human Performance*, 2, pp.143-174.
Emery, F. E. and Trist, E. L. (1965), "The Causal Texture of Organizational Environments," *Human Relations*, 18, pp.21-32.
Evan, W. M. (1966), "The Organization-Set: Toward a Theory of Inter-orgainitional Relations," in Thompson, J. D., ed., *Approaches to Organizational Design*, The University of Pittsburgh Press.
Fayol, H. (1916), 佐々木恒男訳『産業ならびに一般の管理』未来社，1972。(*L'Administration Industrielle et Generale*.)
Fiedler, F. E. (1967), *A Theory of Leadership Effectiveness*, McGraw-Hill.（山田雄一監訳『新しい管理者像の探求』産業能率大学出版部，1970）

Fiedler, F. E., Chemers, M. M. and Mahar, L. (1977), *Improving Leadershipness : The Leader Match Concept,* Rev. ed., John Wiley.

Flippo, F. B. (1966), *Management: A Behavioral Approach,* Allyn and Bacon.

Galbraith, J.R. (1972), "Organization Design: An Information Processing View," *Interfaces,* 4 (3), pp.28-36. Reprinted in Gibson, J. L., Ivancevich, J. L. and Donnelly, Jr., J. H. eds., *Readings in Organizations: Behavior, Structure, Process,* 3rd ed., Business publications, pp.244-255.

Galbraith J. R. and Nathanson, D. A. (1978), *Strategy Implementation: The Role of Structure and Process,* West Publishing. (岸田民樹訳『経営戦略と組織デザイン』白桃書房, 1989)

Gibson, J. L., Ivancevich, J. M. and Donnelly Jr., J. H. (1979), *Organizations: Behavior, Structure, Processes,* 3rd ed., Business Publications.

Gordon, T. (1955), *Group-centered Leadership: A Way of Releasing the Creative Power of Groups,* Houghton Mifflin.

Gouldner, A. W. (1954), *Patterns of Industrial Bureaucracy,* Free Press.

Grant, R. M. (2008), *Contemporary Strategy Analysis,* 6th ed., Blackwell Publishing.

Gray, E. R. and Smeltzer, L. R. (1989), *Management: The Competitive Edge,* Macmillan.

Hage, J. (1980), *Theories of Organizations: Form, Process, and Transformation,* John Wiley.

Haire, M. (1959), *Modern Organization Theory: A Symposium of the Foundation for Research on Human Behavior,* Wiley.

—— (1962), *Organization Theory in Industrial Practice: A Symposium of the Foundation for Research on Human Behavior,* Wiley.

Halpin, A. W. and Winer, J. (1957), "A Factorial Study of the Leader Behavior Description Questionnaire," in Stogdill, R. M. and Coon, A. E., eds., *Leader Behavior: Its Description and Measurement,* Bereau of Business Research, Ohio State University, pp.39-51.

Hamel, G. and Prahalad, C. K. (1994), 一條和生訳『コア・コンピタンス経営―未来への競争戦略』日経ビジネス人文庫, 2001。(*Competing for the Future,* Harvard Business School Press)

Hannan, M. T. and Carrol, G. R. (1995), "An Introduction to Organizational Ecology," in Caroll, G. R. and Hannan, M. T. eds., *Organizations in Industry: Strategy, Structure, and Selection,* Oxford University Press, pp.17-31.

Hannan, M. T. and Freeman, J. (1974), "The Population Ecology of Organizations," *American Joumal of Sociology,* 82 , pp.929-964.

—— (1989), *Organizational Ecology,* Harvard University Press.

原沢芳太郎 (1985)「公式組織の定義と組織成立の3要素―組織把握の2段階―」

『研究年報経済学（東北大学）』156, 149-163 ページ。
Hass, J. E. and Drabek, T. E. (1973), *Complex Organization: A Sociological Perspective*, Macmillan Publishing.
Hatpin, A. W. and Winer, J. (1957), "A Factorial Study of the Leader Behavior Description Questionaire," in Stogdill, R. M. and Coon, A. E. eds., *Leader Behavior: Its Description and Measurement*, Bureau of Business Research, Ohio State University, pp. 39-51.
Haynes, W. W. and Massie, J. L. (1961), *Management: Analysis, Concept, and Cases*, Prentice-Hall.
Hellriegel, D. H. and Slocum, Jr., J. W. (1976), *Organizational Behavior: Contingency Views*, West Publishing Company.
――― (1978), *Management : Contingency Approaches,* 2nd ed., Addison-Wesley.
――― (1989), *Management,* 5th ed., Addison-Wesley.
Hellriegel, D. H., Jackson, S. J. and Slocum Jr., J. W. (2007), *Managing: A Competency-based Approach*, 11th ed., Addison-Wesley.
Herbert, T. T. (1976), *Dimensions of Organizational Behavior*, Macmillan.
Herzberg, F. (1966), 北野利信訳『仕事と人間性』東洋経済新報社, 1968。(*Work and the Nature of Man*, Crowell.)
――― (1976), *The Managerial Choice: To be efficient and to be human*, Dow Jones-Irwin. (北野利信訳『能率と人間性』東洋経済新報社 , 1978)
Herzberg, F., Mausner, B. and Snyderman, B. B. (1959), *The Motivation to Work*, John Wiley & Sons.
Hicks, H. G. (1967), *The Management of Organizations*, McGraw-Hill. (景山裕子訳『人間行動と組織―行動科学と経営管理論の統合―』産業能率短期大学出版部, 1969)
Hodge, B. J. and Anthony, W. P. (1988), *Organization Theory,* 3rd ed., Allyn andd Bacon.
Hodge, B. J. and Johnson, H. J. (1970), *Management*, Wiley.
Hodgetts, R. M. (1979), *Management : Theory, Process and Practice,* 2nd ed., Saunders.
Hodgetts, R. M. and Altman, S. (1979), *Organizational Behavior*, Saunders.
Hofer, C.W. and Shendel, D. (1978), 奥村昭博ほか訳『戦略策定―その理論と手法―』千倉書房, 1981。(*Strategy Formulation: Analytical Concepts*, West Publishing.)
Holden, P. E., Fish, L. S. and Smith, L. H. (1941), 岸上英吉訳『トップ・マネジメント』ダイヤモンド社, 1957。(*Top Management Organization and Control*, McGraw-Hill.)
細川　進 (1980)「組織均衡の維持と技術的リーダーシップ―バーナード管理者機能論の一考察―」『香川大学経済論叢』53 (2), 260-276 ページ。

─── (1981)「管理責任と道徳―バーナード管理者機能論の一考察―」『企業管理論の基本問題』千倉書房, 307-321 ページ。
─── (1982)「地場産業の振興と地域づくり」『地場産業の振興と地域づくり』香川県商工会連合会, 9-77 ページ。
─── (1985)「組織人格の形成・統合・維持―バーナードのリーダーシップ論の一考察―」河野重栄・森本三男編『経営管理の基本問題』同文舘, 101-114 ページ。
─── (1987)「協働システムにおける個人の『自覚』と組織の『機能』―バーナードの組織概念の検討―」『企業管理の基本問題』千倉書房。
─── (1992)「組織の存続と資源依存」河野重栄・細川進編『現代マネジメント』同文舘, 83-102 ページ。
─── (1993)「手袋産地の問題点と課題（1993 年）」『地域と情報化』香川大学, 1-21 ページ。
─── (1997)「手袋産業成熟期における下請企業の成長要因」『香川大学経済論叢』70 (2), 5-29 ページ。
─── (1998)「個人人格と組織人格」『香川大学経済論叢』71 (2), 3-25 ページ。
─── (2008)「東かがわ手袋製造企業の海外生産と産地の変容」『経営教育研究』11 (29), 27-46 ページ。
─── (2010b)『東かがわ手袋産地の変容』学文社（近刊）。
細川　進・元家万枝 (1980)「白鳥地域手袋・カバン袋物・ニット製品産地の概況」『香川大学経済学部研究年報』20, 235-283 ページ。
Hrebiniak, L. G. (1978), *Complex Organization*, West Publishing.
Hunt, J. G. and Larson, L. L. (1977), *Leadership: The Cutting Edge: A Symposium held at Southern Illinois University, Carbondale, October 27-28. 1976*, Southern Illinois University Press.
降旗武彦 (1970)『経営管理過程論の新展開』日本生産性本部。
飯野春樹 (1975)「バーナードの管理とリーダーシップの理論」『関西大学商学論集』創立 90 周年記念特輯号, 189-209 ページ。
─── (1978)『バーナード研究：その組織と管理の理論』文眞堂。
─── (1972)「バーナードにおける個人主義と全体主義」『関西大学商学論集』18 (4・5・6)。
─── (1979)「バーナード研究の動向」降旗・飯野・浅沼・赤岡『経営学の課題と動向』中央経済社, 71-86 ページ。
─── (1992)『バーナード組織論研究』文眞堂。
石井淳蔵・奥村昭博・加護野忠夫・野中郁次郎 (1996)『経営戦略論』有斐閣。
Jeffs, C. (2008), *Strategic Management*, Sage.
Jurkovich, R. (1974), "A Core Typology of Organizational Environments," *Administrative*

Science Quarterly, 19（3）. Reprinted in Tosi, H. L. and Hamner, W. C., *Organizational Behavior and Management: A Contingency Approach*, 3rd ed., John Wiley & Sons, 1982, pp.11-24.

門脇延行（1968）「バーナード＝サイモンの組織均衡論について」『彦根論叢』128，80-92ページ．

加護野忠男（1980）『経営組織の環境適応』白桃書房．

柿崎洋一「環境経営の経営実践論」日本経営教育学会編『実践経営学』中央経済社，174-187ページ．

Kast, F. E., and Rosenzweig, J. E.（1985）, *Organization and Management*, 4th ed., McGraw-Hill.

加藤勝康（1974）「バーナード理解のための基本的視角をもとめて」『研究年報経済学（東北大学）』35（3），1-15ページ．

――（1978）「書評：飯野春樹『バーナード研究―その組織と管理の理論―』」『関西大学奨学論集』23（2），76-90ページ．

加藤勝康・飯野春樹（1987）『バーナード―現代社会と組織問題』文眞堂．

川端久夫（1971）「バーナード組織論の再検討」『組織科学』9（1），55-65ページ．

――（1972）「企業組織の境界―バーナード組織論の基本問題―」『経済学研究（九州大学）』37（1-6），153-166ページ．

――（1974）「組織均衡論の誕生―バーナードにおける経済人『批判』―」『経済学研究（九州大学）』40（3），1-38ページ．

――（1979）「近代管理学の労使関係観―バーナードにおける協働とコンフリクト―」『経済学研究（九州大学）』44（4・5・6），37-56ページ．

――（1980）「バーナード組織概念の再検討」『経済学研究（九州大学）』45（4・5・6），97-112ページ．

――（2008）「バーナード組織概念の再詮議」経営学史学会編『現代経営学の潮流』文眞堂，109-119ページ．

Kelly, J.（1969）, *Organizational Behavior*, Irwin-Dorsey.

岸田民樹（1985）『経営組織と環境適応』三嶺書房．

――（2006）「アメリカ経営学の展開と組織モデル」経営学史学会編『企業モデルの多様化と経営理論―二十一世紀を展望して―』文眞堂，11-26ページ．

小泉良夫（1982）「バーナードの公式組織の定義について」『北見大学論集』7，1-24ページ．

Koolhaas, J.（1982）, *Organization Dissonance and Change*, John Wiley & Sons.

Koontz, H. and C. O'Donnell（1972）, *Principles of Management: An Analysis of Managerial Functions*, 5th ed., McGraw-Hill.（高宮晋・大坪壇・中原伸之訳『経営管理の原則　1-5』ダイヤモンド社，1965，第3版1965の邦訳）

――（1976）, *Management: A System and Contingency Analysis of Managerial*

  Functions, 6th ed., McGraw-Hill.
Koontz, H.（1964）, *Toward a Unifyed Theory of Management,* McGraw-Hill.
河野大機（1980）『バーナード理論の経営学的研究』千倉書房。
河野重栄（1969a）「人間関係管理」山城章編『経営学小辞典』中央経済社。
―――（1969b）「人間関係論」山城章編『経営学小辞典』中央経済社。
―――（1973）「マネジメント機能論の発展とその限界」山城章先生退官記念論文集編集委員会編『経営と管理』中央経済社，3-27ページ。
―――（1976）「1940年代のマネジメント思想史研究」『研究論叢（東京都立商科短期大学）』，第13号。
―――（1985）「フォレット重視とファヨールの再発見」河野重栄・森本三男編『経営管理の基本問題』同文舘。
―――（1988）「1920年代以降のマネジメント思想史の変遷」『産業経理』46（1）。
―――（2009）「企業体制の発展理論と対境理論」日本経営教育学会編『実践経営学』中央経済社，19-39ページ。
河野重栄・細川進（1992）『現代マネジメント』同文舘。
雲嶋良雄（1966）『経営管理学の生成』同文舘。
―――（1971）「バーナードの管理者職能論―その特質と経営学的意義―」『商学研究（一橋大学研究年報）』14，1-96ページ。
桑田耕太郎・田尾雅夫（1988）『組織論』有斐閣。
Lawler, Ⅲ, E. E.（1971），安藤瑞夫訳『給与と組織効率』ダイヤモンド社，1972。（*Pay and Organizational Effectiveness: A Psycological View,* McGraw-Hill.）
Lawrence, P. R. and Dyer, D.（1981）, "Organization and Environment Perspective," in *Perspectives on Organization Design and Behavior,* Van de Van, A. H. and Joyce, W. F. eds., John Wiley and Suns.
Lawrence, P. R. and Lorsch, J. W.（1969）, *Organization and Environment,* Irwin.（吉田博訳『組織の条件適応理論』産業能率短期大学出版部，1977）
Levitt, T.（1962），土岐坤訳『マーケティングの革新―未来戦略の新視点―』ダイヤモンド社，2006。（*Innovation in Marketing: New Perspectives for Profit and Growth,* McGraw-Hill.）
Likert, R.（1961），*New Pattern of Management,* McGraw-Hill.（三隅二不二訳『経営の行動科学―新しいマネジメントの探求―』ダイヤモンド社，1964）
―――（1967），*The Human Organization: Its Management and Value,* McGraw-Hill.（三隅二不二訳『組織の行動科学―ヒューマン・オーガニゼーションの管理と価値―』ダイヤモンド社，1968）
Litwin, G. M. and Stringer, Jr., R. A.（1968），井尻昭夫訳『組織風土』白桃書房，1974。（*Motivation and Organizational Climate,* Division of Research, Harvard University Graduate School of Business Administration.）

Livingston, R. T.（1949）, *The Engineering of Organization and Management*, McGraw-Hill.
真野　脩（1974）「バーナードにおける内的均衡と外的均衡」『経済学研究（北海道大学）』24（1），70-88ページ．
───（1978）『組織経済の解明―バーナード経営学―』文眞堂．
───（1987），『バーナードの経営理論』文眞堂．
March, J. G. and Simon, H. A.（1958）, *Organizations*, John Wiley & Sons.（土屋守章訳『オーガニゼーションズ』ダイヤモンド社，1977）
Maslow, A. H.（1943）, "A Theory of Human Motivation," *Psycological Review*, 50, pp.370-396. Reprinted in Weissenberg, P., *Introduction to Organizational Behavior: A Behavioral Science Approach to Understanding Organizations*, International Book Company, 1971, pp.208-224.
───（1970）, *Motivation and Personality*, 2nd ed., Harper & Row.
Massi, J.（1946）, *Essentials of Management*, Prentice-Hall.
増田茂樹（1999）「経営学における研究方法について―山城経営学における研究方法の確認―」森本三男編『実践経営の課題と経営教育』学文社，57-71ページ．
───（2009）「実践経営学と経営財務の理論」日本経営教育学会編『実践経営学』中央経済社，40-58ページ．
Mayo, E.（1933）, *The Human Problems of an Industrial Civilization*, Harvard University Press.（村上栄一訳『新訳 産業文明における人間問題』日本能率協会，1967）
McGregor, D.（1960）, *The Human Side of Enterprise*, McGraw-Hill.（高崎達男訳『新版 企業の人間的側面』産業能率短期大学出版部，1970）
McKelvey, B.（1982）, *Organizational Systematics*, University of California Press.
Mee, J. F.（1963）, *Management Thought in a Dynamic Economy*, New York University Press.
Merton, R. K.（1940）, "Bureaucratic Structure and Personality," *Social Forces*, 18, pp.560-568. Reprinted in Weissenberg, P., *Introduction to Organizational Behavior: A Behavioral Science Approach to Understanding Organizations*, International Book Company, 1971, pp.136-147.（森東吾ほか訳『社会理論と社会構造』みすず書房，1961，第6章「ビューロクラシーの構造とパースナリティ」179-189ページ）
Miles, R. E., Snow, C. C. and Pfeffer, J.（1974）, "Organization and Environment: Concept and Issues," *Industrial Relations*, 13, pp.244-264. Reprinted in Gibson, J.L., Ivancevich, J. M. and Donnelly, Jr., J. H., eds.（1979）, *Readings in Organizations: Behavior, Structure, Process*, 3rd ed., Business Publications, pp.196-217.
南　龍久（1975）「バーナードにおける管理職能論の検討」『九州産業大学商経論叢』15（3・4），17-49ページ．
Miner, J. B.（1980）, *Theory of Organizational Behavior*, Dryden Press.

Mintzberg, H. (1973), *The Nature of Managerial Work*, Harper and Row. (奥村哲史・須貝栄訳『マネージャーの仕事』白桃書房, 1993)
――― (1987), 「戦略プラニングと戦略思考は異なる」『H. ミンツバーグの経営論』ダイヤモンド社, 2007。("Crafting Strategy," *Harvard Business Review*, 65: July-August.)
――― (1989), 北野利信訳『人間感覚のマネジメント：行き過ぎた合理主義への抗議』ダイヤモンド社, 1991。(*Mintzberg on Management: Inside our startegy world of organizations*, The Free Press.)
――― (1994a), "The Fall and Rise of Strategic Planning," *Harvard Business Review*, January-Febuary.
――― (1994b), 中村元一監訳『戦略計画―創造的破壊の時代―』産能大出版部, 1997。(*The Rise and Fall of Strategic Planning*, Prentice Hall.)
Mintzberg, H., Ahlstrand, B. and Lampel, J. (1998), *Strategy Safari: A Guided Tour Through The Wilds of Strategic Management*, Free Press. (齋藤嘉則監訳『戦略サファリ―戦略マネジメント・ガイドブック―』東洋経済新報社, 1999)
三戸　公 (1972)「組織の境界について」『組織科学』6 (1), 4-12 ページ。
――― (1973)「人間その行動」『立教経済学研究』26 (4)。
三菱重工ホームページ,「三菱重工ニュース」第 4847 号, 2009.09.07。http://www.mhi.co.jp/news/story/0908074847.html（閲覧 2009.10.03）。
Mooney, J. D. (1947), *The Principles of Organization*, Rev. rd., Harper & Brother.
Morgan, Jr., J. E. (1973), *Principles of Administrative and Supervisory Management*, Prentice-Hall.
森本三男 (1996)「山城経営学の構図」経営学史学会編『日本経営学を築いた人びと』文眞堂。
――― (1998)『現代経営組織論』学文社。
――― (1999)「実践経営学と経営教育―日本経営教育学会の軌跡―」森本三男編『実践経営の課題と経営教育』学文社, 2-18 ページ。
藻利重隆 (1964)『労務管理の経営学（増補版）』千倉書房。
――― (1965)『経営管理総論（第二新訂版）』千倉書房。
――― (1973)『経営学の基礎（新訂版）』森山書店。
向井武文 (1970)『科学的管理の基本問題』森山書店。
村田晴夫 (1978)「構造と主体―バーナードの公式組織の概念をめぐって―」『武蔵大学論集』26 (2), 55-68 ページ。
Nadler, D. A. and Lawler, Ⅲ, E. E. (1977), "Motivation : A Diagnostic Approach," in Hackman, J. R., Lawler, E. E. and Porter, L. W. eds., *Perspectives on Behavior in Organizations*, McGraw-Hill, 1977.
Newman, W. H. and Sumner, Jr., C. E. (1961), *The Process of Management : Concept,*

Behavior and Practice, Prentice-Hall. (高田 馨監訳『経営の過程 Ⅰ・Ⅱ』日本生産性本部, 1965)
日本経営教育学会ホームページ「理念と使命」
http://www.j-keieikyoiku.jp/index02.html.
庭本佳和 (1977)「バーナードの協働体系と組織」『大阪商業大学論集』48, 87-104 ページ
——— (1994)「現代組織理論と自己組織パラダイム」『組織科学』28 (2)。
——— (2006)『バーナード経営学の展開—意味と生命を求めて—』文眞堂。
Nord, W. R. ed. (1972), *Concepts and Controversy in Organizational Behavior*, Goodyear.
野中郁次郎 (1974)『組織と市場—組織の環境適合理論—』千倉書房。
野中郁次郎・加護野忠男・小松陽一・奥村昭博・坂下昭宣 (1978)『組織現象の理論と測定』千倉書房。
小笠原英司 (1980)「バーナードの組織概念とその管理論的視座」『立正経営論集』21, 79-109 ページ。
小椋康宏 (2009)「実践経営学の方法と経営実践学」日本経営教育学会編『実践経営学』中央経済社, 3-18 ページ。
小野弓郎 (1968)『基本経営管理』同友館。
Osborn, R. N. and Hunt, J. G. (1979), "Environment and Organizational Effectiveness," *Administrative Quarterly*, 19 (2), pp.231-246.
Osborn, R. N., Hunt, J. G. and Jauch, L. R. (1980), *Organization Theory: An Integrated Approach*, Wiley.
パナソニック株式会社ホームページ「社史」(1933, 1997, 2003 年)
http://panasonic.co.jp/history/ (閲覧 2009.08.13)。
Pearce, Ⅱ, J. A. and Robinson, Jr., R. B. (2009), *Starategic Management: Formulation, Implementation, and Control*, 11th ed., McGraw-Hill/Irwin.
Perrow, C. (1970), 岡田至雄訳『組織の社会学』ダイヤモンド社, 1973。(*Organizational Analysis: A Socioligical View*, Wadsworth Publishing.)
Pfeffer, J. and Salancik, G. R. (1978), *The External Control of Organizations: A Resource Dependence Perspective*, Harper & Row.
Pigors, P. and Myers, C. A. (1969), *Personnel Administration: A Point of View and a Method*, 6th ed., McGraw-Hill.
Porter, L.W. and Lawler, E. E. (1968), *Managerial Attitudes and Performance*, Irwin.
Porter, L.W., Lawler, E. E. and Hackman, J. R. (1978), *Behavior in Organizations*, Mcgraw-Hill.
Porter, M. E. (1980), 土岐坤ほか訳『競争の戦略』ダイヤモンド社, 1982 (*Competitive Strategy: Techniques for Analizing Industries and Competitors*, Free

Press.)
―――― (1985), *Competitive Advantage: Creating and Sustaining Superior Performance*, Free Press. (土岐坤ほか訳『競争優位の戦略』ダイヤモンド社)
Pugh, D. S. and Hinings, C. R. (1976), *Organizational Structure: Extensions and Replications: The Aston Programme* II, Saxon House.
Pugh, D. S. and Payne, R. L. (1977), *Organizational Behavior in its Context: The Aston Programme* III, Saxon House.
Randolf, W.A. and Dess, G. G. (1984), "Congruence Perspective of Organization Design: A Conceptual Model and Multivariate Research Approach," *Academy of Management Review*, 9 (1), pp.114-127.
Rice, A. K. (1963), *The Enterprise and its Environment: A System Theory of Management Organizations*, Tavistock Publications.
Robey, D. (1986), *Designings Organizations,* 2nd ed., Irwin.
Robbins, P. S. (1990), *Organization Theory: Structure Designs and Applications,* 3rd ed., Prentice-Hall.
Roethlisberger, F. J. (1941), *Management and Morale* , Harvard University Press. (野田一夫・川村欣也訳『経営と勤労意欲』ダイヤモンド社, 1954)
―――― (1968), *Man in Organization: Essays of F. J. Roethlisberger*, The Belknap Press of Harvard University Press.
Roethlisberger, F. J. and Dickson, W. J. (1939), *Management and the Wokers*, Harvard University Press.
坂井正広 (1975)「バーナード理論における道徳の問題」『組織科学』9 (3)。
榊原清則 (1992)『企業ドメインの戦略論―構想の大きな会社とは―』中央公論新社。
坂下昭宣 (1985)『組織行動研究』白桃書房。
阪柳豊秋 (1984)『経営組織論』同文舘。
佐々木利廣 (1990)『現代組織の構図と戦略』中央経済社。
佐々木恒夫 (1992)『マネジメントとはなにか』文眞堂。
―――― (1984)『アンリ・ファヨール―その人と経営戦略, そして経営理論―』文眞堂。
Sayles, L. R. (1964), *Managerial Behavior: Administration in Complex Organizations*, McGraw-Hill. (佐藤允一訳『管理行動』ダイヤモンド社, 1967。)
―――― (1979), *Leadership: What Effective Managers Really Do . . . and How They Do It*, McGraw-Hill.
Schoderbek, C. G., Schoderbek, P. P. and Kefalas, A. G. (1980), *Management Systems: Conceptual Considerations,* Rev. ed., Business Publication. (鈴木幸毅・西賢祐・山田壱生監訳『マネジメント・システム―概念的考察―(第2版)』文眞堂, 1983)
Scott, W. G. (1967), *Organizational Theory: A Behavioral Analysis for Management*, Irwin.

Scott, W. G., Mitchell, T. R. and Birnbaum, P. H.（1981），鈴木幸毅監訳『組織理論――構造・行動分析―』八千代出版, 1985。(*Organizational Theory: A Structural and Behavioral Analysis*, 4th ed., Irwin.)
Selznick, P.（1949），*TVA and the Grass Roots*, University of California Press, Summerized in Tosi, H. L., *Theories of Organization*, Sage, 2009.
Sherman, H.（1966），*It All Depends: A Pragmatic Approach to Organization*, The University of Alabama Press.
Sikura, A. F.（1973），*Management and Administration*, Merrill.
Simon, H. A.（1957），*Administrative Behavior: A Study of Decision-making Processes in Administrative Organizations*, 2nd ed., Macmillan.（松田武彦ほか訳『経営行動』ダイヤモンド社, 1965）
―――（1960），*The New Science of Management Decision*, Harper & Brothers.
進藤勝美（1978）『ホーソン・リサーチと人間関係』産業能率大学出版部。
神明正道（1967）『社会学的機能主義』誠信書房。
篠崎恒夫（1981）「バーナードにおける人間と組織」『商学討究（小樽商科大学）』31 (3・4), 18-40ページ。
Sisk, H. L. and Williams, J. C.（1981），*Management and Organization*, 4th ed., South-Western.
Steiner, G. A.（1974），"Comprehensive Managerial Planning," in McGuire, J. W., ed., *Contemporary Management: Issues and Viewpoints*, Prentice-Hall, 1974.
Stewart, R.（1967），*Managers and their Jobs*, Macmillan.
Stogdill, R.（1974），"Definitions of Leadership," *Handbook of Leadership*, Free Press.
鈴木勝美（1993）『経営の管理と統制機能』白桃書房。
鈴木辰治（1973）「組織と道徳」『新潟大学経済論集』23。
鈴木幸毅（1984）『バーナード理論批判―バーナード・システムの研究』中央経済社。
―――（1994）『現代組織理論―構想・構成・考察―（第2版）』税務経理協会。
―――（1998）『バーナード組織理論の基礎―ウェーバー, パーソンズの「行為の理論」とバーナードの「協働理論」―』税務経理協会。
―――（1999）『バーナード理論と労働の人間化（増訂版）』税務経理協会。
Szilagyi, Jr. A. D. and Wallace, Jr. M. J.（1980），*Organizational Behavior and Performance*, 2nd ed., Goodyear Publications.
高沢十四久（1978）「バーナード理論理解のための一考察」『商学研究（愛知学院大学）』22 (1・2)。
―――（1979）「バーナードの理論的視座」日本経営学会編『日本経営学と日本的経営』千倉書房, 173-177ページ。
田島壯幸（1997）『経営組織論論考』税務経理協会。
高宮　晋（1961）『経営組織論』ダイヤモンド社。

Tannenbaum, A. S. (1968), *Control in Organizations*, McGraw-Hill.
Tannenbaum, R., Weschler, I. R. and Massarik, F. (1961), *Leadeship and Organization: A Behavioral Science Approah*, McGraw-Hill.（嘉味田朝功ほか訳『リーダーシップと組織―行動科学によるアプローチ―』池田書店，1965）
田杉　競（1968）『新版 人間関係論』ダイヤモンド社。
Taylor, F.W. (1903), *Shop Management*, Harper. Reprinted in 1947.
――― (1911), *Scientific Management*, Harper. Reprinted in 1947.
帝国製薬ホームページ，「経営理念」http://www.teikoku.co.jp/japanese/contents/company/rinen_top.html（閲覧2010.01.10）
Terry, G. R., (1972), *Principles of Management*, 6th ed., Irwin.
Thompson, Jr., A. A., Strickland, Ⅲ, A. J. and Gamble, J. E. (2009), *Crafting and Executing Strategy: Text and Readings*, 17th ed., McGraw-Hill/Irwin.
Thompson, J. D. (1967), *Organization in Action*, McGraw-Hill.
冨田忠義（2009）「日本のマネジメントと実践経営学」（日本経営教育学会編）『実践経営学』中央経済社，59-84ページ。
――― (1994)「競争戦略と競争優位」河野重栄編『マネジメント要論』八千代出版，141-168ページ。
Torgersen, P. E. and Weinstock, I. T. (1972), *Management: Integrated Approach*, Prentice-Hall.
Tosi, H. L. (2009), *Theories of Organization*, Sage.
Tosi, H. L., Rizzo, J. R. and Carroll, S. J. (1986), *Managing Organizational Behavior*, Pitman.
Trewatha, R.L. and Newport, M.G. (1976), *Management: Functions and Behavior*, Business Publications.
対木隆英（1978）『現代の経営者』中央経済社。
角野信夫（1995）『アメリカ経営組織論』文眞堂。
占部都美（1966）『近代管理学の展開』有斐閣。
――― (1974)『近代組織論―バーナード＝サイモン―』白桃書房。
――― (1979)『組織のコンティンジェンシー理論』白桃書房。
Vroom, V. H. (1964), *Work and Motivation*, John Wiley.（坂下昭宣ほか訳『仕事とモティベーション』千倉書房，1982）
Vroom, V. H. and Yetton, P. W. (1973), *Leadeship and Decision-Making*, University of Pittsburgh Press.
Walker, C. R., Guest, R. H. and Turner, A. N. (1956), *The Foreman on the Assembly Line*, Harvard University Press. Exerted in Hampton, D. R., Summer, C. E. and Webber, R. A. (1968), *Organizational Behavior and the Practice of Management*, Scott,

Foresman, 1968, pp.329-332.

Webber, R. A. (1979), *Management: Basic Elements of Managing Organizations*, Revised Edition, Irwin.

Weber, M. (1921), 阿閉吉男・脇圭平訳『官僚制』角川文庫, 1958 (Bürokratie, *Grundriss der Sozialökonomik*, Ⅲ, *Wirtschaft und Gesellschaft*.)

Weick, K. E. (1969), *The Social Psychology of Organizing*, Addison-Wesley. (金児暁嗣訳『組織化の社会心理学』誠信書房, 1980)

Weick, K. E. (1979), 遠田雄志訳『組織化の社会心理学(第2版)』文眞堂, 1997。(*The Social Psychology of Organizing*, 2nd ed., Addison-Wesley.)

White, R. and Lippit, R. (1968) "Leader Behavior and Member Reaction in Three Social Climate," *Group Dynamics*, Cartwright and Zander, eds., 1968, pp.326-334. (三隅二不二・佐々木薫訳『グループ・ダイナミックスⅡ』誠信書房, 1959)

Woodward, J. (1965), 矢島鈞次・中村寿雄訳『新しい企業組織』日本能率協会, 1970。(*Industrial Organization: Theory and Practice*, Oxford University Press, 1965.)

山口博幸 (1992)『戦略的人間資源管理の組織論的研究』香川大学経済学会・信山社。
山本安次郎 (1967)『経営学の基礎理論』ミネルヴァ書房。
――― (1972)「バーナード理論の意義と地位」(山本安次郎・田杉競編『バーナードの経営理論』ダイヤモンド社, 5-33 ページ)
――― (1974)『有効性と能率性との弁証法的関連―バーナード理解進化のために―』『アカデミア』100, 19-47 ページ。
山本安次郎・田杉競編 (1972)『バーナードの経営理論』ダイヤモンド社。
山城 章 (1947)『企業体制の発展理論』東洋経済新報社。
――― (1954)『経営政策:最高経営政策論』白桃書房。
――― (1960)『実践経営学』同文舘。
――― (1961)『現代の企業』森山書店。
――― (1966)『経営学原理』白桃書房。
――― (1970)『増訂経営学要論』白桃書房。
米倉誠一郎 (1999)『経営革命の構造』岩波書店。
吉原正彦 (1975)「バーナードにおける道徳の理論」『千葉商大論叢』13 (3)。
――― (1983)「バーナードの方法と組織」『千葉商大論叢』21 (3), 131-157 ページ。

Yukl, G. (1994), *Leadership in Organizations*, 3rd ed., Prentice-Hall.

Zey-Ferrell, M. (1979), *Dimensions of Organizations: Environment, Context, Structure, Process, and Performance*, Goodyear.

事項索引

あ 行
アサヒビール　170
新しい異変　229, 237
アメリカの鉄道会社　170
RBV　179, 189
意思決定主体　14, 19
意思伝達機能　28
一時的競争優位　187
意図された戦略　201
意図しない結果　99
意図的に　13
意図的調整者　26, 38
フォーマル組織　45, 102, 127, 228
ウルシハラ　235
衛生要因　132
エクスペリエンス　193
SCPモデル　176
SBU　198
X理論　131
NEC　170
エプソン　170
オープンシステム　149

か 行
階層化の原則　93
外的報酬　137
外的均衡　29
課業中心的リーダーシップ　140
課業動機型リーダー　141
学習曲線　194
家電メーカー　183
金のなる木　198
可変環境　219
環境　108, 159, 165, 175, 177, 203, 217
　——の選択　226
　——の容量　158
環境圧力　214, 228
環境管理　171, 233
環境決定論　215, 232
環境再構築力　215
環境スキャニング　161, 169
環境創造（過程）　216, 218
関係動機型リーダー　141
管理　66
管理過程　67, 81
管理者　3, 13, 26, 41
　——の知覚　160, 216, 227
管理者責任　52, 58
管理範囲の原則　91
官僚制逆機能モデル　99
官僚制合理性モデル　97
官僚制組織　97, 228
管理職位　45
機械人　126
機械的組織　80, 109
企業戦略　196
企業の強み・弱み　173, 174, 182
企業文化　192
技術的能率性　100
技術的リーダーシップ　48, 52, 60
稀少資源　217
稀少性　184, 187, 188
規則　97
期待理論　135
規模の経済・不経済　193, 209
逆機能　41, 99
キャスコ　235
客観的権限　46
キャノン　170
業界構造　177
業績の手段性　136
競争均衡　183
競争戦略　173
競争優位　180, 183, 184
競争劣位　208
協働システム　14, 20, 37
キリンビール　170
偶変環境　219, 223
クロダ　235
KAEの原則　5
経営資源　173, 180
　——に基づく企業観　179
経営資源重視型戦略モデル　179
経営自主体・経営体　2
経営教育　7
経営戦略　72
計画　68, 69, 70, 75, 205
経験曲線　194
経済価値　183, 187, 188
経済人　126
ケイパビリティ　173, 180
権限（委譲）　42, 51, 92, 93, 97, 114
権限受容　18, 43
　——の獲得　18
　——の四条件　44
現代的組織論　98
原理　2, 5, 8, 107, 147, 173, 206
コア・コンピタンス　181
行為の信頼性　100
貢献意欲　27

貢献獲得機能　27, 36, 38
貢献者　21, 22
貢献の提供者　23, 63
公式組織　13, 21, 93, 102
合理人　126
合理的組織　87, 93
個人　19
個人人格　19, 36, 44
個人人格的組織人格　23
個人的意思決定　20
個人的確信　48
個人的権威　46
コスト・リーダーシップ　193
古典の管理論　114, 126
古典の組織論　66, 83, 87, 98
コンティンジェンシー理論　107, 113, 149, 151, 173, 218

さ　行

最高意思決定　85
最高の能率　98
最適な適応　227
差別的出来高給制度　126
産業の魅力度　177
産地成長仮説　233
産地パラダイム　238
参入障壁　195
GM　96
自覚的に　14, 23, 32, 34
事業戦略　95, 192
事業の範囲　170
事業部制組織　95, 196
事業ポートフォリオ・マトリックス　197
資源　120
　　――の獲得　224
　　――の制度化　230
　　――の探索　221
　　――の配分　225, 227
資源依存の回避　223
資源依存モデル　159, 211, 217, 230, 232
資源獲得モデル　233
資源ベース論　207
自己維持能力　37
自己実現人　127, 130
資質　137
支持的関係の原則　105
システム1　104
システム4　104, 141
自然選択モデル　230, 232
持続的競争優位　185, 187
実践経営学　7
自動車産業　212
地場産業　233

自発的協働　102
社会人　126
社会的均衡　113
社会的集団　127
社会的保持機構　228
社会的技能　102
社会文化的進化モデル　213, 216
従業員中心的リーダーシップ　140
集団　15
集団中心的リーダーシップ　140
主観的権限　43
主観的誘因　39
純満足　30
上位権限の仮構　42, 45
情感・情感の論理　101, 102
情感人　126
情報の共有化　222
職位の権限　46
職能組織　93
職能的職長制度　67
職能別部門組織　95
職務不満　132
職務満足　132
白鳥繊維　235
進化の過程　218
進化モデル　209, 211, 232
新規参入の脅威　178
新古典の管理論　126
心情　100, 101
スワニー　235
SWOT分析　173
成員　22, 62
生態的地位　212
制度化　26, 37, 228
製品差別化　195
生物の進化　214
セオリー　173, 200, 206
責任・責任能力　54, 92
責任権限対応の原則　92
説得の方法　39
制約環境　219
全社戦略　196
選択（過程）　211, 224, 226, 229, 236
センチメント　101
専門化の原則　88
戦略の階層性　192
戦略経営　214
戦略計画　71, 192, 202
戦略策定（プロセス）　85, 200
戦略選択　215, 217, 224, 225, 227
戦略選択論　232
戦略的事業単位　197
戦略の変更　175

戦略ビジョン　190, 204, 205
戦略プランニング　204
創造された環境　216
創発された戦略　202, 205
創発論　208
組織　13, 15, 16, 22
　──の意図　33
組織維持機能　28, 112
組織‐環境関係　210, 216
組織機能・組織の機能　3, 24
組織機能論　9
組織規範　56
組織均衡　40
組織形態　212, 228
組織経済の均衡　41
組織形成機能　28
組織原則　88, 89, 92, 107
組織構造　88, 93, 150
組織個体　211
組織個体群　212, 236
組織個体群生態学　232
組織コミュニティ　212, 225
組織効用の経済　40
組織者　13, 26
組織人格　21, 36, 44, 48, 54
　──の統合体　21, 30
組織人格的個人人格　23
組織生態学　159
組織設計　76, 87, 88, 112
ソニー　183

た行
対境関係　4, 147
代替による模倣　185
代替品・代替サービスの脅威　178
高い業績目標　105
高い生産性　129
多角化戦略　175, 197
打算人モデル　137
タスク環境　75, 146, 153, 158, 218
知覚の共有化　216, 221
地球環境問題　164
秩序維持の三条件　44
秩序化の原則　93
注意の過程　160, 219
直接的複製　185
帝国製薬　191
手袋産業・手袋産地　177, 188, 194, 196, 212, 213, 220, 222, 225, 229, 233, 235
デュポン　96
動機づけ　129
動機づけ‐衛生理論　132
動機づけ要因　132

同質職務割当の原則　88
東芝　170
統制　68, 77, 80
闘争　217
動態的環境　166
道徳規範　21, 53, 55, 56, 58, 59
道徳的リーダーシップ　48, 52, 58, 61
特許　187
突然変異　213, 228
トートロジー　189, 232, 240
ドメイン　170, 226

な行
ナイガイ　235
内的均衡　28
内的報酬　137
中虎　236
仲間集団　102
二重人格　21
ニッチ　170, 212, 225, 237
日本航空　9
日本的経営　186
日本手袋工業組合　240
人間　15
人間関係論・人間関係管理　102, 111, 113
人間性仮説　126
能率性　19, 25, 29, 37, 41, 36
能率の論理　102

は行
ハシセン　236
花形製品　198
パナソニック　96
バリューチェーン分析　181
非営利的組織　82
非公式組織　102, 127
PPM　197
ビューロクラシー　97
VRIOフレームワーク（による分析）　182, 188
フォード・モーター　194
富士通　170
不満足人　129
部分環境　150
「不満足→探究」の仮説　127
ブランド　195
分業の原則　89
変異（過程）　211, 221, 222, 233, 236
包摂的階層関係　3
保持（過程）　211, 227, 228
ポジショニング論　207
ホーソン調査　126
本社　95
ホンダ　202, 204, 205

ま行

マクロ組織論　146
マクロ・パースペクティブ　145
負け犬　198
松岡手袋　236
マトリックス組織　94, 107
マネジメント・プロセス　67
満足　37, 127
満足人　126, 130
「満足→生産性」の仮説　126
ミクロ・パースペクティブ　65
ミッション　190
三菱重工　96
民主的リーダーシップ　139
無関心受容圏　44
無数の小さな意思決定　186
命令の一元性の原則　92
メンバー　22
目的設定機能　28
目標の転移　100
モチベーション　42, 129
モチベーション行動　48
模倣　178, 186, 222, 224, 226, 235, 236, 237
模倣困難性　184, 187, 189, 196
模倣戦略　185
モラール　48, 59
問題児　198

や行

山城経営学　1

山城経営研究所　9
誘意性　135
誘因の経済　24, 30
誘因の方法　39
有機的組織　80, 109
有効性　25, 29, 36, 37
ヨークス　235
欲求階層説　129

ら行

ライン・アンド・スタッフ組織　93
ライン組織　93, 107
乱気流環境　164
理想の組織モデル　105
リソース・ベースド・ビュー　179
リーダーシップ　47, 52, 115, 139, 141
リーダーシップ行動　49
利用可能な資源　217
累積生産量　193
例外の原則　89
レガン　235
連結ピン　106
労働組合　81, 153, 213
労働力の所有者　63

わ行

Y理論　131

人名索引

A
Aldrich, H. E.　159
Aldrich, H. E. and Pfeffer, J.　217, 228, 232
Ansoff, H. I.　179

B
Barnard, C. I.　12, 36, 52, 112, 123, 137
Barney, J. B.　179, 182, 187, 207
Burns, T. and Stalker, G. M.　110

C
Campbell, D. T.　213, 228
Child, J.　215

D
Duncan, R. B.　166, 219

E
Emery, F. E. and Trist, E. L.　162

F
Fayol, H.　67
Fiedler, F. E.　141

H
Hannan, M. T. and Freeman, J.　159
Herzberg, F.　132

L
Lawrence, P. R. and Loarsch, J. W.　149
Likert, R.　103, 140

M
March, J. G. and Simon, H. A.　127

Maslow, A. H.　129
Mayo, E.　101
Merton, R. K.　99
Mintzberg, H.　124, 200, 206, 208
藻利重隆　35, 63, 68, 86

P
Pfeffer, J. and Salancik, G. R.　159, 217, 232
Porter, L. W. and Lawler, E. E.　136
Porter, M. E.　177, 181, 192, 207

R
Roethlisberger, F. J.　101

S
Simon, H. A.　127

T
Taylor, F. W.　67, 126
Thompson, J. D.　165, 218

V
Vroom, V. H.　135

W
Weber, M.　97
Weick, K.　160, 216, 219

Y
山城章　2, 34, 83, 147, 173, 240

著　者

細川　進（ほそかわ　すすむ）　高松大学経営学部教授・日本経営教育学会理事

◇著者履歴
1936 年　香川県琴平町に生まれる
1960 年　香川大学経済学部卒業
1964 年　一橋大学大学院商学研究科修士課程修了（商学修士）
1964 年　香川大学経済学部助手
1978 年　同教授
1999 年　香川大学名誉教授，高松短期大学教授
2000 年　高松大学経営学部教授

◇主要著書
『経営と管理』（共著）中央経済社，1973 年
『企業管理の基本問題』（共著）千倉書房，1981 年
『地場産業の振興と地域づくり』（共著）香川県商工会連合会，1982 年
『現代マネジメント』（編著）同文舘，1992 年
『マネジメント要論』（共著）八千代出版，1994 年
『実践経営の課題と経営教育』（共著）学文社，1999 年
『東かがわ手袋産地の変容』学文社，2010 年近刊　など

組織の機能と戦略―現代のマネジメント

2010 年 3 月 30 日　第一版第一刷発行

著　者　細　川　　　進
発行所　㈱学　文　社
発行者　田　中　千津子

〒153-0064　東京都目黒区下目黒 3-6-1
電話（03）3715-1501（代表）　振替 00130-9-98842
http://www.gakubunsha.com

落丁・乱丁本は，本社にてお取り替えします。　印刷／シナノ印刷㈱
定価は売上カード・カバーに表示してあります。　◎検印省略

ISBN 978-4-7620-2053-7
Ⓒ 2010 Hosokawa Susumu　Printed in Japan